PATTLOCH✳

Jürgen Erbacher

EIN RADIKALER PAPST

Die franziskanische Wende

PATTLOCH

Besuchen Sie uns im Internet:
www.pattloch.de

© 2014 Pattloch Verlag GmbH & Co. KG, München
Alle Rechte vorbehalten. Das Werk darf – auch teilweise – nur mit
Genehmigung des Verlags wiedergegeben werden.
Umschlaggestaltung: ZERO Werbeagentur, München
Umschlagabbildung: © Corbis / Alessandra Benedetti
Satz: Adobe InDesign im Verlag
Druck und Bindung: CPI books GmbH, Leck
Printed in Germany
ISBN 978-3-629-13059-4

2   4   5   3   1

Inhalt

Vorwort

Seine Wahl war eine Überraschung. Als Papst Franziskus begeistert er die Menschen weit über die katholische Kirche hinaus: Jorge Mario Bergoglio, der ehemalige Erzbischof von Buenos Aires, sorgt als Papst Franziskus für Diskussionen. Das *Time-Magazin* kürt ihn schon nach nur einem halben Jahr im Amt Ende 2013 zum »Menschen des Jahres«. Selten habe ein »neuer Protagonist auf Weltebene in so kurzer Zeit so viel Aufmerksamkeit auf sich gezogen, bei Alt und Jung, Gläubigen und Nicht-Glaubenden wie Papst Franziskus«, lautete die Begründung. Er wird als »Papst der Menschen« definiert, und es wird unterstrichen, »der Führer der katholischen Kirche ist zu einer neuen Stimme des Gewissens geworden«. Zwar ist Franziskus nicht der erste Papst, dem diese Ehre zuteilwird, 1962 war Johannes XXIII. und 1994 Johannes Paul II. »Mensch des Jahres« des *Time-Magazins*. Doch interessant ist die Begründung. Der Aufstieg des Jorge Mario Bergoglio als Papst ging so rasant, dass er seinesgleichen sucht. Schon mit den ersten Gesten beim Auftritt auf der Mittelloggia des Petersdoms am Abend des 13. März 2013 erobert Franziskus die Herzen vieler Menschen. Denn sofort ist vielen klar: Dieser Papst ist anders. Und der erste Eindruck trügt nicht. Das zeigt sich, je länger das Pontifikat dauert. Die katholische Kirche befindet sich seit der Wahl Bergoglios zum Papst in einer Phase der Aufbrüche und des Neuanfangs.

Zwei Aussagen oder Bilder von Papst Franziskus stehen gleichsam wie eine Überschrift über seinem Pontifikat: der

Wunsch einer »armen Kirche an der Seite der Armen« sowie die Vorstellung einer bisweilen »verbeulten Kirche«, die sich nicht in sich selbst verschließt, sondern sich öffnet und an die Ränder der Gesellschaft geht. »Ich träume von einer Kirche als Mutter und als Hirtin. Die Diener der Kirche müssen barmherzig sein, sich der Menschen annehmen, sie begleiten – wie der gute Samariter, der seinen Nächsten wäscht, reinigt, aufhebt.« Das erklärt er in einem Interview mit den Jesuitenzeitschriften im September 2013. Dieses Interview gehört zusammen mit seinem Apostolischen Schreiben *Evangelii gaudium*, das er im November 2013 veröffentlicht, zu den Schlüsseltexten des Pontifikats. Hier findet man das Programm des Papstes vom anderen Ende der Welt.

Blickt man auf die Sprache von Franziskus, dann wird sehr schnell deutlich, wie er sich die Kirche, wie er sich das Christentum vorstellt: gehen, laufen, herauskommen, folgen, schauen, hören. Das sind alles Verben der Bewegung und der Aufmerksamkeit. Die Kirche muss die Zäune niederreißen, die sie um sich aufgebaut hat, die Türen der Kirchen und Pfarrzentren öffnen und in die Welt gehen. Sie muss aufmerksam sein für die Sorgen und Nöte der Menschen. Bei den Substantiven sind es die Worte: Zärtlichkeit als eine Tugend, derer man sich nicht schämen müsse, Barmherzigkeit, die für Franziskus so etwas wie die Nagelprobe der Liebe ist, sowie Wahrheit und Gerechtigkeit. Umgekehrt gibt es Worte oder besser Verhaltensweisen, die Franziskus gleichsam rasend machen: Geschwätz, Klatsch und Tratsch sowie Gejammer.

Papst Franziskus hält alle Seiten in Atem. Diejenigen, die seit Jahren Reformen fordern, sehen in Bergoglio ihren Hoffnungsträger. Nur so recht scheint er die Reformen nicht anpacken zu wollen. Auf der anderen Seite sind die eher Konservativen, die glaubten, in Benedikt XVI. eine sichere

Bank zur Verwirklichung ihrer restaurativen Ziele zu haben, bis mit dessen Amtsverzicht ihre Scheinwelt zerplatzte und sie nun umso härter auf dem Boden der Realität aufschlagen. Auf beiden Seiten strapaziert Franziskus die Nerven »seiner« Gläubigen. Sein Kurs passt noch weniger in das alte Schubladendenken, als es unter Benedikt XVI. schon der Fall war.

»Franziskus ist das, was er sagt.« Auf diese einfache Formel bringt es Kardinalstaatssekretär Pietro Parolin. Seine Persönlichkeit verkörpere quasi seine Worte. Durch seine Art schaffe er keine Distanz zu den Gesprächspartnern, sondern eine Kommunikation auf gleicher Augenhöhe. Durch seine Art öffne er Türen und baue Brücken. In diesem Sinn ist Franziskus ein Pontifex – ein Brückenbauer.

Und er ist ein politischer Papst. Er mischt sich ein in die Politik, mahnt gerechtere Strukturen weltweit an. Mit seiner Aussage »Diese Wirtschaft tötet!« löst er weit über die katholische Kirche hinaus Diskussionen aus. Die einen nennen solche Worte Klartext, die anderen sehen in Franziskus einen Reformator und Revolutionär auf dem Stuhl Petri. Für abschließende Urteile ist das Pontifikat noch zu jung. Viele Veränderungen stecken noch in den Kinderschuhen. Doch eines ist bereits klar: Franziskus möchte Veränderungen in der katholischen Kirche sowie im Verhältnis der Kirche zur Welt, die durchaus eine radikale Wende bedeuten. Zwar sind in vielen Punkten seine Vorstellungen nicht neu, sondern zutiefst christlich und damit bereits 2000 Jahre alt. Doch angesichts der Entwicklungen in der katholischen Kirche in den letzten Jahrzehnten, vielleicht sogar Jahrhunderten, stellen sie doch eine radikale Kurskorrektur dar. Franziskus möchte eine radikale Christusnachfolge für jeden einzelnen Gläubigen und die Kirche als Ganze.

Das vorliegende Buch will einen Schlüssel bieten, Papst Franziskus und sein Pontifikat besser zu verstehen. Die Analyse möchte auch eine Basis schaffen, um künftige Entscheidungen des Papstes und Entwicklungen in der katholischen Kirche besser einordnen und deuten zu können. In einem ersten Schritt werden das Bild der Kirche von Franziskus näher dargestellt, sein Leitungsstil und die Vorgänge rund um die römische Kurie. Schließlich sorgten die Vorgänge dort für heftige Diskussionen unter den Kardinälen im Vorkonklave und waren letztendlich auch mitverantwortlich, dass ein Externer zum Papst gewählt wurde: Jorge Mario Bergoglio.

Gerade weil Franziskus nicht aus der römischen Kurie stammt, braucht er gute Mitarbeiter, um seine Reformvorhaben umzusetzen. Einige der Papstvertrauten werden daher in einem eigenen Kapitel kurz vorgestellt. Mit dem Blick auf den politischen Papst beginnt ein Teil des Buches, in dem es um die Herkunft Jorge Mario Bergoglios geht. Denn seine Biographie prägt sein Pontifikat ganz entscheidend. Um Franziskus richtig verstehen zu können, sind seine Biographie, seine theologischen und geistlichen Wurzeln wichtig. Diese spannende Suche nach dem Fundament, auf dem Papst Franziskus steht, nimmt daher einen breiten Raum ein. Jede Veränderung ruft Widerstand hervor. Aus welchen Richtungen Papst Franziskus Gegenwind erfährt, wird ebenso beleuchtet wie die Frage, ob die katholische Kirche in Deutschland bereits im Franziskusmodus angekommen ist. Schließlich geht es in einem abschließenden Kapitel um die Frage, welche Veränderungen bei Lehre und Moral Papst Franziskus anpacken wird. Der Erwartungsdruck ist hoch; der Reformstau groß. Schon werden historische Vergleiche herangezogen. Von »Glasnost« ist die Rede, einer neuen Offenheit in der katholischen Kirche. Entsprechend warten die Menschen gespannt auf die »Perestroika«, die Reformen. Das letzte Kapitel wagt einen Ausblick.

Papst Franziskus überrascht immer wieder durch seine Spontaneität, durch Worte und Gesten. Daher ist es nicht einfach, ein Bild des ersten Papstes aus Lateinamerika zu zeichnen. Eine Hilfe ist, dass auch in Papst Franziskus sehr viel Jorge Mario Bergoglio steckt. Der Papst ist sich treu geblieben. Daher helfen für die Analyse Texte aus seiner Zeit vor der Wahl zum Papst sowie die Gespräche mit Weggefährten und Bekannten von Jorge Mario Bergoglio. Aus diesen Quellen sowie den Texten seit der Wahl speist sich das vorliegende Buch. Fehler in der Interpretation gehen zu Lasten des Autors.

Ein großer Dank gilt den zahlreichen Gesprächspartnern in Deutschland, Rom und Argentinien sowie denen, die bei der Durchsicht des Manuskripts geholfen haben. Ein Dank gilt auch dem Verlag, der nach dem ersten Buch über Papst Franziskus im Sommer 2013 nun dieses zweite Werk wagt. Es ist in gewissem Sinne eine Fortsetzung von *Papst Franziskus – Aufbruch und Neuanfang*. Viele Themen, die dort angerissen wurden, werden jetzt vertieft. Die beiden Bücher sind aber eigenständige Werke und versuchen, mit einem je eigenen Ansatz den Papst vom anderen Ende der Welt fassbar und begreifbar zu machen. Dabei geht es immer um zwei Pole: ein besseres Verständnis der Person einerseits und der franziskanischen Wende in der katholischen Kirche andererseits.

Offen, zerbeult und nahe bei den Menschen

Die Kirche, wie sie Papst Franziskus will

Jorge Mario Bergoglio hat eine ganz konkrete Vorstellung, wie die katholische Kirche aussehen soll. Und er lebt dieses Modell von Kirche vor: schlicht im Stil, einfach, aber kraftvoll in den Worten, nicht ewige Nabelschau betreibend, sondern missionarisch und nahe bei den Menschen in ihrem konkreten alltäglichen Leben. Schon ist von der »Enzyklika auf zwei Beinen« die Rede. Durch seinen Stil prägt er das Papstamt neu und damit auch das Image der katholischen Kirche. Daher hilft ein Blick auf die Art, wie Franziskus sein Amt ausführt, um seine Idee von Kirche zu verstehen. In seiner Ansprache bei der Versammlung der Kardinäle vor dem Konklave im März 2013 finden sich bereits die zentralen Begriffe des Kirchenverständnisses von Jorge Mario Bergoglio. Nach den Berichten von Kardinälen nach dem Konklave sind es genau diese Ausführungen und die Tatsache, dass sie durch das bisherige Wirken des Erzbischofs von Buenos Aires gedeckt sind, die viele zu einer Stimme für Bergoglio veranlassten. Bereits zwei Wochen nach der Papstwahl veröffentlichte der Erzbischof von Havanna, Jaime Kardinal Ortega, mit Zustimmung Bergoglios eine schriftliche Zusammenfassung dieser Ansprache, die der Argentinier selbst verfasst hatte.

Schon nach kurzer Zeit ist offensichtlich, dass es sich bei den Worten Bergoglios aus dem Vorkonklave gleichsam um das Programm seines Pontifikats handelt. Er spricht von der Evangelisierung als eigentlichem »Daseinsgrund der Kirche«. Diese erfordere »apostolischen Eifer«. »Sie setzt in der Kirche kühne Redefreiheit voraus, damit sie aus sich selbst herausgeht. Sie ist aufgerufen, aus sich selbst herauszugehen und an die Ränder zu gehen. Nicht nur an die geographischen Ränder, sondern an die Grenzen der menschlichen Existenz: die des Mysteriums der Sünde, die des Schmerzes, die der Ungerechtigkeit, die der Ignoranz, die der fehlenden religiösen Praxis, die des Denkens, die jeglichen Elends.« Er kritisiert einen »Geist des theologischen Narzissmus« in der Kirche. »Die um sich selbst kreisende Kirche glaubt, ohne dass es ihr bewusst wäre, dass sie eigenes Licht hat. Sie hört auf, das ›Geheimnis des Lichts‹ zu sein, und dann gibt sie jenem schrecklichen Übel der ›geistlichen Mondanität‹ Raum (nach Worten de Lubacs das schlimmste Übel, was der Kirche passieren kann). Diese (Kirche) lebt, damit die einen die anderen beweihräuchern.« Nach Bergoglio gibt es zwei Kirchenbilder: »die verkündende Kirche, die aus sich selbst hinausgeht, die das ›Wort Gottes ehrfürchtig vernimmt und getreu verkündet‹; und die mondane Kirche, die in sich, von sich und für sich lebt«. Die zuletzt geschilderte Kirche ist die, die Bergoglio zutiefst ablehnt, die er aber in Teilen der Kurie und der Weltkirche verwirklicht sieht. Damit teilt er die Sicht vieler Menschen, die die katholische Kirche als abgehoben, selbstzufrieden und vor allem mit sich selbst beschäftigt erleben.

Hier möchte Franziskus eine radikale Wende erreichen. Nicht die Kirche darf nach seiner Vorstellung im Mittelpunkt des Handelns stehen, sondern Christus muss im Zentrum stehen. Was eigentlich selbstverständlich klingt, scheint im Verlauf der Jahrzehnte und Jahrhunderte in Vergessenheit geraten oder zumindest verdeckt worden zu sein. Denn schließlich ging es auch Benedikt XVI. darum, den Menschen Christus nahezubringen und die Frage nach Gott in der Gesellschaft wachzuhalten oder wieder neu zu entfachen. Doch er ist damit nicht durchgedrungen. Das Bild der Kirche in der breiten Öffentlichkeit war ein anderes. Von »kühner Redefreiheit« war keine Spur zu erkennen. Statt eine Kirche zu sein, die hinausgeht an die Ränder der Gesellschaft, hatten die Menschen den Eindruck, dass sich die katholische Kirche immer mehr von der Gesellschaft abkapselt, um eine kleine Herde der Einhundertprozentigen zu werden. Um kein Missverständnis aufkommen zu lassen, auch Papst Franziskus stellt hohe Ansprüche an jeden einzelnen Katholiken. Das wird gerne übersehen. Trotzdem vermittelt er ein Bild von Kirche, das von Offenheit, Dialog und der Akzeptanz des anderen in seiner Andersartigkeit geprägt ist. Statt Ausgrenzung propagiert Franziskus eine Kultur der Begegnung. Das gilt für die Kirche intern ebenso wie für das Verhältnis der Kirche zur Welt. In seiner Videobotschaft aus Anlass des Festes des heiligen Kajetan in einem der wichtigsten Heiligtümer von Buenos Aires fasst Papst Franziskus im August 2013 diese Vorstellung zusammen: »Was Jesus in erster Linie lehrt, das ist, einander zu begegnen und in der Begegnung zu helfen. Wir müssen einander zu begegnen wissen. Wir müssen eine Kultur der Begegnung herstellen, schaffen, aufbauen. So viele gescheiterte Begegnungen, Auseinandersetzungen in der Familie, überall! Auseinandersetzungen im Stadtviertel, Auseinandersetzungen bei der Arbeit, Auseinandersetzungen auf allen Seiten. Und gescheiterte Begegnungen helfen nicht. Die Kultur der Begegnung. Hinausgehen, um einander zu begegnen.« Eindringlich appelliert er an Priester, Bischöfe und Ordensleute am Rande des Weltjugendtags im Juli 2013 in Rio de Janeiro: »Habt den Mut, gegen den Strom dieser leistungsorientierten Kultur, dieser Wegwerfmentalität zu schwimmen! Begegnung und Aufnahmebereitschaft für alle, Solidarität – ein Wort, das sich in dieser Kultur im Verborgenen hält, als sei es ein schlechtes Wort –, Solidarität und Brüderlichkeit sind Elemente, die unsere Kultur wirklich menschlich machen. Diener der Gemeinschaft und der Kultur der Begegnung sein! Ich möchte, dass ihr in diesem Sinn gleichsam besessen seid.«

Seine Rede vor den Bischöfen der Lateinamerikanischen Bischofskonferenz CELAM am Ende seines Aufenthalts in Rio de Janeiro gehört zu den programmatischen Ansprachen des Pontifikats. Hier entwirft Papst Franziskus ausgehend vom Abschlussdokument der CELAM-Generalversammlung in Aparecida 2007 seine Vorstellung der katholischen Kirche. Die zentralen Gedanken sind für Franziskus: »Nähe und Begegnung. Keine der beiden ist neu, sondern sie stellen die Weise dar, in der Gott sich in der Geschichte offenbart hat. Er ist der ›nahe Gott‹ für sein Volk – eine Nähe, die ihren Höhepunkt in der Inkarnation erreicht. Er ist der Gott, der hinausgeht, seinem Volk entgegengeht.« Sein Kirchenbild ist radikal theozentrisch begründet. »Aparecida will eine Kirche, die Braut, Mutter, Dienerin ist, eine, die mehr den Glauben erleichtert, als ihn kontrolliert.« Franziskus möchte keine »Disziplinarpastoral«, kritisiert Pastoralkonzepte, »die auf Distanz angelegt sind«, und warnt vor restaurativen Tendenzen, die sich »in überzogenen Neigungen zu doktrineller und disziplinärer ›Sicherheit‹« zeigten. Der Papst spricht von einer notwendigen Umkehr in der Pastoral, die vor allem die »Grundeinstellungen und eine Reform des Lebens« betreffe. Die radikale Reform des Franziskus betrifft also zunächst nicht die Inhalte, sondern die Haltung. Allerdings wird sich die Haltungsänderung langfristig auch auf Theologie und Lehre auswirken, denn Glaubenspraxis und Glaubensinhalte sind aufs engste miteinander verwoben.

Franziskus möchte eine offene Kirche im doppelten Sinn.

Bei Gesprächen mit römischen Priestern fordert er diese wiederholt auf, die Kirchengebäude offen zu halten. In *Evangelii gaudium* schreibt er: »Die Kirche ist berufen, immer das offene Haus des Vaters zu sein. Eines der konkreten Zeichen dieser Öffnung ist es, überall Kirchen mit offenen Türen zu haben. So stößt einer, wenn er einer Eingebung des Geistes folgen will und näher kommt, weil er Gott sucht, nicht auf die Kälte einer verschlossenen Tür.« (EG 46) Eine Kirche im Aufbruch sei eine offene Kirche, so Franziskus. Das ist die zweite Seite der »offenen Kirche«, nämlich die, die hinausgeht auf die Straße, an die Ränder der Gesellschaft und die Menschen sucht, die in Not sind, die Hilfe brauchen. Dabei geht es nicht nur um die materielle Armut, sondern auch um die geistliche Not und eine entsprechende spirituelle Hilfe, um Menschen in Lebenskrisen und jene, die von der Gesellschaft ausgegrenzt werden wie Alte, Kranke, Menschen mit Behinderung oder Arbeitslose. »Mir ist eine ›verbeulte‹ Kirche, die verletzt und beschmutzt ist, weil sie auf die Straßen hinausgegangen ist, lieber als eine Kirche, die aufgrund ihrer Verschlossenheit und ihrer Bequemlichkeit, sich an die eigenen Sicherheiten zu klammern, krank ist […] Ich hoffe, dass mehr als die Furcht, einen Fehler zu machen, unser Beweggrund die Furcht sei, uns einzuschließen in die Strukturen, die uns einen falschen Schutz geben, in die Normen, die uns in unnachsichtige Richter verwandeln, in die Gewohnheiten, in denen wir uns ruhig fühlen, während draußen eine hungrige Menschenmenge wartet und Jesus uns pausenlos wiederholt: ›Gebt ihr ihnen zu essen!‹ (Mk 6,37).« (EG 49) Um seinen Kritikern den Wind aus den Segeln zu nehmen, betont der Papst, hinauszugehen bedeute nicht, »richtungs- und sinnlos auf die Welt zuzulaufen«. Für Franziskus ist klar, der christliche Glaube, Jesu Worte und Taten, sind die Richtschnur für das Handeln jedes einzelnen Christen. Dabei kommt der

Mensch in seiner konkreten Situation vor den Normen und Dogmen. Diese wirft Franziskus nicht über Bord. Aber er verändert die Perspektive und Priorisierung. Das macht vielen Menschen Hoffnung, die sich bisher in ihrer konkreten Lebenssituation nicht ernst genommen fühlten. Ein Beispiel dafür ist die Aussage von Papst Franziskus zum Thema Homosexualität. Bei der fliegenden Pressekonferenz auf dem Rückweg vom Weltjugendtag in Rio de Janeiro stellt er fest: »Wenn einer homosexuell ist und den Herrn sucht und guten Willen hat – wer bin dann ich, ihn zu verurteilen?« Er erinnert an den Katechismus der katholischen Kirche zu diesem Thema; er nimmt nichts von der dortigen Position zurück, und dennoch sorgt seine Aussage für positive Schlagzeilen. Der Schlüssel liegt schlicht darin, mit welcher Haltung Franziskus seine Aussage macht und wie diese Aussage durch sein Leben gedeckt ist. Franziskus geht offen auf die Menschen zu, ohne sie aufgrund ihrer Lebenssituation zu verurteilen. Das trifft auch auf die wiederverheirateten Geschiedenen oder Alleinerziehende zu, ja sogar für gleichgeschlechtliche Paare, die um die Taufe für ein uneheliches Kind bitten. So sorgt Franziskus für Aufsehen, als er das Kind eines nur zivil verheirateten Ehepaares in der Sixtinischen Kapelle tauft.

Franziskus lässt keinen Zweifel daran, dass er in Moralfragen die traditionellen katholischen Positionen vertritt. Aber er möchte eine neue Gewichtung innerhalb der Verkündigung der Kirche erreichen. Es dürfe nicht mehr nur um Moralfragen gehen, betont er immer wieder. Am deutlichsten wird das im Interview mit den Jesuitenzeitschriften im September 2013. »Wir können uns nicht nur mit der Frage um die Abtreibung befassen, mit homosexuellen Ehen, mit Verhütungsmethoden. Das geht nicht.« Nach Franziskus muss ein neues Gleichgewicht in der Verkündigung gefunden werden. »Die Lehren der Kirche – dogmatische wie moralische – sind nicht alle gleichwertig. Eine missionarische Seelsorge ist nicht davon besessen, ohne Unterscheidung eine Menge von Lehren aufzudrängen.« Es dürfe keine spirituelle Einmischung in das persönliche Leben der Menschen geben. Vielmehr müssten Bischöfe und Priester die Menschen in ihrem Leben »mit Barmherzigkeit« begleiten. Wie das konkret aussieht, sagt Franziskus nicht. Er warnt nur wiederholt vor Extremen. Die Beichtväter dürften weder zu rigoros noch zu lax sein. Allerdings scheint für Franziskus das vertrauensvolle Verhältnis zwischen dem einzelnen Glaubenden und seinem geistlichen Begleiter entscheidend zu sein. »Die Diener des Evangeliums müssen in der Lage sein, die Herzen der Menschen zu erwärmen, in der Nacht mit ihnen zu gehen. Sie müssen ein Gespräch führen und in die Nacht hinabsteigen können, in ihr Dunkel, ohne sich zu verlieren. Das Volk Gottes will Hirten und nicht Funktionäre oder Staatskleriker.« Das II. Vatikanische Konzil und in dessen Folge auch Papst Franziskus in *Evangelii gaudium* sprechen im Bereich der Ökumene von der »Hierarchie der Wahrheiten«. Der Papstvertraute und Rektor der katholischen Universität von Buenos Aires, Erzbischof Víctor Manuel Fernández, deutet die Papstworte zur neuen Priorisierung vor diesem Hintergrund.

Das setzt natürlich bestimmte Anforderungen an die Priester und Bischöfe voraus. Beinahe schon zum geflügelten Wort geworden ist die Formulierung von Papst Franziskus, die Hirten müssten den »Geruch der Schafe« annehmen. »Seid Hirten mit dem ›Geruch der Schafe‹, dass man ihn riecht – Hirten inmitten ihrer Herde und Menschenfischer«, ruft er den Priestern bei seiner ersten Chrisammesse als Papst wenige Tage nach seiner Wahl zu. Ebenso eingängig ist sein Bild von dem Hirten, der bisweilen vor der Herde gehen muss, manchmal in ihrer Mitte, aber auch gelegentlich hinter ihr her. »Daher sollen die Hirten vor der Herde sein, um den Weg zu weisen, inmitten der Herde, um sie zusammenzuhalten, hinter der Herde, um zu verhindern, dass jemand zurückbleibt, und weil die Herde sozusagen den Spürsinn hat, den Weg zu finden. So muss der Hirte vorgehen!« Das gilt für Priester, in besonderer Weise aber auch für die Bischöfe. Bei einer Ansprache vor den Nuntien, die bei der Auswahl geeigneter Bischofskandidaten eine wichtige Rolle spielen, erklärt Franziskus: »Das ist das erste Kriterium: Hirten, die den Menschen nahe sind. Er ist ein großer Theologe, ein kluger Kopf: Er soll an die Universität gehen, wo er viel Gutes tun kann! Hirten! Wir brauchen sie! Sie sollen Väter und Brüder sein, sie sollen sanftmütig, geduldig und barmherzig sein; sie sollen die Armut lieben, die innere Armut als Freiheit für den Herrn und auch die äußere Armut als Einfachheit und Schlichtheit des Lebens. Sie sollen keine Mentalität von ›Fürsten‹ haben. Achtet darauf, dass sie nicht ehrgeizig sind, dass sie nicht nach dem Bischofsamt streben.« Der enge Vertraute von Papst Franziskus, Kardinal Beniamino Stella, sieht in der Ernennungspolitik des Pontifex vor allem ein Merkmal: Franziskus setze auf Personen »geistlicher Vaterschaft«. Die Begriffe »Vaterschaft« oder »Mutterschaft« gehörten zu den am meisten gebrauchten von Franziskus. Daher suche er bewusst Personen aus, die diese Eigenschaften besäßen. Es ginge weniger um die Frage von Erfahrung in Diplomatie oder großer theologischer Bildung.

Der Papst verpflichtet Priester und Bischöfe darauf, die Beratungsgremien ernst zu nehmen. »Sind die Diözesanräte und jene auf Pfarreiebene für die Pastoral und die wirtschaftlichen Angelegenheiten wirkliche Räume für die Teilnahme der Laien an der Beratung, der Organisation und der pastoralen Planung? Das gute Funktionieren der Räte ist entscheidend.« Dabei ist für Franziskus allerdings klar, dass am Ende der Priester und der Bischof diejenigen sind, die entscheiden. Aber sie müssen die Räte in die Entscheidungen mit einbeziehen. Verbunden mit der Aufforderung von Franziskus, dass die Ämter einen Dienstcharakter für die Gemeinde und die Kirche haben, bedeutet das eine klare Absage an jegliche selbstherrliche Regentschaft eines Pfarrers über seine Gemeinde oder eines Bischofs über sein Bistum. Bereits Ende der 1980er Jahre stellt Bergoglio, damals noch Spiritual in Córdoba, in seinen »Geistlichen Reflexionen« fest: »Für einen Hirten muss die erste Frage jeder Strukturreform sein: ›Was will mein Volk von mir? Welchen Appell richtet es an mich?‹ Er muss den Mut haben, zuzuhören … und das, ohne den Blick für den weiteren Horizont der Geschichte zu verlieren.«

Der »Sensus fidei«, der Glaubenssinn der Gläubigen, ist für Franziskus eine wichtige Größe. Das II. Vatikanische Konzil stellt in der Konstitution *Lumen Gentium* fest: »Die Gesamtheit der Gläubigen, welche die Salbung von dem Heiligen haben, kann im Glauben nicht irren.« (LG 12) In der nachkonziliaren Theologie ist diese Kategorie des Glaubenssinns nicht sehr vertieft worden. Daher fällt es gegenwärtig schwer, diese richtig zu deuten und die Aussagen von Franziskus konkret einzuordnen. Die Internationale Theologenkommission hat bereits in der Amtszeit von Papst Benedikt XVI. begonnen, ein Dokument zum Glaubenssinn zu erarbeiten, das im Frühjahr 2014 veröffentlicht wurde. Darin wird zwar festgehalten, dass der Sensus fidei nicht einfach bedeutet, dass die kirchliche Lehre sich nach der Mehrheitsmeinung der Gläubigen zu richten habe. Schließlich sei die Kirche keine Demokratie. Zugleich gestehen die Theologen unter Leitung des Präfekten der vatikanischen Glaubenskongregation, Kardinal Gerhard Ludwig Müller, allerdings ein, dass eine Kluft zwischen Glaubenspraxis und kirchlicher Lehre in bestimmten Fällen ein

Indiz dafür sein könne, dass eine Entscheidung des kirchlichen Lehramts ohne ausreichende Berücksichtigung des Glaubenssinns einfacher Katholiken gefällt worden sei. Wie allerdings dann mit diesem Befund umzugehen sei, wird nicht gesagt. Angesichts der großen Bedeutung, die Papst Franziskus dem Glaubenssinn der einfachen Gläubigen beimisst, besteht hier noch Nachholbedarf von Seiten der Theologie, um dieses Instrument zu einem wirksamen Mittel im Entscheidungsfindungsprozess der Kirche zu machen. Allerdings sieht es Franziskus hier, wie auch an anderen Stellen, an denen er theologische Impulse gibt, nicht als seine Aufgabe als Papst an, die entsprechenden Antworten zu geben, sondern er sieht die Theologen in der Pflicht. Das gilt etwa auch bei der Frage nach der stärkeren Präsenz der Frauen in Entscheidungspositionen der katholischen Kirche. Immer wieder plädiert Franziskus dafür, ohne konkrete Vorgaben zu machen, wie das umzusetzen sei. Das führt auch zu viel Unmut unter den Gläubigen, weil sie sich vom Papst klare und konkrete Richtungsweisungen wünschen. Doch da verweigert sich Franziskus.

Das macht er in *Evangelii gaudium* deutlich, wenn er sagt: »Ich glaube auch nicht, dass man vom päpstlichen Lehramt eine endgültige oder vollständige Aussage zu allen Fragen erwarten muss, welche die Kirche und die Welt betreffen. Es ist nicht angebracht, dass der Papst die örtlichen Bischöfe in der Bewertung aller Problemkreise ersetzt, die in ihren Gebieten auftauchen. In diesem Sinn spüre ich die Notwendigkeit, in einer heilsamen ›Dezentralisierung‹ voranzuschreiten.« (EG 16) Der Papst nimmt sich zurück. Das eröffnet einerseits interessante ökumenische Perspektiven, denn das Papstamt ist nach wie vor eines der großen Hindernisse auf dem Weg zur Einheit der christlichen Kirchen. Das verändert aber auch das innerkatholische Gefüge. Franziskus möchte die Bischofskonferenzen aufwerten und sie als »Subjekte mit konkreten Kompetenzbereichen« stärken, »einschließlich einer gewissen authentischen Lehrautorität«. Der Papst ist überzeugt: »Eine übertriebene Zentralisierung kompliziert das Leben der Kirche und ihre missionarische Dynamik, anstatt ihr zu helfen.« (EG 32) Dahinter steckt die Vorstellung, die Bergoglio auch schon als Erzbischof von Buenos Aires und Vorsitzender der argentinischen Bischofskonferenz vertrat, dass ein großer Teil der Herausforderungen der Kirche jeweils lokale oder regionale Antworten erfordert, da die pastorale Situation je nach Region, Kontinent oder Kultur sehr verschieden ist. Eine Kirche, die nahe bei den Menschen ist und in ihrem Handeln von der konkreten Situation der Menschen ausgeht, wird zwangsläufig viele verschiedene Gesichter haben. Hier stellt sich die seit Anbeginn der Kirche stets kontrovers diskutierte Frage, wie viel Vielfalt die Einheit verträgt. Dabei vertritt Franziskus ganz klar die Position, dass Vielfalt keine Bedrohung darstellt, sondern eine Bereicherung.

Wenig Beachtung in der öffentlichen Wahrnehmung haben die Passagen des Schreibens *Evangelii gaudium* gefunden, in denen es um das Thema Inkulturation geht. Unter der Überschrift »ein Volk in vielen Gesichtern« warnt Franziskus in den Abschnitten 115 ff. davor, dass es der Logik der Menschwerdung nicht gerecht werde, »an ein monokulturelles und eintöniges Christentum zu denken« (EG 117). »Wir können nicht verlangen, dass alle Völker aller Kontinente in ihrem Ausdruck des christlichen Glaubens die Modalitäten nachahmen, die die europäischen Völker zu einem bestimmten Zeitpunkt der Geschichte angenommen haben, denn der Glaube kann nicht in die Grenzen des Verständnisses und der Ausdrucksweise einer besonderen Kultur eingeschlossen werden.« Eine einzige Kultur könne das Erlösungsgeheimnis Christi nicht erschöpfend darstellen.

Hier könnte die von Franziskus gewünschte größere Kompetenz der lokalen Bischofskonferenzen künftig zum Tragen kommen.

Schon die Tatsache, dass Franziskus in seinem Apostolischen Schreiben Dokumente einzelner Bischofskonferenzen zitiert, zeigt, dass er diesen eine gewisse »authentische Lehrautorität« zugesteht. So kommen im Kontext der Inkulturation die Bischöfe Ozeaniens zu Wort mit ihrer Forderung, »ein Verständnis und eine Darstellung der Wahrheit Christi zu entwickeln, welche die Traditionen und Kulturen der Region einbezieht« (EG 118). Die große Bedeutung, die Franziskus der Volksfrömmigkeit beimisst, lässt letztendlich gar keinen anderen Weg zu, als eine stärkere Inkulturation des Christentums voranzubringen. Das kommt schon einem radikalen römischen Kurswechsel gleich, hatte man in den letzten Jahren unter Benedikt XVI. doch verstärkt den Eindruck, dass das Einheitsmoment stärker betont wurde. Am auffälligsten war das etwa im Bereich der Liturgie, wo der Vatikan penibel in die Übersetzung liturgischer Bücher eingegriffen hat und Formulierungen einforderte, die mit der Alltagssprache der Menschen vor Ort nur wenig gemein hatten. Dies führte zu scharfen Protesten gegen die von Rom durchgesetzte Neuübersetzung des Messbuchs ins Englische und zu heftigen Diskussionen hinter den Kulissen bei der neuen deutschsprachigen Ausgabe. Gerade unter Papst Franziskus, der immer wieder von den Priestern fordert, dass sie nicht über die Köpfe der Menschen hinweg predigen sollen, sondern die Sprache der Menschen sprechen müssten, damit diese die christliche Botschaft auch verstehen könnten, ist eine alltagsferne liturgische Sprache schwer vorstellbar.

In *Evangelii gaudium* benennt Franziskus einige Grundprinzipien, die das Handeln des Menschen bestimmen sollten. Er bezieht diese zunächst auf die Frage nach dem Frieden zwischen und innerhalb von Nationen, leitet aber bei jedem der Prinzipien auch Konsequenzen für das Handeln der Kirche ab. So sei die Wirklichkeit »wichtiger als die Idee«. Die Idee diene dazu, die Wirklichkeit zu erfassen und zu verstehen. »Die von der Wirklichkeit losgelöste Idee ruft wirkungslose Idealismen und Nominalismen hervor, die höchstens klassifizieren oder definieren, aber kein persönliches Engagement hervorrufen.« (EG 232) Franziskus, wie überhaupt die Theologie und Kirche in Lateinamerika, vertritt also einen eher induktiven Ansatz, während in der europäischen Denktradition der katholischen Kirche bisher eher deduktiv gearbeitet wurde. Man ging von bestimmten Prinzipien aus und applizierte diese auf die Realität. Das bedeutet natürlich eine radikale Wende in der Herangehensweise an theologische Fragen durch Franziskus. Dieses neue Denken darf allerdings nicht mit Beliebigkeit verwechselt werden in dem Sinn, dass jetzt die Lehre allein nur noch an den konkreten Situationen ausgerichtet wird nach dem Prinzip des »Alles ist möglich«. »Ich bin ein Sohn der Kirche«, betont Franziskus immer wieder, wenn es um die Fragen der kirchlichen Lehre geht. Er steht zur katholischen Tradition, sieht aber Möglichkeiten für neue Interpretationen und eine Weiterentwicklung sowie zur stärkeren Berücksichtigung der konkreten Situation der Menschen bei der Auslegung der traditionellen Lehre.

Ein weiteres wichtiges Prinzip des Papst Franziskus lautet: »Die Zeit ist mehr wert als der Raum.« »Dieses Prinzip erlaubt uns, langfristig zu arbeiten, ohne davon besessen zu sein, sofortige Ergebnisse zu erzielen.« (EG 223) Dem Raum Vorrang zu geben bedeute, sich vorzumachen, alles in der Gegenwart lösen zu können. »Der Zeit Vorrang zu geben bedeutet, sich damit zu befassen, Prozesse in Gang zu setzen, anstatt Räume zu besitzen.« (EG 223) Dieses Prinzip bezieht Franziskus sowohl auf Politik und Gesellschaft als auch auf die Kirche. Damit wird deutlich, schnelle Reformen wird es unter diesem Papst nicht geben. Das führte etwa dazu, dass in einigen Bilanzen zum Jahrestag der Wahl von Jorge Mario Bergoglio zum Papst im März 2014 kritische Stimmen aufkamen, dieser Papst werde die in ihn gesetzten Reformerwartungen nicht erfüllen, denn bisher sei ja noch kaum etwas passiert. Zum einen wird die weitere Analyse hier zeigen, dass sich bereits vieles bewegt hat. Zum anderen gilt aber für die notwendigen Reformen: Zeit geht vor Raum. »Ich glaube, dass man immer genügend Zeit braucht, um die Grundlagen für eine echte, wirksame Veränderung zu legen«, berichtet Franziskus im Interview mit den Jesuitenzeitschriften über seine eigene Erfahrung in Leitungsverantwortung. Das Prinzip »Raum vor Zeit« gilt dabei sowohl für die persönlichen Entscheidungen, die Franziskus als Papst treffen muss, als auch für die Veränderungsprozesse in Kirche und Theologie. Schnellschüsse liebt er nicht. »Ich misstraue jedoch Entscheidungen, die improvisiert getroffen wurden. Ich misstraue immer der ersten Entscheidung, das heißt der ersten Sache, die zu tun mir in den Sinn kommt. Sie ist im Allgemeinen falsch. Ich muss warten, innerlich abwägen, mir die nötige Zeit nehmen. Die Weisheit der Unterscheidung gleicht die notwendige Zweideutigkeit des Lebens aus und lässt uns die geeignetsten Mittel finden, die nicht immer mit dem identisch sind, was als groß und stark erscheint.«

Franziskus versucht das zu leben, was er verkündet. Dafür lassen sich viele Beispiele finden. Er wirkt damit stilbildend für die katholische Kirche und prägt auf diese Weise ein neues Bild dieser Institution. Bei seinen Reisen fährt er an Brennpunktorte. Das wird besonders bei den inneritalienischen Visiten deutlich: nicht Mailand, Genua oder Venedig stehen als erste Ziele auf der Agenda, sondern die Flüchtlingsinsel Lampedusa, die Mafiahochburgen Caserta und Cassano all'Jonio in der Region Kalabrien sowie die Stadt Campobasso in der Region Molise, die wie die beiden kalabrischen Städte durch hohe Arbeitslosigkeit gezeichnet ist. Auf diesen Reisen besucht er Gefängnisse, Einrichtungen für Alte und Menschen mit Behinderung und isst in Caritaseinrichtungen zu Mittag. Auch bei den internationalen Reisen deutet sich dieser Trend an. Südkorea, Albanien, Sri Lanka und die vom Tsunami betroffenen Gebiete der Philippinen stehen hier auf der Agenda.

Selbst bei den Pfarreibesuchen in seinem Bistum Rom fällt auf, dass er in den ersten Monaten bevorzugt Gemeinden in sozialen Brennpunkten oder in Arbeitervierteln besucht. Für Bergoglio ist das nichts Neues. Schon als Erzbischof von Buenos Aires ist er am Sonntagmittag oft in Pfarreien seines Bistums gegangen, um etwa die Menschen in den Armenvierteln zu besuchen. Den Weg dorthin legte er mit öffentlichen Verkehrsmitteln zurück. Eine kleine Änderung bei den römischen Pfarreibesuchen gibt es gegenüber den Vorgängern. Sie finden meistens am Nachmittag statt. Das hat den Vorteil, dass Franziskus nicht zeitlich eingeschränkt ist. Bei Besuchen am Vormittag drängt oft die Zeit, denn um 12 Uhr muss der Papst zurück im Vatikan sein, um mit den Gläubigen auf dem Petersplatz das Mittagsgebet zu sprechen. Gelegentlich kam es bei Johannes Paul II. und Benedikt XVI. vor, dass dieses aufgrund von Verzögerungen beim Pfarreibesuch später beginnen musste. Franziskus macht seine Visiten am Nachmittag und kann sich so viel Zeit nehmen, wie er möchte, um mit den Menschen in den Pfarreien zu sprechen. Wie bei seinen wöchentlichen Generalaudienzen lässt er sich viel Zeit für die Begegnung mit den Menschen, vor allem mit den Alten, den Kranken und den Menschen mit Behinderungen.

In seinen Ansprachen fasst sich Franziskus kurz und verwendet eine klare, einprägsame Sprache. Immer wieder versucht er mit den Zuhörern zu interagieren, stellt Fragen, lässt zentrale Begriffe seiner Ansprachen von den Menschen wiederholen, damit diese sie sich einprägen können. Berühmt sind mittlerweile schon die Wortschöpfungen von Papst Franziskus. Er kreiert Begriffe, die es im Italienischen eigentlich nicht gibt. Franziskus spricht beispielsweise davon, dass das Gebet »memoriosa«, voller Erinnerung der Gegenwart Christi, sein müsse. Sein engster Mitarbeiter, Kardinalstaatssekretär Pietro Parolin, stellt dazu schmunzelnd fest: »Der Papst ist einfach so. Er bringt unser Leben durcheinander und auch unsere Sprache.« Die Sprache ist allerdings für einige Kritiker des Papstes auch ein Stein des Anstoßes. Und dabei geht es nicht nur um den teilweise sehr umgangssprachlichen Ton. Der gefällt den Gläubigen, nicht aber manchen Klerikern und Theologen, die intellektuelle Tiefe vermissen. Auch dass Franziskus nur italienisch spricht, von ganz wenigen, meist spanischen Ausnahmen abgesehen, erregt Anstoß. Es irritiert die Gläubigen, die an Weihnachten und Ostern beim Segen »Urbi et Orbi« auf die traditionellen Festtagsgrüße in mehr als 60 Sprachen warten. Es ruft aber auch Kritiker verschiedenster Couleur auf den Plan. Den einen geht damit ein Stück Internationalität des Papstamts verloren, andere sehen dadurch den direkten Kontakt von Franziskus zu den Gläubigen beeinträchtigt. Wenn der Papst etwa in Amman eine flammende Predigt für Frieden hält und den Waffenhandel in der Krisenregion geißelt, das aber auf Italienisch macht, bekommen die Menschen vor Ort davon nicht viel mit; selbst wenn es anschließend eine kurze arabische Zusammenfassung der Ansprachen gibt. Die für Franziskus so typische Interaktion mit den Gläubigen ist dann nicht möglich. Doch Bergoglio tut sich schwer mit Fremdsprachen. Daher beschränkt er sich auf Spanisch und vor allem Italienisch; Sprachen, in denen er auch improvisieren kann, und genau das liebt dieser Pontifex ja sehr. Oft legt er das vorbereitete Redemanuskript zur Seite und spricht frei, sehr zum Leidwesen seines vatikanischen Apparats. Denn so ist der Papst nur schwer zu kontrollieren.

Diese Eigenständigkeit und Unabhängigkeit des Papstes zeigt sich auch an anderen Stellen. Durch die Wahl seines Wohnorts und seinen Arbeitsstil entzieht sich Franziskus zu einem Teil der Kontrolle des Apparats. Er greift selbst zum Telefon und ruft alle möglichen Menschen an: vom Kardinal über Referenten in den Vatikanbehörden bis zu Freunden in aller Welt. Das trifft auch für Begegnungen zu. Am Vormittag sind die offiziellen Audienzen des Papstes im zweiten Stock des Apostolischen Palasts. Diese werden von der Präfektur des Päpstlichen Hauses in Abstimmung mit dem Staatssekretariat organisiert. Wen der Papst dann am Nachmittag im vatikanischen Gästehaus Santa Marta trifft, wo er zusammen mit mehreren Dutzend anderen Klerikern und Gästen wohnt, wird weitestgehend von ihm selbst bestimmt und läuft über seine Sekretäre. Da kommt es zu zufälligen Begegnungen mit den anderen Gästen im Haus. Es gibt aber auch viele Treffen mit alten Bekannten aus der Zeit vor der Papstwahl. Aus diesem Grund hat Franziskus unter anderem auch Santa Marta als Wohnort gewählt. Dort ist er unter Menschen und kann recht unkompliziert anderen begegnen. Was die Sicherheit anbetrifft, ist diese Wahl ein Mehraufwand. Für Franziskus bedeutet es mehr Freiheit.

Auch wenn der Papst betont, dass die Wahl seines Wohnsitzes in Santa Marta vor allem psychologische Gründe hat, so ist das leere Appartamento in der Terza Loggia des Apostolischen Palasts doch zugleich ein Statement. Ob es wirklich ein radikaler Bruch mit dem alten Papstamt ist, lässt sich nach eineinhalb Jahren Pontifikat noch nicht ermessen. Aber vieles deutet darauf hin. Es ist der Bruch mit einem vatikanischen System, in dem die Intrigen bis in das Vorzimmer des Papstes reichten, ein System, in dem am Ende des Tages der Papst alleine sitzt in seiner mehrere hundert Quadratmeter großen Wohnung hoch über einem der schönsten Plätze der Welt, dem Petersplatz. Dagegen wirkt das 70 Quadratmeterapartment im zweiten Stock des Gästehauses, das im Schatten des mächtigen Petersdoms liegt wie ein von der Masse des Petersdoms beinahe erdrückt werdendes Häuschen, wie der harte Aufprall in der Realität eines geschundenen, machtlosen Papstamts. Seit die Päpste Mitte des 15. Jahrhunderts dauerhaft in den Apostolischen Palast gezogen sind und erst recht, seit Papst Pius X. Anfang des 20. Jahrhunderts die Papstwohnung in den dritten Stock verlegt hatte, übrigens weil dort die Räume bescheidener waren als in der Seconda Loggia, der traditionellen Papstwohnung, in der heute die Gäste zu Audienzen empfangen werden, lag den geistlichen Herrschern beim Blick aus dem Fenster die Stadt Rom zu Füßen. Der Blick reicht bei guter Sicht bis weit in die Albaner und Sabiner Berge, die im Osten die Eterna begrenzen. Schaut der Pontifex heute aus dem Fenster, sieht er den großen gepflasterten Vorplatz von Santa Marta, auf dem gelegentlich Wagen mit Gästen vorfahren, die Koffer aus- oder einladen, eine Tankstelle im linken Anschnitt seines Blickfeldes, rechts den etwas trist wirkenden Bau der Sakristei von Sankt Peter, und mit etwas Mühe kann er die mächtige Kuppel des Petersdoms erahnen, wenn er steil nach oben schaut. Das Papsttum scheint mit Franziskus ganz unten angekommen zu sein. Und doch scheint Jorge Mario Bergoglio gerade in dieser Katharsis das Papstamt zu neuer Stärke zu führen.

Unabhängig davon, wie die Verhältnisse unter Benedikt XVI. wirklich waren, das Appartamento steht für ein Papsttum, das von Seilschaften, Funktionären und Sekretären, Karrieristen und Höflingen geprägt ist, in dem der Papst bisweilen selbst nicht mehr Herr im eigenen Hause ist. So ist zumindest die öffentliche Wahrnehmung. Santa Marta wird als Gegenpol zum Ort eines entzauberten Papstamts, das allerdings zugleich wieder ganz auf den Papst konzentriert diesem neue Macht verleiht. Franziskus versucht das Höfische abzuschaffen. Seine Sekretäre tauchen nicht mehr in der Öffentlichkeit auf. Der Papst trägt seine Aktentasche sowie Mantel selbst und spaziert zu Fuß zu Terminen im Vatikan. Zum Zahnarzt geht er ebenfalls zu Fuß in die Praxis des Vatikanzahnarzts und nutzt nicht das eigens eingerichtete päpstliche Behandlungszimmer im Apostolischen Palast. Bei den Gottesdiensten im Petersdom hat er die Tradition abgeschafft, dass hinter dem Papst bei der feierlichen Prozession zum Ein- und Auszug immer noch der Päpstliche Almosenmeister, der Präfekt des Päpstlichen Hauses sowie der Leibarzt und der Privatsekretär mitlaufen.

Bei den Liturgien trägt er schlichte Gewänder und bietet so keinen Anlass zu Diskussionen über Äußerlichkeiten. Damit schafft er Raum, sich wieder auf Inhalte zu konzentrieren. Unter Benedikt XVI. waren bisweilen die Schlagzeilen eher dadurch bestimmt, welche historischen Gewänder er bei bestimmten Zeremonien wieder aus den Archiven des Vatikans hatte holen lassen, als durch seine Botschaften. Obwohl sich das Umfeld des Papstes über diese Berichterstattung ärgerte und der Grundgedanke hinter der Nutzung historischer Mitren, Bischofsstäben und dergleichen verständlich sein mag, nämlich äußerlich, bildhaft eine Kontinuität des Papstamts zu symbolisieren, ging der Plan nicht auf. Die Botschaft ging hinter den Äußerlichkeiten unter. Das ist bei Franziskus anders. Die Schlichtheit seines Auftretens bei Liturgien ist nach den ersten Wochen zur Normalität geworden. Wenn es Variationen gibt, drückt er damit eine Botschaft aus. So nutzte er bei seinem Besuch in Lampedusa einen Bischofsstab, der aus Holz von Flüchtlingsbooten gefertigt war.

Durch seine Amtsführung prägt Franziskus einen ganz bestimmten Stil und ein ganz bestimmtes Image der katholischen Kirche. Der Justizminister des Vatikans, Kardinal Francesco Coccopalmerio, ist überzeugt, dass Bergoglio im ersten Jahr seines Pontifikats das Verhältnis zwischen Papst und den Gläubigen revolutioniert hat durch eine Art Sakralität des Papstamts, die sich in einer besonderen Nähe zum Volk ausdrücke. Diese Haltung werde von denen kritisiert, die unter Sakralität etwas anderes verstehen, nämlich Distanz zum gemeinen Volk. Doch Bergoglio habe eine Haltung, die ihm die Menschen auf »außergewöhnliche und unerklärliche Weise« nahebringe. Zudem sei es selbstverständlich, dass es in Zentren der Macht Kritiker gebe, die mit den gegebenen Umständen nicht zufrieden seien.

Der Regierungsstil
des Papstes

E<small>in</small> Kardinalsrat berät den Papst. Externe Firmen prüfen die Bücher und die Verwaltung des Vatikans. Eine weltweite Umfrage zum Thema »Ehe und Familie« sorgt für Aufsehen und schürt bei einigen konservativen Katholiken die Angst, basisdemokratische Elemente könnten Einzug in die katholische Kirche halten. Papst Franziskus hat in den ersten Monaten seines Pontifikats viel Unruhe in die Weltkirche gebracht, weil er einen unorthodoxen Regierungsstil pflegt. Das ist zum Teil seiner Person geschuldet. Viele Neuerungen gehen aber auch auf das Konto der Kardinäle im Vorkonklave, die sich Veränderungen im Regierungsstil des Papstes sowie im Verhältnis der römischen Kurie zu den Ortskirchen gewünscht hatten. Die Unzufriedenheit gerade unter den Kardinälen aus der Weltkirche war groß. Franziskus hat die Kritik sowie die Wünsche ernst genommen und unmittelbar nach seiner Wahl mit der Umsetzung begonnen. Dabei lässt sich bei einem ersten groben Blick auf die Entwicklungen eine doppelte Richtung feststellen: Einerseits baut Franziskus das Element der Beratung in einer institutionalisierten Form aus. Zugleich sind die Entscheidungsprozesse und -wege stärker als vorher auf den Papst zugeschnitten. Franziskus achtet penibel darauf, dass sich neben ihm kein »zweiter« Papst, kein Nebenpapst, entwickelt, der Entscheidungen an sich zieht und Macht gewinnt, wie das in den letzten beiden Pontifikaten bei den Kardinalstaatssekretären Angelo Sodano und Tarcisio Bertone der Fall war. Wobei man auch da noch einmal unterscheiden muss: Es gab zumindest in der Ära von Johannes Paul II. eine Form des »Checks and Balances« im Vatikan dahingehend, dass dem mächtigen Kardinalstaatssekretär bisweilen der enge Papstvertraute und Chef der Glaubenskongregation, Kardinal Joseph Ratzinger, als Korrektiv gegenüberstand. Diese Rolle blieb in der Ära des Kardinalstaatssekretärs Bertone ab 2006 unbesetzt, was in einer zu großen Machtkonzentration in der Person Bertones endete und entscheidend zu den bekannten Fehlern, Skandalen und der Unzufriedenheit beitrug.

Bereits im Vorkonklave wurde deutlich: Der künftige Papst wird in der Amtsführung seine Entscheidungen auf eine breitere Basis stellen müssen. In den Generalkongregationen sowie bei den »privaten« Treffen der Kardinäle in den Tagen vor dem Konklave diskutierten die Purpurträger schon sehr konkrete Vorstellungen, wie dies umgesetzt werden könnte. Da stand zum einen die Forderung im Raum, ein »Kabinett« zu bilden, also ein regelmäßiges Treffen der Leiter der vatikanischen Behörden. Zum anderen äußerten viele Kardinäle den dringenden Wunsch, die Weltkirche stärker in Entscheidungen einzubinden. Was das Kabinett anbetrifft, wurden schon unter Benedikt XVI. immer wieder solche regelmäßigen Treffen der Kurienspitze gefordert. Allerdings hatte Joseph Ratzinger nur wenige Male alle seine Minister an einen Tisch geholt. Dabei wurde im Verlauf seines Pontifikats mehrfach deutlich, dass eine bessere Kooperation, Koordination und Kommunikation innerhalb der römischen Zentrale notwendig gewesen wäre. Selbst Benedikt XVI. musste einsehen, dass ihm so manche Krise erspart geblieben wäre. So hätte wohl bei einer besseren internen Abstimmung beispielsweise Anfang 2009 bei der Rücknahme der Exkommunikation der vier Bischöfe der traditionalistischen Piusbruderschaft der Skandal um den Holocaustleugner Richard Williamson vermieden werden können.

Mag es für den Theologen Joseph Ratzinger vielleicht nicht die oberste Priorität gewesen sein, die kurialen Abläufe zu optimieren, so hätte wenigstens sein oberster Verwaltungschef, Kardinalstaatssekretär Tarcisio Bertone, diese Weitsicht besitzen müssen. Doch auch dieser erkannte bis zum Schluss nicht die dringliche Notwendigkeit, auf seiner Ebene eine solche verstärkte Vernetzung zu betreiben. Stattdessen baute er eine hierarchische Zuspitzung des Kurienaufbaus auf das Staatssekretariat und seine Person hin aus. So sollten beispielsweise nur noch mit dessen Zustimmung Papiere veröffentlicht werden. Dazu kam, dass der Zugang zum Papst selbst für Leiter vatikanischer Behörden zum Ende des Pontifikats hin immer schwieriger wurde. Diese mussten teilweise Monate auf ein Treffen warten. Dies bedeutet allerdings nicht, dass Benedikt XVI. seine Entscheidungen im luftleeren Raum, in völliger Einsamkeit und ohne Rückbindung getroffen hatte. Benedikt XVI. wusste den Kurienapparat durchaus zu nutzen. Er ließ sich von den entsprechenden Fachressorts Dossiers erstellen, nutzte gelegentlich auch die Expertise externer Fachleute seines Vertrauens und konnte auf die Erfahrungsberichte der Bischöfe zurückgreifen, die er bei den regelmäßigen Ad-Limina-Besuchen traf oder die er bei den Bischofssynoden und Konsistorien, den Treffen der Kardinäle, hörte. Es fehlte aber an einer institutionalisierten Beratungsstruktur.

Die zweite Forderung des Vorkonklaves nach der stärkeren Einbeziehung der Weltkirche entstand vor dem Hintergrund, dass viele Kardinäle, die in den Diözesen rund um den Globus arbeiten, den Eindruck hatten, dass die Kurie die Praxis zu wenig im Blick hat und in einer selbstreferenziellen, bisweilen selbstherrlichen Art Entscheidungen fällt, die vor Ort nicht umsetzbar sind. So stand schon vor dem Konklave die Idee eines Kardinalsrats im Raum, der den Papst beraten soll. Mit Jorge Mario Bergoglio wählten die Kardinäle deshalb einen Mann, der als Jesuitenoberer und Leiter von Jesuiteneinrichtungen sowie als Erzbischof eines Bistums mit 2,6 Millionen Katholiken Erfahrung in Leitungspositionen hatte, einen Mann, der nicht aus der Kurie kam, einen Mann, der nicht Italiener ist und damit nicht in italienische Seilschaften verstrickt und niemandem einen Gefallen schuldig ist, einen Mann, der den Eindruck erweckte, dass er entschlossen handeln kann und will.

Dass Bergoglio diesen Erwartungen auch entspricht, wird schnell klar. Vier Wochen nach seiner Wahl, am 13. April 2013 gibt Franziskus bekannt, dass er eine Gruppe von acht Kardinälen bestimmt hat, »um ihn bei der Leitung der Universalkirche zu beraten« und das Projekt der Kurienreform voranzubringen. Schnell hat sich der Name K8 etabliert in Anspielung auf die G8-Gruppe der Staats- und Regierungschefs der großen Industrienationen. Bereits wenige Tage nach seiner Wahl hatte Franziskus mit seinem Freund Kardinal Oscar Rodríguez Maradiaga über den Kardinalsrat gesprochen. Die Suche nach Kandidaten begann sofort: einer je Kontinent, Nord- und Südamerika aufgrund der unterschiedlichen gesellschaftlichen und politischen Prägungen jeweils mit einem eigenen Vertreter, ein Koordinator und ein Kurienvertreter. An sich hätte man erwartet, dass der Papst erfahrene Kuriale in das Gremium beruft. Doch zum einen möchte er Leute an seiner Seite, die ihn bei der Leitung der Kirche beraten. Dafür braucht es Kirchenführer, die die Hand am Puls der pastoralen Praxis haben.

Zum anderen: Wenn die Kurie letztlich der Weltkirche dienen soll, müssen zuerst die Bedürfnisse an der Basis eruiert werden. Deshalb liegt das Schwergewicht auf Kardinälen mit Erfahrung als Diözesanleiter in unterschiedlichen Weltgegenden. Dass ein solches Gremium im Vorkonklave von den Kardinälen angeregt worden war, bestätigt Franziskus wiederholt. Kritiker des Papstes sehen darin bereits eine Konditionierung der Wahl und wittern einen Verstoß gegen die Konklaveordnung *Universi dominici gregis* von Papst Johannes Paul II. aus dem Jahr 1996, die von Benedikt XVI. mit kleinen Änderungen bestätigt worden war. Dort steht in Abschnitt 82: »Desgleichen untersage ich den Kardinälen, vor der Wahl Wahlkapitulationen einzugehen, d.h. gemeinsame Abmachungen zu treffen mit dem Versprechen, sie für den Fall einzulösen, dass einer von ihnen zum Pontifikat erhoben würde. Auch solche Versprechungen, sollten sie vorkommen, erkläre ich für nichtig und ungültig, selbst wenn sie unter Eid abgegeben worden wären.« Papst Franziskus ist völlig frei in seinen Entscheidungen. Es spricht für ihn, wenn er jetzt die Dinge umsetzt, die im Vorkonklave als kritische Punkte herausgearbeitet und benannt worden sind. Auch ist es völlig legitim, wenn er im Vorkonklave diskutierte Änderungen und Verbesserungsvorschläge aufgreift. Das neue Beratungsgremium der Kardinäle ist also keine Wahlkapitulation, sondern eine Form von kollegialer Rückbindung des Papstamts an das Kardinalskollegium.

Mitglieder des Kardinalsrats sind zunächst die acht Kardinäle Giuseppe Bertello, Francisco Javier Errázuriz Ossa, Oswald Gracias, Seán Patrick O'Malley, Oscar Rodríguez Maradiaga, Reinhard Marx, Laurent Monsengwo Pasinya und George Pell. Anfangs war Kardinal Bertello der einzige Kurienvertreter in der Gruppe und der einzige Italiener. Dabei ist er als Präsident des Governatorats – Chef der Vatikanstaats-Verwaltung – streng genommen nicht einmal Mitglied der Kurie, verstanden als Leitungsorgan der Weltkirche. Auch ist er kein Verwaltungsfachmann; die längste

Zeit diente er als Kirchendiplomat. Trotzdem übernimmt er am Anfang den Kurienpart. Mit dem Treffen des Kardinalsrats im Juli 2014 wird die K8 offiziell in eine K9 verwandelt. Seitdem ist Kardinalstaatssekretär Pietro Parolin mit dabei, der zweite Italiener in dem Gremium. Papst Franziskus hat sich von Anfang an ausbedungen, dass er das Gremium vorübergehend oder dauerhaft in seiner Zusammensetzung verändern kann. Obwohl einige der Mitglieder verantwortliche Positionen in kontinentalen Zusammenschlüssen der Bischofskonferenzen innehaben, betont der Vatikan, dass die einzelnen Mitglieder ad personam ernannt wurden und nicht wegen ihrer Funktionen in bestimmten kirchlichen Gremien. Mit den Kardinälen Rodríguez Maradiaga, Errázuriz Ossa und Bertello hat Franziskus Freunde in das Gremium berufen, Gracias und Marx kennt er weniger.

Geleitet, offiziell heißt es koordiniert, wird die Gruppe von Kardinal Oscar Rodríguez Maradiaga. Der 1942 geborene charismatische Erzbischof der honduranischen Hauptstadt Tegucigalpa ist ein enger Freund von Papst Franziskus und ein Multitalent. Neben Theologie hat er auch Klavier und Komposition, Physik, Mathematik, Chemie, Philosophie und Psychologie studiert in Tegucigalpa, Rom und Innsbruck. Er wurde in El Salvador zum Doktor der Philosophie, an der Päpstlichen Universität der Salesianer zum Doktor der Theologie und an der Päpstlichen Lateranuniversität in Rom zum Doktor der Moraltheologie promoviert. Anschließend erlangte er an der Klinik für Psychiatrie der Universität Innsbruck ein Diplom in Klinischer Psychologie und Psychotherapie. Er ist als Psychotherapeut Mitglied in der Europäischen Gesellschaft für Verhaltenstherapie. Maradiaga spricht sechs Sprachen: Englisch, Französisch, Italienisch, Deutsch, Portugiesisch und seine Muttersprache Spanisch fließend und beherrscht Latein und Altgriechisch. Neben Klavier spielt er auch noch Saxophon.

Wegen seiner Leidenschaft für die Fliegerei hat er sogar den Flugschein als Hubschrauberpilot erworben. Der polyglotte, temperamentvolle Salesianer gehörte bei den beiden Konklaven 2005 und 2013 selbst zum erweiterten Kreis der Papabili. Allerdings dürfte er vielen Kardinälen als zu liberal gegolten haben, was ihn am Ende aus dem engeren Kandidatenkreis ausscheiden ließ. In seiner (nebenberuflichen) Funktion als Präsident des katholischen Hilfswerks Caritas Internationalis ist er seit 2007 rund um den Globus unterwegs. Er kennt so die Situation der Kirche in vielen Ländern. Zugleich ist er Schirmherr einer weltweiten katholischen Entschuldungskampagne zugunsten armer Länder. Schon zum Jahrtausendwechsel war er das Gesicht der »Erlassjahrkampagne 2000«. Ähnlich wie Franziskus schlägt er oft sehr kapitalismuskritische Töne an. Das brachte ihm unter Johannes Paul II. und Benedikt XVI. teilweise scharfen Gegenwind vatikanischer Stellen ein, für die sein soziales Engagement zu politisch war und er aus Sicht seiner Kritiker zu wenig katholisches Profil zeigte. Dies führte schließlich im Mai 2012 zu einer Überarbeitung der Statuten von Caritas Internationalis und einer strengeren Kontrolle durch den Vatikan. Dabei wurde Rodríguez Maradiaga zum Teil entmachtet. Innerkirchlich drängt Rodríguez Maradiaga auf Reformen. Er sieht dringenden Handlungsbedarf angesichts der Kluft zwischen kirchlicher Lehre und Lebenspraxis der Gläubigen etwa im Bereich der Sexualmoral. Als Koordinator der K9 hat er eine Schlüsselposition. Im Gegensatz zu den meisten anderen Mitgliedern des Kardinalsrats gibt Rodríguez Maradiaga immer wieder ausführliche Interviews. Bisweilen hat es den Anschein, als mache er damit ganz bewusst Politik – sei es, um vorab Reaktionen auf mögliche Reformvorhaben zu testen und frühzeitig zu erkennen, woher, in welcher Intensität und mit welchen Argumenten Gegenwind zu erwarten ist, sei es, um durch den öffentlichen Rückhalt für einmal geäußerte Ideen innerkirchlichen Widerstand zu erschweren.

Der ehemalige Erzbischof von Santiago de Chile, Kardinal Francisco Javier Errázuriz Ossa, ist der zweite Lateinamerikaner im Kardinalsrat. Auch der 1933 in Santiago geborene Kirchenmann studierte außer Theologie und Philosophie noch Mathematik. Neben seiner langjährigen pastoralen Erfahrung als Diözesanbischof bringt er Kenntnisse aus seiner Leitungsfunktion als Chef der internationalen Schönstattbewegung (1971–1990) sowie als Vorsitzender des Lateinamerikanischen Bischofsrats CELAM (2003–2007) mit. Die römische Kurie ist ihm aus seiner Zeit als Sekretär, also zweiter Mann, in der vatikanischen Bischofskongregation (1990–1996) vertraut. In einem der wenigen Interviews, die er seit Beginn der K9-Arbeiten gab, benannte er Ende Oktober 2013 drei wesentliche Punkte für die Reform: bessere Koordination innerhalb der Kurie, stärkere Internationalisierung auf allen Ebenen sowie Verschlankung der Kurie durch eine Verlagerung von Aufgaben auf nationale oder kontinentale Ebenen. Weitere Themen seien eine stärkere Beteiligung der Laien und vor allem der Frauen auf den Entscheidungsebenen der Kirche sowie der Umbau des vatikanischen Staatssekretariats. Viele Jahre in der Schönstattzentrale in Vallendar bei Koblenz beheimatet, ist Errázuriz Ossa auch mit der Kirche in Deutschland bestens vertraut.

Aus Afrika ist der 1939 geborene Erzbischof von Kinshasa, Kardinal Laurent Monsengwo Pasinya, im Kardinalsrat vertreten. Als erster Afrikaner wurde er am Bibelinstitut der Päpstlichen Universität Gregoriana in Rom promoviert. Er ist bereits seit mehr als 30 Jahren Bischof in seinem Heimatland und zählt zu den profiliertesten Kirchenmännern Afrikas. Auch er bringt Leitungserfahrung als Chef der nationalen Bischofskonferenz mit, der er seit 1984 vorsteht, sowie des gesamtafrikanischen Bischofsrats SECAM. Wie sein K9-Kollege Errázuriz Ossa findet Monsengwo Pasinya als Stimme der Versöhnung in den politischen Konflikten seines Landes Gehör.

Ähnliche Erfahrungen hat Kardinal Oswald Gracias als asiatischer Vertreter in der K9. Der Erzbischof von Mumbai (Bombay), der größten katholischen Diözese Indiens, kennt die Probleme des Zusammenlebens von Christen und Muslimen, aber auch von Christen und Hindus aus eigener Anschauung. Der 1944 geborene Kirchenmann war seit 1987 als Bischof in verschiedenen Diözesen des Subkontinents tätig und bringt in die Arbeit der K9 einen ganz eigenen kulturellen Hintergrund mit ein. Vor allem aus Asien wurde in den letzten Jahren die Kritik am zentralistischen und vor allem stark europäisch geprägten Denken der römischen Kirchenleitung laut. Kirchenführer aus Fernost forderten immer mehr eine stärkere Inkulturation des christlichen Glaubens und die dafür notwendige Freiheit von Rom.

Kardinal George Pell, der langjährige Erzbischof von Sydney, gehört zu den konservativen Schwergewichten in der katholischen Kirche. Der 1941 geborene Kirchenmann studierte unter anderem in Rom und Oxford und promovierte in Kirchengeschichte. 1987 wurde er zunächst Weihbischof, 1996 dann Erzbischof von Melbourne. 2001 wechselte er nach Sydney, wo er 2008 Gastgeber des Weltjugendtags war. Pell wurde mehrfach für Leitungsposten in der römischen Kurie gehandelt, darunter das Amt des Präfekten der Glaubenskongregation. Im Februar 2014 machte ihn Papst Franziskus zum Präfekten des neu gegründeten Finanzministeriums. Die Wahl fiel wohl aus zwei Gründen auf Pell: Zum einen hatte er innerhalb der K9 einen entsprechenden Entwurf für ein neues Finanz- und Verwaltungssystem ausgearbeitet. Zum anderen scheint sich Papst Franziskus, der Pell wegen seiner Statur und seines Auftretens als »australischen Rugbyspieler« bezeichnete, sicher, dass der Australier das notwendige Durchsetzungsvermögen hat, um die Finanzreformen umzusetzen.

Aus Nordamerika sitzt der Erzbischof von Boston, Kardinal Seán Patrick O'Malley, im Kardinalsrat. Der 1944 geborene Geistliche ist Kapuziner und damit neben Rodríguez Maradiaga der zweite Ordensmann in der K9. Seit 1987 ist O'Malley Bischof in verschiedenen Diözesen im Süden der USA. Von 2003 an Erzbischof in Boston, einer der größten US-Diözesen mit knapp zwei Millionen Katholiken, folgte er Kardinal Bernard Law nach, der wegen des Missbrauchsskandals von Papst Johannes Paul II. abberufen wurde. O'Malley hatte sich dagegen als rückhaltloser und konsequenter Aufklärer einen Namen gemacht. Papst Franziskus ernannte ihn deshalb auch Ende März 2014 zum Mitglied der neu gegründeten vatikanischen Kommission zum Schutz Minderjähriger. Franziskus und O'Malley haben nicht nur den bescheidenen Lebensstil gemeinsam, auch die Sorge um Flüchtlinge und Migranten verbindet sie. O'Malley, der für viele Hispanics in den USA eine wichtige Identifikationsfigur ist, gründete bereits in den 1970er Jahren in seiner Zeit als Professor in Washington, D.C., ein Zentrum, das sich für Immigranten, meist Latinos aus Süd- und Mittelamerika, einsetzt. Im Mittelpunkt der Arbeit stehen Fragen der Bildung, der medizinischen Versorgung und der juristischen Hilfe.

Durch seine Beiträge im Vorkonklave ist der deutsche Kardinal Reinhard Marx dem Papst aufgefallen. Er ist neben den beiden italienischen Kurienkardinälen der dritte Europäer, aber der einzige Diözesanbischof des alten Kontinents in der K9. Der 1953 im westfälischen Geseke geborene Marx ist seit 1996 Bischof, zunächst Weihbischof in Paderborn, dann ab 2002 Bischof von Trier und schließlich seit 2007 von München und Freising. Er ist zwar noch Chef der Kommission der Bischofskonferenzen in der EU, doch seine Ernennung erfolgte aufgrund seines persönlichen Profils. Theologisch eher konservativ in Fragen der Moral, ist er ein profilierter Sozialethiker. Die harsche Kapitalismuskritik des Papstes teilt er in vielen Punkten, würde sie selbst sicherlich diplomatischer formulieren. Franziskus ernannte Marx im März 2014 zum Koordinator des neuen vatikanischen Wirtschaftsrats, einer Art Aufsichtsrat über das neue Finanzministerium und damit über das gesamte Finanzgebaren des Vatikans. In der Diskussion um wiederverheiratete Geschiedene in der katholischen Kirche wünscht sich Marx Reformen und stellt sich dabei auch öffentlich gegen den Präfekten der vatikanischen Glaubenskongregation, Kardinal Gerhard Ludwig Müller, der in diesem Punkt keinen Spielraum für Veränderungen sieht. Seit März 2014 ist Marx auch Vorsitzender der Deutschen Bischofskonferenz.

Mit den neun Kardinälen hat Papst Franziskus eine Art Kronrat eingerichtet. Anfangs noch als Ad-hoc-Gremium angesehen, hat der Pontifex mittlerweile verfügt, dass es sich um eine dauerhafte Einrichtung handeln soll. Das ist der erste Schritt einer Strukturveränderung in der Leitung der katholischen Kirche. Es geht bei der K9 nicht nur um die Kurienreform. So hat Papst Franziskus gleich beim ersten Treffen des Kardinalsrats im Oktober 2013 auch inhaltlich über das Thema »Ehe und Familie« sowie die Reform der Bischofssynode diskutiert. Franziskus ist bei Beratungen der K9 meist die ganze Zeit dabei. Er nimmt lediglich zwischendurch einige wenige Audienztermine wahr. Zur Vorbereitung der Treffen werden Arbeitsaufträge an die einzelnen Mitglieder verteilt. Das kann die Begutachtung einer vatikanischen Behörde sein oder die Ausarbeitung eines Konzepts für ein bestimmtes Problem wie die Finanzverwaltung des Vatikans. In der Sitzung werden die Ergebnisse vorgetragen und offen diskutiert. Arbeitssprache bei den Treffen, die in der Regel in einem Saal des vatikanischen Gästehauses Santa Marta stattfinden, ist Italienisch. Die Gespräche sind offen, herzlich und kontrovers. Franziskus hört aufmerksam zu und stellt Fragen. Ab und an beteiligt er sich an der Diskussion. Dieses Verfahren erinnert an die Arbeitsessen von Papst Johannes Paul II. Der polnische Papst hatte regelmäßig mittags und abends Gäste geladen, um sie über bestimmte Themen um Rat zu fragen oder angeregt durch päpstliche Fragen diskutieren zu lassen.

Ähnlich verhält es sich mit Franziskus. Er hört den Rat der Kardinäle und von Experten. Am Ende entscheidet aber er alleine. Hier ist er wieder ganz Jesuit. Die Statuten des Ordens sehen vor, dass der Obere sich Rat holen muss, am Ende dann aber frei entscheidet. Mit Franziskus hält also ein synodales, beratendes Element Einzug in die katholische Kirche, doch sie wird dadurch nicht zu einem demokratischen Gebilde. Der vatikanische Innenminister, Erzbischof Giovanni Angelo Becciu, beschreibt das in einem Artikel der Vatikanzeitung *L'Osservatore Romano* so: »Die Funktion des Beratens muss theologisch interpretiert werden: Mit weltlichen Maßstäben gemessen, müssten wir sagen, dass ein Rat ohne Entscheidungskompetenz irrelevant ist. Das würde aber bedeuten, die Kirche mit einem Unternehmen zu vergleichen. Theologisch gesehen hat Beraten eine ganz grundlegende Bedeutung: dem Oberen zu helfen beim Werk des Unterscheidens, beim Verstehen dessen, was der Geist in einem konkreten historischen Moment für die Kirche fordert.«

Die Reformen könnten am Ende sowohl die Kollegialität als auch das Papstamt stärken. Franziskus ist sich seiner Position als Papst bewusst und er entscheidet auch. Aber er möchte gut informiert entscheiden. Dabei zeigt er sich im

Interview mit den Jesuitenzeitschriften selbstkritisch. »In meiner Erfahrung als Oberer in der Gesellschaft habe ich mich nicht immer so korrekt verhalten, dass ich die notwendigen Konsultationen durchführte. Und das war keineswegs gut. Mein Führungsstil als Jesuit hatte anfangs viele Mängel.« Er sei mit nur 36 Jahren Provinzial in Argentinien geworden, in einer schwierigen Zeit. Seine Entscheidungen habe er schroff und eigenmächtig getroffen. »Meine autoritäre und schnelle Art, Entscheidungen zu treffen, hat mir ernste Probleme und die Beschuldigung eingebracht, ultrakonservativ zu sein.« Die Menschen seien heute allerdings des Autoritarismus überdrüssig. Daher wünsche er echte Beratung und kontroverse Diskussionen. Jasager liegen Franziskus nicht. »Mir gefallen Personen, die sagen: ›Ich bin nicht einverstanden!‹«, erklärte Franziskus bei der Pressekonferenz auf dem Rückflug von Rio de Janeiro nach Rom im Juli 2013. Als nach dem Konsistorium im Februar 2014 eine kontroverse Diskussion unter Kardinälen über den Umgang mit wiederverheirateten Geschiedenen ausbricht, sagt Franziskus in einem Zeitungsinterview, es hätte ihn beunruhigt, wenn es nicht so gewesen wäre. »Der brüderliche und offene Austausch lässt das theologische und pastorale Denken wachsen. Davor habe ich keine Angst, im Gegenteil, das suche ich!«

Freunde Bergoglios sehen verschiedene Entwicklungsphasen des Jesuiten. Nach einer eher autoritären Phase am Anfang der »Karriere« als Jesuitenprovinzial und Rektor des Seminars in San Miguel in den 1970er und 80er Jahren komme die Zeit als Spiritual in Cordoba ab 1986. Hier gebe es unterschiedliche Deutungen, ob er freiwillig dorthin gegangen ist oder ob er geschickt wurde. Sicher sei aber, dass sich Bergoglio in dieser Zeit gewandelt habe. Er sei in den sechs Jahren demütiger geworden, so Vertraute. Als Weihbischof habe er dann eine neue Transformation durchgemacht. Am Anfang habe es im Klerus durchaus kritische Stimmen gegen seine Ernennung zum Weihbischof in Buenos Aires gegeben, weil man noch den alten Bergoglio kannte aus der Zeit vor Cordoba. Doch die Menschen hätten ihn vom ersten Tag an als Hirten erlebt – nahe bei den Menschen und den Priestern. In seiner Zeit im Präsidium und dann ab 2005 als Vorsitzender der argentinischen Bischofskonferenz habe er sich sehr für eine pastorale Ausrichtung sowie die Einheit unter den Bischöfen eingesetzt. Er habe stark zu vermitteln versucht und etwa in den Jahren der schweren Wirtschaftskrise in Argentinien ab 2001 den »Dialog für Argentinien« in der Gesellschaft mit angestoßen. Dialog und Begegnung seien für ihn wichtige Kategorien bei der Lösung von Problemen gewesen.

Als Papst holt sich Bergoglio auch externen Rat. Im Sommer 2013 setzt er gleich zwei Expertenkommissionen ein, die sich mit Finanz- und Verwaltungsfragen beschäftigen sollen. Die Kommissionen sind zum größten Teil mit externen Laienexperten besetzt. Das ist neu. Denn den Kommissionsmitgliedern müssen alle – bis hin zu den Leitern vatikanischer Behörden im Range eines Erzbischofs oder Kardinals – Rede und Antwort stehen. Daran müssen sich manche erst gewöhnen. Doch die Kommissionen müssen nur selten die »Papstkarte« ziehen, also mit dem dringlichen Verweis auf ihren päpstlichen Auftrag oder gar einem flankierenden Anruf des Papstes der Gesprächsbereitschaft des Betroffenen nachhelfen. Auch hier ist interessant, dass Franziskus sehr am Fortgang der Arbeiten interessiert ist und an einzelnen Sitzungen der Kommissionen zumindest zeitweise teilnimmt.

Das trifft auch für eines seiner größten Sorgenkinder zu: die Bischofssynode. Diese Institution möchte Franziskus zu einem ordentlichen Beratungsgremium aufwerten. Ob er so weit gehen wird, der Synode beschlussfassende Vollmachten zu geben, ist noch nicht abzusehen. Auf jeden Fall muss dieses Gremium effektiver werden, führt er in seinem Interview mit den Jesuitenzeitschriften aus: »Man sollte sie in der Form allerdings weniger starr gestalten. Ich wünsche mir wirkliche, keine formellen Konsultationen.« Benedikt XVI. hatte bereits versucht, durch freie Dialogrunden das starre Korsett der Bischofssynoden aufzulockern, das zum größten Teil aus einer Aneinanderreihung von kurzen Vorträgen der Synodenteilnehmer besteht. Bisher ist es allerdings nicht gelungen, das Instrument zu einem effektiven Beratungsorgan zu entwickeln. Das möchte Franziskus ändern. Dazu benannte er seinen Vertrauten, Lorenzo Baldisseri, zum neuen Chef des Synodensekretariats, und um die Bedeutung des Amtes zu unterstreichen, machte er Baldisseri gleich bei der ersten Kardinalskreierung zum Kardinal. Das wäre der Vorgänger, Erzbischof Nikola Eterović, nach neun Jahren im Amt auch gerne geworden. Stattdessen schickte Franziskus Eterović als Nuntius nach Deutschland.

Ursprünglich sollte die nächste Bischofssynode im Herbst 2015 stattfinden: die XIV. Ordentliche Vollversammlung der Bischofssynode zu einem anthropologischen Thema. So hatte es Papst Benedikt XVI. geplant. Ordentliche Bischofssynoden finden normalerweise alle drei Jahre statt. Die letzte trat im Herbst 2012 zum Thema »Neuevangelisierung« zusammen. Deren Ergebnisse sind in das Apostolische Schreiben *Evangelii gaudium* eingeflossen, das streng genommen ein nachsynodales Schreiben ist. Allerdings hat Papst Franziskus dem Papier, das in den Grundzügen wie üblich vom Synodensekretariat vorbereitet worden war, so sehr seinen eigenen Stempel aufgedrückt, dass dieser nachsynodale Charakter kaum noch zum Ausdruck kommt. Wie bei den Reformkommissionen kümmert sich Franziskus auch bei der Synode selbst um die Sache. Und so erschien er bei der ersten Sitzung des Synodenrats in seinem Pontifikat im Juni 2013 persönlich in den Diensträumen in der Via della Conciliazione. Auch an den folgenden Sitzungen nahm er teil. Regelmäßig erstattet Kardinal Baldisseri der K9 Bericht und diskutiert mit dem Kardinalsrat seine Ideen für die Bischofsversammlung. Nach der Juni-Sitzung des Synodenrats wurde bestätigt, dass die nächste Bischofssynode im Herbst 2015 stattfinden soll. Über den Sommer reifte in Franziskus der Entschluss, bereits im Herbst 2014 eine Sondersynode einzuberufen. Das gab er Anfang Oktober 2013 bekannt und legte dabei fest, dass sich beide Synoden mit dem Thema »Ehe und Familie« beschäftigen sollen. Dieses hatte sich in den ersten Monaten als ein zentrales Thema im Pontifikat herauskristallisiert. Um einen möglichst breiten Input für die Synode zu bekommen, sollen dieses Mal nicht nur die Bischofskonferenzen Eingaben zum Thema machen, sondern es wurde ein Fragebogen an alle pastoralen Mitarbeiter weltweit geschickt. Franziskus möchte die Stimmen, die Sorgen und Nöte der Menschen hören und auf dem Tisch liegen haben, wenn im Vatikan über »Ehe und Familie« diskutiert wird.

Franziskus kümmert sich also selbst um die Dinge, die ihm wichtig sind. Dies macht er zum einen durch persönliche Präsens bei den entsprechenden Sitzungen, oder aber er setzt Vertraute an Schlüsselpositionen, um so eine möglichst direkte Anbindung zu haben. So ernannte er im November 2013 seinen Privatsekretär Alfred Xuereb zum Kontaktmann zu den beiden Expertenkommissionen für die Reform der Finanz- und Verwaltungsangelegenheiten. Im März 2014 wird Xuereb Generalsekretär des neuen Finanzministeriums. Zwar gab er dafür wenige Wochen später seinen Posten im Vorzimmer des Papstes auf; doch bleibt eine enge Rückbindung des neuen Dikasteriums an den Pontifex über Xuereb bestehen. Im Juni 2013 ernannte die

Kardinalskommission, die für die Vatikanbank IOR zuständig ist, mit Zustimmung und auf ausdrücklichen Wunsch des Papstes, Monsignore Battista Mario Salvatore Ricca zum Prälaten des IOR und damit zum Bindeglied zwischen dem Aufsichtsrat der Bank und der Kardinalskommission. Ricca leitet das römische Priesterhaus, in dem Bergoglio in seiner Zeit als Erzbischof bei seinen Besuchen in der Ewigen Stadt immer wohnte, sowie das Gästehaus Santa Marta. Er ist auch einer aus dem engeren Kreis der Franziskus-Leute, die der Papst an entscheidender Stelle plaziert hat. Sein Sekretär Fabian Pedacchio ist weiterhin in der Bischofskongregation aktiv. Franziskus scheint es zu mögen, gelegentlich die Vorgänge, die ihn über den Dienstweg erreichen, durch einen kurzen Draht in die Referentenebene der Behörden gegenchecken zu können. Entsprechend kommt es immer wieder vor, dass Franziskus sich direkt an Referenten in einem Dikasterium wendet, ohne dass die Vorgesetzten davon Kenntnis haben. Das führt bisweilen zu Irritationen bei den Oberen.

Nun ist es durchaus ein natürlicher Vorgang, dass ein neuer Chef die Schlüsselpositionen, die ihm wichtig sind, mit Mitarbeitern seines Vertrauens besetzt. Das gilt umso mehr, je radikaler der Kurswechsel ausfallen soll. Doch es fällt auf, dass das Vorgehen in diesem Fall mit einer kritischen Haltung von Franziskus gegenüber der römischen Kurie einhergeht. Die hat mehrere Gründe: Franziskus ist es nicht gewohnt, einen solch großen Apparat zu bedienen. Er liebt den direkten Kontakt, greift selbst zum Telefonhörer und spricht direkt mit den Betroffenen. Das »innervatikanische Protokoll« kümmert ihn dabei wenig. Das ist der Stil, den er schon als Erzbischof in Buenos Aires pflegte. Er koordiniert seine Termine weiterhin selbst und erschwert dadurch seinen Sekretären sowie dem Präfekten des Päpstlichen Hauses, der für die Organisation der offiziellen Audienzen zuständig ist, die Arbeit sowie die Koordination. In Santa Marta trifft er zudem bei Gottesdiensten oder beim Essen viele Menschen, mit denen er spontan auch »Dienstliches« besprechen kann. Das sorgt für kurze und direkte Kommunikationswege über alle hierarchischen Ebenen und bürokratischen Hürden hinweg.

Ein weiterer Grund für die Zurückhaltung von Franziskus gegenüber der römischen Kurie sind seine Vorbehalte gegenüber der Zentrale. Als Erzbischof von Buenos Aires musste er immer wieder schlechte Erfahrungen mit Rom sammeln. So bei Bischofsernennungen, wenn seine beiden Vorgänger im Papstamt plötzlich Kleriker zu Bischöfen ernannten, die sich vorher auf keiner Kandidatenliste fanden, die die Ortsbischöfe nach Rom geschickt hatten, oder beim Versuch des Vatikans, massiv auf das Abschlussdokument der CELAM-Konferenz von 2007 in Aparecida Einfluss zu nehmen. Jorge Mario Bergoglio war damals Leiter der Redaktionsgruppe des Papiers. Wenn Franziskus bisher über die römische Kurie spricht, ist dies immer mit Kritik verbunden. Die Einsetzung der Fachkommissionen, die mit externen Laienexperten besetzt sind, zeigt, dass Franziskus dem eigenen Apparat nicht wirklich traut. Denn eigentlich gibt es im Vatikan Gremien, die für die Aufsicht von Finanzen und Verwaltung zuständig sind und neue Perspektiven hätten erarbeiten können. Das gilt ebenso für den Medienbereich, wo eine externe Beraterfirma engagiert wird. Doch in der Radikalität, wie im Bereich Finanzen, Verwaltung und Medien Entscheidungen zu treffen sind, scheint Franziskus den eigenen Leuten die notwendigen Vorarbeiten für Entscheidungen nicht zuzutrauen. Gepaart mit der scharfen Kritik am Arbeitsstil, sorgt das in der Kurie auch für viel Unmut.

Papst Franziskus ficht das alles nicht an. Beim Gespräch mit den Journalisten auf dem Rückflug von Tel Aviv nach

Rom am Ende seiner Heilig-Land-Reise im Mai 2014 stellte er fest, dass er kaum Widerstand verspüre. Es sei wichtig, für die anstehenden Veränderungen Überzeugungsarbeit zu leisten. Und so ist er gewillt, seinen Weg fortzusetzen. Franziskus scheut nicht davor zurück, Entscheidungen zu treffen. Dies ist er aus seiner Zeit als Jesuitenoberer gewohnt. Dabei ist die Beratung durch Experten, Kardinäle und Bischöfe die eine Seite. Typisch für den tief spirituellen Jesuitenpapst ist, dass er nach dem Abwägen der Expertise seiner Berater seine Entscheidungen in der Regel nach einer Zeit intensiven Gebets fällt. So halten im wahrsten Sinne des Wortes die Experten und selbst enge Vertraute nach Vorlage ihrer Empfehlungen besorgt und gespannt die Luft an, bis Franziskus eine Entscheidung getroffen hat. Es mache dabei wenig Sinn, ihn unter Druck zu setzen, so ein Vertrauter. Das verzögere höchstens eine Entscheidung und rufe bisweilen eine äußerst unwirsche Reaktion von Seiten des Pontifex hervor.

Unlösbare Aufgabe?
Papst Franziskus und die Reform der Kurie

Es ist ein Mammutprojekt, das Papst Franziskus sich vorgenommen hat: die Reform der römischen Kurie inklusive des Finanzsektors. In den Beratungen der Kardinäle vor dem Konklave im März 2013 war die Kurie eines der großen Themen, über die die Kardinäle diskutierten. Der Unmut war groß, der sich in den Jahren des Pontifikats Papst Benedikts XVI. angestaut hatte. Eine Reihe der Probleme, die besprochen wurden, waren allerdings nicht erst in der Ära Ratzinger entstanden, sondern schon im Pontifikat von Johannes Paul II. Sie hatten sich allerdings unter Benedikt XVI. verschärft. Handlungsbedarf gab und gibt es immer noch an vielen Stellen: ob es um das Verhältnis der Kirchen vor Ort zur römischen Zentrale geht, um die Kooperation und Koordination innerhalb der Kurie oder um die Reform des Wirtschafts- und Finanzsektors des Vatikans, der immer wieder für negative Schlagzeilen sorgt. Dazu kommen Fragen der Rekrutierung des Personals für die römische Kurie, der Internationalisierung der Zentrale, aber auch zum Verfahren der Bischofsernennungen und der Rolle der Laien in der Kurie.

Schon von Joseph Ratzinger hatte man erwartet, dass er Fehlentwicklungen aus der Ära Johannes Pauls II. korrigieren würde. Gerade was die Kurie anbetrifft, hatten manche Papstwähler 2005 die Hoffnung, dass Joseph Ratzinger Veränderungen vornehmen würde. Schließlich war doch bekannt, dass der langjährige Präfekt der Glaubenskongregation zwar einer der engsten Vertrauten Johannes Pauls II. war, doch sich nie in die Seilschaften und Machenschaften der Kurie verstricken ließ. Er machte pflichtbewusst und engagiert seine Arbeit als oberster Glaubenshüter. Statt kurialem Antichambrieren, Empfängen und dem Aufbau von Netzwerken innerhalb der Kurie zog er sich lieber an seinen heimischen Schreibtisch zurück und schrieb Bücher. Am Anfang scheinen sich die Hoffnungen zu erfüllen, dass Benedikt XVI. sich der Probleme der Kurie annehmen könnte. Er will die Bischofssynode und die Treffen der Kardinäle als Beratungsgremien aufwerten. Als äußeres Zeichen der stärkeren Einbindung des Papstamts in das Kollegium der Bischöfe ersetzt er im Papstwappen die Tiara durch die Bischofsmitra. Benedikt XVI. nutzt die Gelegenheit bei Treffen mit Seminaristen oder den Vertretern der Päpstlichen Diplomatenakademie, um sich gegen Karrierismus auszusprechen. Bei Audienzen und Begegnungen ist es ihm lange Zeit unangenehm, wenn sich sein Gegenüber verneigt oder gar eine Kniebeuge auch nur andeutet. Sofort ergreift Benedikt XVI. fest dessen Hand und zieht ihn nach oben. Doch was die notwendige Reform der Kurie anbetrifft, kann sich Joseph Ratzinger als Papst nicht durchsetzen. Was für viele Wahlkardinäle wie ein Vorteil aussah, dass er nicht in die üblichen Seilschaften verstrickt ist, erweist sich jedoch als Nachteil. Ratzinger ist nie wirklich in der römischen Kurie angekommen. Der Theologe und Professor durchschaut die Intrigenspiele letztendlich nicht; vielleicht kann er sich das Ausmaß angesichts seiner eigenen eher behüteten Biographie auch nicht wirklich vorstellen. Joseph Ratzinger ist nie ein Verwaltungsmensch gewesen. Das berichten seine Weggefährten aus der Zeit als Erzbischof in München und Freising. Dies ändert sich auch als Papst nicht mehr.

Die Kurie hatte sich im Pontifikat Johannes Pauls II. verselbständigt. Papst Wojtyla kümmerte sich wenig um die Verwaltung. Er sah sich als reisenden Missionar, der die Botschaft des Evangeliums bis in die letzten Winkel der Erde trägt. Benedikt XVI. hatte nicht die Macht und die Energie, sich den zentrifugalen Kräften der Kurie entgegenzustellen. Zumal er mit Kardinalstaatssekretär Tarcisio Bertone den falschen Mann ausgewählt hatte, um eine Dezentralisierung voranzubringen. Statt dass Bertone die notwendigen Reformen anpackte, legte er großen Wert darauf, die Macht des Staatssekretariats innerhalb der Kurie sowie die der Kurie gegenüber den Ortskirchen weiter auszubauen. Benedikt XVI. gebot ihm keinen Einhalt, obwohl immer wieder erkennbar war, dass Reformen notwendig sind. Die Affäre um den Holocaust-Leugner Richard Williamson ließ Anfang 2009 die Probleme offenkundig werden. Benedikt XVI. persönlich gestand später in einem Brief an die Bischöfe in aller Welt Fehler in der Arbeit und Kommunikation der Kurie ein. Doch ernste Konsequenzen wurden nicht gezogen.

Das hängt auch mit einem gewissen Beharrungsvermögen der Kurie zusammen, die durchaus Tradition hat. Die Erfahrung musste schon Papst Johannes XXIII. machen. Widerstand für sein Projekt des Aggiornamento der katholischen Kirche erntete er vor allem von Seiten der Kurienkardinäle. Die hatten sofort erkannt, dass das Konzil im Sinne Roncallis die Kirche verändern würde. Die Selbstherrlichkeit der Kurie würde ein Ende haben. Nicht zuletzt weil er den Eindruck hatte, dass die römische Zentrale die Bodenhaftung und den Blick für die wirklichen Probleme der Menschen verloren hatte, berief Roncalli das Konzil ein. Starken Konzilspersönlichkeiten wie den deutschen Kardinälen Julius Döpfner und Joseph Frings, übrigens unterstützt durch den jungen Konzilstheologen Joseph Ratzinger, ist es zu verdanken, dass sich mit dem Fortgang des

Konzils immer weniger die Kurialen mit ihren Anliegen durchsetzen konnten, sondern die Stimme der Praktiker, sprich der Bischöfe und Kardinäle aus aller Welt, immer mehr Gewicht bekam. Sobald das Konzil 1965 zu Ende ging und die Bischöfe wieder abgereist waren, begann in der Kurie wieder das Ringen um die Oberherrschaft in der katholischen Kirche. Der römische Zentralismus wurde in den Pontifikaten von Johannes Paul II. und Benedikt XVI. schließlich so stark, dass sich die Unzufriedenheit der Kardinäle aus der Weltkirche im Vorkonklave 2013 nach dem Rücktritt Benedikts XVI. fast explosionsartig entlud.

Jorge Mario Bergoglio findet im Vorkonklave die Worte, die viele Kardinäle überzeugen. Seine Aussagen über die Kirche deuteten manche sicher auch vor dem Hintergrund der heftigen Diskussionen um die Situation der Kurie. Der Erzbischof von Buenos Aires spricht von einer »um sich selbst kreisenden Kirche«. »Die Übel, die sich im Laufe der Zeit in den kirchlichen Institutionen entwickeln, haben ihre Wurzel in dieser Selbstbezogenheit. Es ist ein Geist des theologischen Narzissmus.« So haben viele Kardinäle, die draußen in der Weltkirche für Bistümer Verantwortung tragen, die römische Kurie in den vergangenen Jahrzehnten erlebt. Einige der Wahlmänner wissen auch, dass Bergoglio selbst schlechte Erfahrungen mit der römischen Zentrale gemacht hat und sich daher in ihre Situation gut hineindenken kann.

Weggefährten Bergoglios berichten, dass er sich in seiner Zeit als Erzbischof nicht nur über die bereits erwähnten Bischofsernennungen, sondern auch über die »Regelungswut« Roms in vielen Detailfragen geärgert habe, etwa im Bereich der Liturgie oder bei der Übersetzung von Texten. Vor diesem Hintergrund muss vermutlich auch die scharfe Kritik verstanden werden, die Bergoglio nach seiner Wahl zum Papst immer wieder an der Kurie äußert.

Am Aschermittwoch 2014 hielt er in seiner Predigt plötzlich einen Moment inne, blickte vom Redemanuskript auf und schaute in die Runde der Kleriker, die um ihn versammelt waren, mit den Worten: »Wenn ich im täglichen kleinen Umfeld einige Machtkämpfe sehe, um Raum zu besetzen, dann denke ich: Diese Leute spielen Gott, den Schöpfer. Sie haben es noch nicht gemerkt, dass sie nicht Gott sind.« Im Gespräch mit Journalisten auf dem Rückflug vom Weltjugendtag im brasilianischen Rio de Janeiro stellte Franziskus fest, dass das Niveau der Kurie gegenüber früher gesunken sei. Das Profil des »alten Kurialen« sei verlorengegangen, der treu seinen Dienst verrichtet. Es gebe zwar noch einige Mitarbeiter dieses Typs, »aber es sind nicht mehr so viele, wie es einmal war«.

Franziskus betont immer wieder den dienenden Charakter der Kurie, den er zu vermissen scheint. In der Weihnachtsansprache 2013 an die Leiter der römischen Dikasterien wurde er besonders deutlich, als er von den drei Merkmalen des Kurienmitarbeiters spricht: die Heiligkeit im Leben, die Professionalität und der Dienst: »Wenn die Professionalität fehlt, rutscht man langsam in den Bereich der Mittelmäßigkeit ab. Die Akten werden zu klischeehaften Berichten und zu Mitteilungen ohne eine innerlich treibende, lebendige Kraft, unfähig, den Blick auf das Große hin zu öffnen. Wenn andererseits die Haltung nicht die des Dienstes für die Teilkirchen und ihre Bischöfe ist, wächst die Struktur der Kurie wie ein schwerfälliges Zollamt, eine bürokratische Untersuchungs- und Kontrolleinrichtung, die dem Wirken des Heiligen Geistes und dem Wachsen des Gottesvolkes keinen Raum lässt.« Als drittes Kriterium fordert Franziskus die »Heiligkeit des Lebens«. Darunter versteht er zum einen ein Leben aus dem Glauben; zum anderen wird er aber auch ganz konkret. Heiligkeit in der Kurie bedeute auch Verweigerung aus Gewissensgründen gegenüber dem Klatsch, so Franziskus. »Der Tratsch verdirbt die Menschen, beeinträchtigt die Arbeitsqualität und schadet dem Betriebsklima.« Immer wieder mahnt er die Kurienmitarbeiter, sie sollten sich nicht zum Geschwätz verleiten lassen. Bei einer Messe mit den Gendarmen des Vatikans im September 2013 stellte er fest: »Der Teufel will einen inneren Krieg anstiften, einen geistigen Krieg. Einen Krieg, den man nicht mit den bekannten Waffen führt, sondern mit der Zunge.« Geschwätz wirke wie ein Gift. Die Häufigkeit, mit der Franziskus gerade dieses Thema in Bezug auf die Kurie anspricht, lässt schließen, dass er hier besonderen Handlungsbedarf sieht. Die Vermutung liegt nahe, dass dieses Problem mit der Aufarbeitung des Vatileaks-Skandals zu tun hat, ebenso wie eine wiederholte Kritik an Seilschaften und Lobbys. Bei seinem ersten Konsistorium zur Aufnahme neuer Mitglieder ins Kardinalskollegium gibt Franziskus den neuen »Senatoren« der Kirche mit auf den Weg: »Der Kardinal – das sage ich speziell zu euch – tritt in die Kirche Roms ein, Brüder, nicht in einen Hofstaat. Vermeiden wir alle höfische Gewohnheiten und Verhaltensweisen wie Intrigen, Tratsch, Seilschaften, Günstlingswirtschaft, Bevorzugungen, und helfen wir uns gegenseitig, sie zu vermeiden.«

Der Vatileaks-Skandal, also der Diebstahl interner Dokumente aus dem Vorzimmer von Papst Benedikt XVI., ist seit der Wahl von Papst Franziskus kein Thema mehr. Bestimmte er noch 2012 die Presse in aller Welt, taucht er nach dem Rücktritt von Benedikt XVI. nicht mehr auf. Zweimal wird noch über ihn gesprochen. Zunächst als es um die Frage ging, ob die Kardinäle im Vorkonklave über die Ergebnisse der Vatileaks-Untersuchungen informiert werden sollen. Doch Papst Benedikt XVI. verfügte wenige Tage vor dem Ende seines Pontifikats, dass dies nicht der Fall sein soll.

Das hatte für Unmut unter den Kardinälen gesorgt, denn viele hätten vor der wichtigen Entscheidung der Papstwahl gerne Informationen über die Hintergründe des Skandals gehabt, der die katholische Kirche über ein Jahr lang in Atem gehalten hatte. Zumal viele Kardinäle überzeugt waren, dass trotz der Verurteilung des Kammerdieners Paolo Gabriele die Affäre nicht wirklich restlos aufgeklärt worden war. Doch Benedikt XVI. hatte entschieden, und so mussten die Kardinäle ohne das Wissen des Untersuchungsergebnisses ins Konklave einziehen. Einzig mögliche Reaktion darauf war, einen Kandidaten zu wählen, der möglichst weit weg von der Kurie steht, damit die Chance gering ist, dass er in den Skandal sowie andere vatikanische Machenschaften verwickelt ist. Daher kam für viele Kardinäle beim Konklave 2013 ein Kandidat aus der Kurie nicht in Frage. Damit hatte beispielsweise der langjährige Präfekt der Bischofskongregation Marc Ouellet keine Chance, obwohl er unter anderem vom Kölner Kardinal Joachim Meisner unterstützt wurde, der seit 1983 dem Kardinalskollegium angehört, somit zu den Urgesteinen dort zählt und viele Kardinäle persönlich kennt. Ausgeschieden sind aber auch Kardinäle, die zu eng mit der Kurie verbunden waren, wie der Erzbischof von Sao Paulo, Odilo Scherer. Er ergriff im Vorkonklave Partei für die Kurie und stellte sich damit ins Abseits. Einen italienischen Papst konnten sich viele Kardinäle aus mehreren Gründen nicht vorstellen. Zum einen bestand immer die Gefahr, dass der entsprechende Kandidat doch in irgendeiner Form mit den hinter Vatileaks vermuteten Seilschaften in Verbindung stand, zum anderen wollten viele Kardinäle ein klares Signal in Richtung Weltkirche setzen. Damit wurde es auch für Europäer schwierig. Für einen Afrikaner oder Asiaten auf dem Stuhl Petri schien vielen die Zeit noch nicht reif. Zumal sich der ein oder andere aussichtsreiche Kandidat im Vorfeld des Konklaves selbst demontierte wie etwa der ghanaische Kardinal Peter Turkson, der in einem TV-Interview erklärte, die Tabuisierung von Homosexualität in Afrika habe den Kontinent in gewissem Maße vor der Tendenz zum Kindesmissbrauch geschützt und damit die Kirche Afrikas vor einem Missbrauchsskandal wie in Europa bewahrt. So blieben am Ende nur noch wenige Kandidaten übrig. Der Blick richtete sich auf Lateinamerika und fokussierte sich in den Tagen vor Beginn des Konklaves am 12. März 2013 zusehends auf den Erzbischof von Buenos Aires, Jorge Mario Bergoglio. Übrigens sprach auch das Alter von 76 Jahren für den Argentinier. Denn anders als für viele Beobachter, die vermuteten, dass die Kardinäle nach dem altersbedingten Rücktritt von Benedikt XVI. eher einen jüngeren Kandidaten wählen würden, also einen Kardinal Ende sechzig, Anfang siebzig, war für die Kardinäle das relativ hohe Alter Bergoglios kein Problem. Im Gegenteil: Sie wollten sich nicht für sehr lange Zeit festlegen, was mit einem jüngeren Kandidaten der Fall gewesen wäre. Daher wählten sie lieber einen älteren Kardinal, der dem aktuellen Anforderungsprofil entsprach: Seelsorger und Aufräumer. Sie können dann in relativ kurzer Zeit, zehn Jahre plus x, wieder neu entscheiden, welcher Papst angesichts der dann bestehenden Herausforderungen der richtige ist. Ein so langes Pontifikat wie unter Johannes Paul II. mit über 26 Jahren wollten sie auf keinen Fall noch einmal.

Die Vatileaks-Affäre ist somit ein Grund gewesen, warum Bergoglio zum Papst gewählt wurde. Die Übergabe der Ergebnisse der Kardinalskommission erfolgte persönlich beim ersten Aufeinandertreffen von Benedikt XVI. mit seinem Nachfolger.

Zehn Tage nach seiner Wahl, am 23. März 2013, fuhr Papst Franziskus nach Castelgandolfo, wohin sich Benedikt XVI. nach seinem Amtsverzicht am 28. Februar zurückgezogen hatte. Es war eine historische Begegnung, denn erstmals trafen sich zwei lebende Päpste, ein amtierender und ein emeritierter Pontifex. Beiden war die leichte Unsicherheit anzumerken. Benedikt XVI. wollte stets Franziskus als dem amtierenden Papst den Vortritt lassen; der hingegen sah Benedikt XVI. aus Senioritätsgründen als den, den es zu achten gilt. So benutzte am Ende keiner der beiden den in der Kapelle bereitgestellten Betstuhl in der Mitte vor dem Altar zum Gebet, sondern beide drängten sich nebeneinander in die zweite Reihe, begleitet von den Worten von Franziskus: »Wir sind Brüder. Wir beten zusammen.« Anschließend gab es ein 45-minütiges Vier-Augen-Gespräch der beiden Päpste. Dabei übergab Benedikt XVI. seinem Nachfolger die Vatileaks-Unterlagen. Sie bestanden aus einem Umschlag, in dem der rund einhundertseitige Bericht enthalten war, sowie eine große Kiste mit den kompletten Protokollen der Gespräche, die die Kardinalskommission im Rahmen ihrer Ermittlungen geführt hatte. Es war das zweite und eigentlich letzte Mal, dass das Thema Vatileaks nach dem Amtsverzicht von Benedikt XVI. in der Öffentlichkeit eine größere Rolle spielte. Danach verschwand es von der öffentlichen Agenda. Die Konsequenzen der Vatileaks-Affäre schlugen sich aber in den Entscheidungen von Papst Franziskus nieder. Vor allen strukturellen Reformen im Vatikan geht es dem Pontifex um eine Haltungsänderung. Was für die gesamte Kirche zutrifft, für Theologie und Recht, gilt auch für die römische Kurie. Die Interessen des Einzelnen sind dem Gesamten unterzuordnen. Die Kurie muss zu einer Dienstleistungsstelle für den Papst sowie die Weltkirche werden, und sie muss die Vielfalt der Weltkirche widerspiegeln.

In diesem Sinn treibt Franziskus eine weitere Internationalisierung der Kurie voran. Auffallend ist, dass bei der Besetzung der Kongregationen und Räte mehr Italiener ausscheiden als neue berufen werden. So sind im Falle der Bildungskongregation im Dezember 2013 vier Italiener ausgeschieden, die Kardinäle Farina, Tettamanzi, Betori und Piacenza, und nur ein Italiener kam neu dazu: Kardinal Stella. Allein der Blick auf die Zahl der in einem Konklave wahlberechtigten Kardinäle zeigt, dass Handlungsbedarf besteht. Während 2005 ins Konklave 19 Italiener eingezogen sind, waren es 2013 insgesamt 28, eine Steigerung um fast 50 Prozent.

Ähnlichen Zuwachs gab es bei den Kurienkardinälen: 2005 waren 28 im Konklave dabei, 2013 war die Zahl auf 41 gestiegen. Asien und Afrika waren in beiden Konklaven mit je elf Kardinälen vertreten, Nordamerika mit 14. Europa verlor in den acht Jahren vier Kardinäle und war 2013 nur noch mit 33 Purpurträgern dabei, Südamerika verlor sogar sieben Kardinäle und war nur noch mit 14 im Konklave vertreten. Mit seinem ersten Konsistorium hat Franziskus begonnen, das Missverhältnis zwischen Katholikenzahl und Zahl der wahlberechtigten Kardinäle pro Kontinent zu verändern bzw. den tatsächlichen Gegebenheiten anzupassen. Europa (260 Mio. Katholiken) hatte am 22. Februar 2014 insgesamt 31 Kardinäle, die im Falle einer Papstwahl mit ins Konklave einziehen würden, d.h. am Tag vor der Sedisvakanz das 80. Lebensjahr noch nicht überschritten haben, Afrika (170 Mio. Katholiken) und Asien (130 Mio. Katholiken) jeweils 13, Nordamerika (90 Mio. Katholiken) 15 und Südamerika (425 Mio. Katholiken) 19. Allerdings stieg die Zahl der Kurialen auf 42. Hier steht Franziskus noch einiges an Arbeit bevor.

Die erste Runde neuer Kardinäle zeigte, wohin Franziskus mit dem erlesenen Kreis der Papstwähler möchte: weniger Italiener, weniger Europäer, dafür mehr Weltkirche. Er möchte die Ränder der Kirche ins Zentrum holen. So gingen traditionelle Kardinalssitze in Europa wie Toledo, Lissabon und Brüssel leer aus. Dafür gibt es die ersten Kardinäle aus der Elfenbeinküste und Haiti. Vier der 16 neuen Kardinäle kommen aus der Kurie, zwei darüber hinaus aus Europa, einer aus Kanada und der große Rest aus dem Süden: fünf aus Südamerika und je zwei aus Afrika und Asien. Interessant ist, auf wen die Wahl von Franziskus in Italien fiel. Da in der Kurie schon drei Italiener unter den neuen Kardinälen sind, mussten die Bischöfe der traditionellen Kardinalssitze Turin und Venedig verzichten. Stattdessen machte Franziskus den Erzbischof von Perugia, Gualtiero Bassetti, zum Kardinal. Das war eine Überraschung, denn die umbrische Stadt ist kein traditioneller Kardinalssitz.

Doch Papst Franziskus scheint Erzbischof Gualtiero Bassetti besonders zu schätzen. Ende 2013 ernennt er den 71-Jährigen zum Mitglied in der vatikanischen Bischofskongregation als Nachfolger des Vorsitzenden der italienischen Bischofskonferenz (CEI), Kardinal Angelo Bagnasco. Bassetti ist stellvertretender CEI-Vorsitzender. Dass Franziskus Kardinal Bagnasco nicht noch einmal in die Bischofskongregation berufen hat, wird von vielen Beobachtern als Signal gedeutet, dass er alte italienische Seilschaften zerschlagen möchte. Hier zeigt sich praktisch, was Franziskus immer wieder mit Worten geißelt. Dem Alter nach hätte der zu diesem Zeitpunkt 70-jährige Bagnasco durchaus noch eine Amtsperiode von fünf Jahren machen können. Doch Franziskus entscheidet anders. Das trifft übrigens nicht nur auf Kardinal Bagnasco zu. Auch den Gegenspieler Bagnascos und langjährigen Kardinalstaatssekretär Tarcisio Bertone hat Franziskus nach einem halben Jahr weitestgehend entmachtet. Zwar wartet er noch bis zum Ende der Sommerpause 2013, um mit Pietro Parolin einen Nachfolger für Bertone als Kardinalstaatssekretär zu benennen. Doch spielt der engste Vertraute von Benedikt XVI. nach der Wahl von Franziskus kaum mehr eine Rolle im Vatikan.

Er nimmt noch einige öffentliche Termine wahr, doch ins Regierungsgeschäft ist er nicht mehr einbezogen. Im Januar 2014 besetzt Franziskus auch die Kardinalskommission neu, die die Vatikanbank IOR beaufsichtigt. Benedikt XVI. hatte kurz vor seinem Amtsverzicht im Februar 2013 Bertone noch einmal für fünf Jahre als Chef dieses Gremiums bestätigt. Doch auch hier entscheidet Franziskus anders. Der Pontifex vom anderen Ende der Welt geht bei Personalfragen eigene Wege. Das zeigt sich auch bei der Ernennung des neuen Generalsekretärs der italienischen Bischofskonferenz CEI. Franziskus bittet die CEI um Vorschläge. Die erste Liste, die ihm vorgelegt wird, gefällt ihm nicht. Von der zweiten Liste wählt er am Ende den Kandidaten aus, der am wenigsten Stimmen erhalten hat, für Franziskus ein Signal, dass dieser Kandidat am unabhängigsten ist: Nunzio Galantino, Bischof von Cassano all'Jonio in der Region Kalabrien, einem Bistum, in dem die Gläubigen unter hoher Arbeitslosigkeit und den Machenschaften der Mafia leiden. Franziskus belässt Galantino im Amt des Bischofs, schreibt den Gläubigen einen Brief und bittet um Entschuldigung, dass der Bischof fortan öfter in Rom sein wird, um seinen Posten als CEI-Generalsekretär zu erfüllen.

Franziskus sucht Leute mit Praxiserfahrung für Führungspositionen. Ziel allen Handelns soll sein, die Kirche an den Bedürfnissen der Menschen auszurichten oder korrekter: an den Bedürfnissen einer missionarischen Kirche an der Seite der Menschen. Dieser Maxime müssen sich alle Reformen, sei es bei den Strukturen oder auch den Inhalten, unterordnen. Entsprechend sind sieben der neun Mitglieder des Kardinalsrats K9 Kardinäle aus der Weltkirche. Alles in der Kurie kommt auf den Prüfstand. Der Kardinalsrat trifft sich ab Oktober 2013 in einem etwa zweimonatigen Rhythmus, mit Ausnahme der Sommerpause, für drei bis vier

Tage. Von Anfang an machen die Kardinäle deutlich, es geht nicht nur um eine leichte Kosmetik der Kurienkonstitution Pastor Bonus aus dem Jahr 1988, sondern um eine grundlegende Reform, an deren Ende eine neue Konstitution stehen soll. Damit ist auch klar, dass der Prozess einige Jahre in Anspruch nehmen wird. Schon bei der ersten Sitzung im Oktober 2013 haben die Kardinäle mehr als 80 teilweise umfangreiche Papiere mit Reformvorschlägen auf dem Tisch. Diese kommen zum Teil aus der römischen Kurie; zu einem Teil sind sie auch das Ergebnis von Umfragen, die die Mitglieder des Kardinalsrats bei den Bischofskonferenzen und Institutionen ihres jeweiligen Kontinents durchgeführt haben. Sukzessive durchleuchten die Kardinäle die einzelnen Kurienbehörden, angefangen von den Kongregationen, über die Päpstlichen Räte bis hin zu den Gerichten und sonstigen Einrichtungen des Heiligen Stuhls. Teilweise wurden dafür auch externe Beraterfirmen hinzugezogen. Das gilt vor allem für die Bereiche Wirtschaft und Finanzen, aber auch die Medien. Bei allen Untersuchungen geht es darum, Doppelstrukturen abzubauen, die Kooperation innerhalb der Kurie zu stärken, die Arbeit effizienter und transparenter zu gestalten sowie auszuloten, was wirklich in Rom bearbeitet werden muss und was auf ortskirchlicher Ebene entschieden werden kann.

Erste Ergebnisse gibt es bereits im Frühjahr 2014 im Bereich der Finanzen. Unter dem Dach eines neuen Sekretariats für die Wirtschaft sollen künftig alle Wirtschafts- und Finanzaktivitäten des Vatikans und des Heiligen Stuhls koordiniert und kontrolliert werden. An die Spitze des neuen Dikasteriums setzt Papst Franziskus den Erzbischof von Sydney, Kardinal George Pell. Der ist Mitglied der K9-Gruppe und gilt als besonders durchsetzungsstark. Dem neuen Finanzministerium an die Seite stellt Franziskus einen Wirtschaftsrat, der vom Münchner Kardinal Reinhard

Marx koordiniert wird, der ebenfalls Mitglied der K9 ist. Dem Wirtschaftsrat gehören unter Marx je sieben Kardinäle und sieben Laien an. Die Laien sind Experten aus der internationalen Finanz- und Wirtschaftsbranche. Künftig soll es auch einen zentralen Wirtschaftsprüfer geben. Allerdings kommt der Umbau der Finanzarchitektur des Vatikans nur langsam voran. Kardinal Pell hat seine Aufgabe als zentraler Finanzminister im März 2014 begonnen. Parallel zur Ausarbeitung eines zukunftsfähigen Wirtschaftsplans versucht er einen Überblick über die Vermögenswerte des Vatikans zu bekommen. Das gestaltet sich schwierig. Neben den beiden Dikasterien, die eigentlich für Immobilien und Finanzen zuständig sind, der Vatikanischen Güterverwaltung (APSA) und der Präfektur für die Wirtschaftlichen Angelegenheiten sowie der Vatikanbank IOR gibt es noch unzählige weitere Dikasterien, die Immobilien und sonstige Vermögen verwalten. So verfügen die Missionskongregation und die Ostkirchenkongregation noch über zahlreiche Immobilien und weiteren Vermögensbesitz. Eine einheitliche Buchführung und Bilanzierung gibt es ebenfalls nicht, dazu die Gefahr von Deckungslücken beim Pensionsfonds für die Vatikanangestellten und die Probleme mit Geldwäsche, Korruption und intransparenten Geschäften bei der Vatikanbank IOR, der APSA und der Verwaltung des Vatikanstaats.

Wobei die Vatikanbank IOR die Institution innerhalb des Vatikans ist, die beginnend mit der Ernennung des deutschen Bankiers Ernst von Freyberg im Februar 2013 durch Benedikt XVI. die radikalste Säuberungsaktion durchgeführt hat. Von Freyberg ist es gelungen, ein Geschäftsmodell für das IOR zu entwickeln, das den Fortbestand des Instituts sichert. Allerdings wird das Institut am Ende der Reformen wohl einen Großteil seiner bisherigen Aufgaben an andere Institutionen abgeben müssen und sich vor allem auf die Abwicklung von Zahlungsverkehr konzentrieren. Von Freyberg holt mit Zustimmung des Papstes die US-amerikanische Finanzberaterfirma Promontory ins Haus. Die hat alle Konten der Bank gescannt und nach Risikofaktoren in Bezug auf Geldwäsche und andere unsaubere Geschäfte geordnet. Im Laufe des Säuberungsprozesses werden die Beziehungen zu mehr als 3300 Kunden beendet, entweder weil die Konteninhaber nach den Statuten des Instituts nicht zur Führung eines IOR-Kontos berechtigt sind oder weil unsaubere Geschäfte darüber abgewickelt worden waren. Im Rahmen der Säuberungsaktion müssen im Geschäftsjahr 2013 Abschreibungen und Wertberichtigungen vorgenommen werden, die zweifelhafte Geschäfte aus der Zeit vor 2013 betreffen. Laut von Freyberg sind dem Vatikan durch unsaubere Geschäfte rund 45 Millionen Euro Verlust entstanden. Im IOR werden neue interne Prüfmechanismen eingeführt sowie die entsprechenden Softwareprogramme angeschafft. In wenigen Monaten wird das interne Reglement mit den Arbeitsanweisungen für die Mitarbeiter überarbeitet; statt nur einem Dutzend Seiten umfasst es jetzt mehr als 100 Seiten mit klaren Anweisungen, wie etwa im Falle des Verdachts von Geldwäsche zu verfahren ist. Gleichzeitig zu den internen Veränderungen bemüht sich von Freyberg um mehr Transparenz nach außen. Eine Internetseite wird eingerichtet mit Informationen über das Institut (www.ior.va) und im Oktober 2013 erstmals ein Jahresbericht veröffentlicht. Aus dem 100 Seiten umfassenden Bericht geht hervor, dass das Institut zum damaligen Zeitpunkt 18 900 Konten führte und Kundeneinlagen in Höhe von 6,3 Milliarden Euro verwaltete. Der Überschuss 2012 betrug 86,6 Millionen Euro, von denen 54,7 Millionen in die Bilanz des Heiligen Stuhls und 31,9 Millionen Euro in die Rücklagen der Bank überführt wurden. 2013 betrug der Gewinn nur noch 2,9 Millionen Euro, hauptsächlich aufgrund der mit dem Aufräumprozess verbundenen Kosten. Im Sommer 2013 erklärt Papst Franziskus noch, dass das Schicksal des IOR völlig offen sei, und schließt eine Abwicklung des Instituts nicht aus. Als wichtigste Kriterien für die Arbeit im Bereich Wirtschaft und Finanzen nennt er Ehrlichkeit, Effizienz und Transparenz. Im Vorkonklave hatte es vereinzelt Kardinäle gegeben, die offen eine Schließung gefordert hatten. »Petrus hatte auch keine Bank«, lautete das Argument. Anfang April 2014 lässt Franziskus mitteilen, das Geldinstitut werde seine Arbeit »mit Umsicht fortsetzen und der katholischen Kirche weltweit spezialisierte Finanzdienstleistungen anbieten«.

Die Anstrengungen des Vatikans, die internationalen Richtlinien zur Bekämpfung von Geldwäsche und der Finanzierung des Terrorismus einzuhalten, spiegeln sich auch in den Aktivitäten der vatikanischen Finanzaufsichtsbehörde AIF wider. Unter der Leitung des Schweizer Anti-Geldwäsche-Experten René Brülhart gelingt es, eine Reihe von bilateralen Abkommen mit Finanzaufsichtsbehörden abzuschließen, unter anderem in Deutschland, Italien, den Niederlanden, Slowenien und den USA. Zudem ist das AIF seit 2013 Mitglied in der sogenannten Egmond-Gruppe, dem Zusammenschluss von rund 140 Finanzaufsichtsbehörden weltweit, darunter auch der im deutschen Bundeskriminalamt angesiedelten Financial Intelligence Unit. Die Aufnahme gerade in dieses Gremium zeigt, dass aus Sicht internationaler Experten der Vatikan den internationalen Standards genügt. Auch Moneyval, ein Expertenkomitee des Europarats, bescheinigt dem Vatikan im Dezember 2013 Fortschritte bei den Anstrengungen im Kampf gegen Geldwäsche und Terrorismusbekämpfung. Gleichzeitig zu den Fortschritten bei der Vatikanbank IOR und dem AIF gibt es fortdauernd enorme Widerstände gegen die Säuberungsarbeit beim IOR und die Aufklärungsarbeit des AIF. Personalquerelen, Kompetenzgerangel und Indiskretionen gegenüber der Presse, deren Darstellungen im Einzelnen den Rahmen hier sprengen würden, sind die negative Begleitmusik der konsequenten Reformen und Modernisierung im Finanzbereich des Vatikans. Während beim IOR und dem AIF im Sommer 2014 die Arbeit in dieser Richtung schon weit fortgeschritten ist, bleibt in anderen Bereichen noch viel Arbeit in Bezug auf die Finanzen sowie die Vermögensverwaltung zu tun. Dazu gehören etwa die APSA sowie die einzelnen Dikasterien.

Die Reformen im Finanzbereich sind damit auf den Weg gebracht. In der K9 werden weitere Reformen diskutiert. Am Zuschnitt der Kongregationen dürfte sich auch in der Zukunft wenig ändern, zumindest was die Glaubenskongregation, Bischofskongregation, Ostkirchenkongregation sowie die Kongregationen für den Klerus, die Orden und die Bildung anbetrifft. Die beiden Kongregationen für Gottesdienst und für Heiligsprechungen könnten wieder fusioniert werden. Sie waren bis 1969 in der Ritenkongregation vereint. Bei den Päpstlichen Räten wird es viel Bewegung geben. Hier sollen mehrere Dikasterien fusioniert und zu Kongregationen aufgewertet werden.

Künftig könnte es also nur noch eine Form von Ministerium geben: die Kongregationen. Der Unterschied zwischen Kongregation und Rat besteht in der Regel darin, dass die Räte in ihren Fachgebieten bisher nur beratende und keine exekutiven Kompetenzen haben. Außerdem sind die Räte alle in der Vorbereitung oder Folge des II. Vatikanischen Konzils entstanden, während die Kongregationen meist auf eine jahrhundertelange Tradition zurückblicken. Im Bereich der Räte wird über eine Fusion der Ministerien für Laien und Familie diskutiert sowie die Schaffung einer Sozial- und Caritaskongregation, in der die Räte Justitia et Pax, Cor Unum, Gesundheitspastoral und eventuell auch der Migrantenrat aufgehen sollen. Der Rat für Neuevangelisierung, den Benedikt XVI. erst 2010 gegründet hatte, könnte mit der Kongregation für die Evangelisierung der Völker fusionieren. Umstritten ist, ob die Räte für Kultur, interreligiösen Dialog und Ökumene in einer großen Dialogkongregation zusammengefasst werden sollen. Ziel ist es, die Zahl der Dikasterien, die derzeit bei rund 30 liegt, nahezu zu halbieren. Erst dann, so ist aus der K9 zu hören, mache es Sinn, über regelmäßige Kabinettssitzungen zu sprechen. Ein solches Treffen der Dikasterienchefs wurde in der Vergangenheit immer wieder gefordert, um eine bessere Koordination der Arbeit innerhalb der Kurie zu gewährleisten. Bisher fanden solche Treffen nur selten statt. Im Pontifikat von Papst Franziskus gab es bis Juli 2014 erst zwei solcher Kabinettssitzungen. Sowohl bei dem Treffen im September 2013 als auch im April 2014 ging es um die Reform der Kurie sowie die Implementierung des Kirchenbilds, wie es Franziskus in *Evangelii gaudium* dargelegt hat, in die Arbeit der Kurie.

In der K9 wird hart darum gerungen, welche Kompetenzen und welchen Einfluss der Kardinalstaatssekretär und seine Behörde künftig haben werden. Manche wollen ihn auf die politischen Belange reduzieren und damit zu einer Art Außenminister machen. Dies hätte zur Folge, dass eine neue Position eines »Moderator Curiae« geschaffen werden müsste, der die Koordinierungsarbeit innerhalb der Kurie übernimmt und letztlich auch in Form einer Staatskanzlei das Sekretariat des Papstes führt. Es kursieren unterschiedliche Begriffe für diese Funktion. Kardinal Javier Errázuriz Ossa, Mitglied der K9, spricht von einem »Generalsekretär der Kurie«. Es gäbe dann unterhalb des Papstes drei oder vier Personen, die jeweils nur ihm gegenüber verantwortlich sind: der Finanzminister, der für die Politik zuständige Kardinalstaatssekretär und der »Moderator Curiae«. Dazu könnte eventuell noch ein Koordinator für den Medienbereich kommen. Eine Machtkonzentration, wie das unter den beiden Vorgängerpäpsten bei den Kardinalstaatssekretären Angelo Sodano und Tarcisio Bertone der Fall war, würde dadurch verhindert.

Doch ob es am Ende wirklich zu einer Dreier- oder Viererspitze unterhalb des Papstes kommt, ist offen. Zum einen ist bereits nach den ersten Treffen der K9 zu spüren, dass der Kardinalstaatssekretär Pietro Parolin darum kämpft, möglichst wenig Einfluss zu verlieren. Im Falle der Finanzen ist ihm das nicht gelungen. Auch wenn Parolin nach wie vor in vielen Finanzgremien sitzt und damit zumindest Einblick in die Vorgänge hat, der entscheidende Mann bei den Finanzen ist künftig Kardinal George Pell als Chef des Finanzministeriums. Neben dem Selbsterhaltungstrieb der Kurialen gibt es aber auch Externe, die eine zu starke Schwächung des Staatssekretariats vermeiden wollen. Vielmehr plädieren sie für eine stärkere Einbindung der Behörde in die Kurie. Das Staatssekretariat soll aus ihrer Sicht Sekretariat des Papstes sein und koordinierende Funktionen an der Kurie wahrnehmen, die anderen Behörden aber nicht dominieren und kontrollieren, wie das in den letzten Jahren war.

Über die Frage des künftigen Zuschnitts der Kurie hinaus berät die K9 über eine ganze Reihe weiterer Themen. Dazu gehört die Frage, wie künftig Laien und damit auch Frauen in Führungspositionen der Kurie eingesetzt werden können. Bisher sind diese Funktionen in fast allen Behörden an die Bischofsweihe oder gar den Kardinalsrang geknüpft. Lediglich im Bereich der Medien, der Vatikanbank IOR, der Päpstlichen Räte für die Laien und Justitia et Pax sowie in der Verwaltung des Vatikanstaats ist das anders. Franziskus möchte aber auch in der Verwaltung der Weltkirche die Laien stärker einbinden. Das könnte bis in den

Bereich der politischen Vertretungen des Heiligen Stuhls, die Nuntiaturen, gehen. Auch hier denkt man darüber nach, ob diese Funktion unter bestimmten Umständen von Laien ausgeübt werden könnte.

Ein schwieriges Thema ist die Frage nach der Personalrekrutierung für die Kurie, für die diplomatischen Vertretungen sowie für die Bischöfe in den Ortskirchen. Für die Kurie gilt bisher normalerweise, dass die Mitarbeiter für fünf Jahre, ein Quinquenium, berufen werden. Verlängerungen sind möglich, was dazu führt, dass es an der Kurie Mitarbeiter gibt, die dort seit Jahrzehnten arbeiten. So etwas möchte Papst Franziskus eigentlich verhindern. Aus seiner Sicht besteht die Gefahr, dass diese Mitarbeiter den Blick für die konkrete pastorale Situation vor Ort verlieren. Vor allem, wenn sie nicht noch neben ihrer Tätigkeit an der Kurie in einer römischen Pfarrei als Seelsorger mitarbeiten. Das machen einige Kleriker, aber längst nicht alle. Daher wird intensiv über ein Rotationsprinzip nachgedacht, so dass die Kleriker auch tatsächlich nach einem gewissen Zeitraum an der Kurie wieder in ihre Bistümer zurückkehren und neue Mitarbeiter aus der pastoralen Praxis nachkommen. Ein Jesuit brachte die bevorstehende Veränderung mit folgendem Bild auf den Punkt: »Rom ist nicht mehr das Zentrum der Kirche, sondern das Herz. Man kommt nicht mehr hierher, um sich hier niederzulassen und zu regieren, sondern um frische Luft zu tanken und wieder aufzubrechen, um den Rest des Körpers zu benetzen.« Das System stößt natürlich dort an seine Grenzen, wo die Ortsbischöfe angesichts des zunehmenden Priestermangels nicht bereit sind, ihre Priester für fünf oder zehn Jahre an den Vatikan auszuleihen. Dies könnte durch eine stärkere Berücksichtigung von Laien ausgeglichen werden. Denn die Frage stellt sich, ob beispielsweise in der Bildungskongregation der Referent, der den Bologna-Prozess zur Harmonisierung von

Studiengängen und Bildungsabschlüssen der Universitäten bearbeitet, unbedingt ein Kleriker sein muss. Allerdings stellt sich für die Laien ein anderes Problem. Während die Kleriker nach dem Einsatz an der Kurie wieder in ihre Bistümer zurückkehren können, sind die Laien bisher nicht in solche Strukturen eingebunden. Ganz abgesehen von den höheren Lebenshaltungskosten in Rom für einen Laien mit Familie gegenüber einem Kleriker, der für ein Quinquenium auch gut in einem römischen Priesterkolleg unterkommen kann. Kritiker einer stärkeren Rotation befürchten, dass dadurch Know-how verlorengehen könnte, weil Kontinuität fehle.

Die entscheidende Frage bei den Veränderungen in der römischen Zentrale wird sein, wie viel Macht und Durchsetzungskraft der Papst wirklich besitzt. Benedikt XVI. erklärte kurz vor Ende seiner Amtszeit einem Besucher, der ihm den Reformbedarf an der Kurie in drastischen Worten geschildert hatte, seine Autorität ende an der Tür des Saales, in dem die Begegnung stattfand. Das scheint bei Papst Franziskus anders zu sein. Doch er braucht starke Verbündete, auf die er sich verlassen kann und mit denen er vertrauensvoll zusammenarbeiten kann. Denn es gibt gehörigen Widerstand, nicht nur gegen die Veränderungen in der Kurie.

Die Berater und Mitarbeiter
des Papstes

Franziskus ist fremd im Vatikan. Zwar war Jorge Mario Bergoglio als Kardinal und Erzbischof von Buenos Aires Mitglied in verschiedenen vatikanischen Gremien. Doch letztendlich kennt er die Kurie nicht aus der Innensicht und ist dort auch nicht Mitglied in irgendwelchen Zirkeln und Seilschaften. Das bringt einerseits den Vorteil, dass er völlig frei in seinen Entscheidungen ist, was personelle und strukturelle Veränderungen anbetrifft, weil er niemandem gegenüber verpflichtet ist. Zum anderen bedeutet dies aber auch, dass er Vertraute an seiner Seite braucht, die die Kurie kennen und verstehen, wie sie funktioniert, um frühzeitig Widerstände erkennen zu können, wenn es um Veränderungen geht. Die Kurie ist ein über viele Jahrhunderte gewachsenes, kompliziertes Gebilde aus einzelnen Institutionen und Gruppierungen, das nicht einfach zu steuern ist. Wenn dort jemand einen Vorgang nicht bearbeiten möchte, so kann ein wahrer Meister im Blockieren auch einmal etwas einfach ins Leere laufen lassen. Was die Aufgabe des Jorge Mario Bergoglio umso schwieriger macht, weil er zum Papst gewählt wurde, um wichtige strukturelle Reformen durchzuführen.

Die engsten Mitarbeiter des Papstes sind nahezu unsichtbar: seine Sekretäre. Sie treten seit Spätsommer 2013 nicht mehr in der Öffentlichkeit auf. Das ist ein radikaler Bruch mit der Tradition der Vorgängerpäpste. Stanislaw Dziwisz, der 39 Jahre lang an der Seite von Kardinal Karol Wojtyla, dem späteren Papst Johannes Paul II., wirkte, sowie Georg Gänswein, der Privatsekretär von Papst Benedikt XVI., waren bei öffentlichen Auftritten immer dabei. Wie ein Alter Ego, ein Schatten, wichen sie nicht von der Seite ihrer Päpste. Sie führten das päpstliche Sekretariat. An ihnen kam keiner vorbei, der mit dem jeweiligen Papst in Kontakt treten wollte, sei es schriftlich oder persönlich. Sie lebten mit dem Pontifex in der Papstwohnung in der Terza Loggia, dem dritten Stock, des Apostolischen Palasts. Mit der Zeit entwickelten sie sich zur »grauen Eminenz« im Appartamento, wie die Papstwohnung im Vatikanjargon kurz genannt wurde. Bisweilen war einem Befehlsempfänger nicht unbedingt klar, wer eine Entscheidung gefällt hat, der Papst selbst oder der Sekretär, wenn es hieß: »Das Appartamento wünscht das so oder so!«

Franziskus hat das geändert. Es gibt nicht mehr »den« Privatsekretär des Papstes. Die Konzentration einer solchen Machtfülle in seinem Vorzimmer will er bewusst vermeiden. Die Sekretäre machen ihren Job, und der findet im Vorzimmer des Papstes statt und nicht als Schatten des Papstes bei allen seinen Auftritten. »Ich entscheide selbst, wen ich sehen muss, und nicht meine Sekretäre.« Mit diesen Worten zitiert sein langjähriger Freund, der argentinische Schriftsteller Jorge Milia, Papst Franziskus aus einem Telefonat. Die Vorrechte der Sekretäre hätten die Päpste oft zu »Gefangenen« gemacht. Allerdings habe Franziskus keine konkreten Namen genannt, unterstrich Milia. Statt des päpstlichen Privatsekretärs gibt es unter Franziskus ein »päpstliches Sekretariat«, in dem mehrere Geistliche arbeiten. Es ist sogar so, dass die Sekretäre neben ihrer Arbeit für Franziskus noch einer Arbeit in einer Vatikanbehörde nachgehen wie Monsignore Fabián Pedacchio. Der pendelt zwischen der vatikanischen Bischofskongregation und dem päpstlichen Vorzimmer. Im April 2014 löste er Monsignore

Alfred Xuereb als koordinierenden Sekretär ab, der eine leitende Position im neu geschaffenen Finanzministerium übernahm.

Monsignore Fabián Pedacchio ist ein Priester des Erzbistums Buenos Aires. 1964 geboren, wuchs er im Viertel Villa Luro der argentinischen Hauptstadt auf. Er studierte zunächst Wirtschaft und wollte eine Familie gründen. In dieser Zeit, so Don Fabián einmal gegenüber Journalisten, habe er auch einige Freundinnen gehabt. 1983 begegnete der junge Student einem Priester, der ihn aufgrund seiner »Freude und Offenheit« beeindruckte. 1984 trat er ins Priesterseminar ein, später spezialisierte er sich im Fach Kirchenrecht. 1992 wurde er in der argentinischen Hauptstadt zum Priester geweiht. Neben seiner Tätigkeit am Diözesangericht arbeitete er in der Pfarrei Santa Margarita. Mit der Zeit entstand ein enger Kontakt zu Erzbischof Bergoglio nach dessen Ernennung 1998. Die beiden telefonierten wöchentlich und trafen sich oft. 2007 wechselte er an die vatikanische Bischofskongregation. Beobachter erklärten damals, Bergoglio habe sich über eine Reihe konservativer Bischofsernennungen in Argentinien geärgert und wolle deshalb einen Vertrauten im Bischofsministerium haben, der ihn über die Vorgänge dort auf dem Laufenden hält. In einem anonymen Bericht auf einem argentinischen Internetportal wurde Don Fabián Ende 2011 als »Spion Kardinal Bergoglios« bezeichnet, und es wurde ihm vorgeworfen, er informiere seinen Erzbischof über alle Vorgänge in der Kongregation. Zuletzt war Don Fabián Büroleiter im Bischofsministerium. Kurz nach der Wahl von Bergoglio zum Papst verlegte der argentinische Priester seinen Wohnsitz in das vatikanische Gästehaus Santa Marta und begann erste Aufgaben im Papstsekretariat zu übernehmen. Mit Franziskus verbindet ihn die Leidenschaft für Fußball. Allerdings sind die beiden Fans unterschiedlicher Clubs der argentinischen Hauptstadt: Don Fabián schwärmt für River Plate, Bergoglio für San Lorenzo. In seiner Freizeit kann man ihn durchaus in Jeans und offenem Hemd über den Petersplatz spazieren sehen.

Seit Don Fabián koordinierender Sekretär ist, arbeitet Yoannis Lahzi Gaid als zweiter Mann im Papstsekretariat. Er ist 1975 in Kairo geboren und Priester der koptisch-katholischen Kirche. Nach seiner Ausbildung im koptischen Seminar seiner Heimatstadt ging er zu weiterführenden Studien nach Rom, wo er am Päpstlichen Institut »Orientale« ein Doktorat in Kirchenrecht abschloss. 2007 trat er in den diplomatischen Dienst des Heiligen Stuhls ein. Er war in den Nuntiaturen in Kongo-Brazzaville, Irak und Jordanien tätig. Seit 2011 arbeitet er im vatikanischen Staatssekretariat in der Abteilung, die für päpstliche Ehrentitel und -auszeichnungen zuständig ist. Er ist die »arabische Stimme« des Papstes bei den wöchentlichen Generalaudienzen. Lahzi Gaid trägt jeden Mittwoch die Zusammenfassung der Ansprache sowie die Grüße des Papstes in Arabisch vor. Er wohnt wie Franziskus in Santa Marta. Aufgrund der persönlichen Erfahrung als Kopte in seinem Heimatland Ägypten, in dem die Christen als Minderheit immer wieder Diskriminierung und Gewalt ausgesetzt sind, nahm Lahzi Gaid in der Vergangenheit wiederholt kritisch Stellung zum Islam. Der Kopte ist der erste Sekretär eines Papstes, der einem anderen als dem lateinischen Ritus der katholischen Kirche angehört. Der Ägypter pendelt zwischen dem Papstsekretariat und dem vatikanischen Staatssekretariat.

Ebenfalls in Santa Marta wohnt Monsignore Alfred Xuereb. Der Malteser, seit 2007 zweiter Sekretär bei Benedikt XVI., wechselte nach der Wahl Bergoglios zum Papst in dessen Dienste. Es ist üblich, dass der zweite Mann bei einem Pontifikatswechsel weiter im Papstsekretariat arbeitet, um die Kontinuität zu garantieren. Xuereb wurde 1958 auf der maltesischen Insel Gozo geboren. Nach dem Studium der Theologie und Philosophie auf Malta promovierte er 1989 an der Päpstlichen Hochschule Theresianum in Rom. Nach einem kurzen zweijährigen Intermezzo als Seelsorger auf Malta kehrte er 1991 zunächst an die Päpstliche Lateranuniversität in Rom zurück und wechselte schließlich 1995 ins vatikanische Staatssekretariat. Ab dem Jahr 2000 arbeitete er in der Präfektur des Päpstlichen Hauses, die für die Koordination und Organisation der öffentlichen päpstlichen Termine zuständig ist, mit Ausnahme der Gottesdienste. Xuereb wurde schnell zu einer Vertrauensperson von Papst Franziskus. Einem breiten Publikum bekannt wurde der stille und effiziente Arbeiter durch eine Bemerkung des Papstes bei einer Audienz für Ordensleute. Franziskus hatte sein Missfallen darüber geäußert, Priester oder Ordensleute in neuesten Automodellen fahren zu sehen, und stellte dann mit einem Schmunzeln fest: »Einige Zuhörer fragen sich jetzt sicher, ob sie künftig mit dem Fahrrad fahren müssen. Fahrräder sind gut! Monsignore Alfred fährt Rad. Das ist gut!« Im November 2013 ernannte der Papst seinen Sekretär zum Delegaten für die beiden Expertenkommissionen für die Reform der Vatikanbank und des Finanzbereichs des Vatikans. Im März 2014 berief er Xuereb schließlich zum Generalsekretär des neuen vatikanischen Finanzministeriums. Der Malteser besitzt keine ausgewiesene Wirtschaftskompetenz. Daher dürfte seine Ernennung vor allem auch den Zweck haben, die Arbeit des Gremiums möglichst nah an den Papst rückzubinden und dort einen Mann seines Vertrauens sitzen zu haben.

Während die Sekretäre des Papstes nicht mehr in der Öffentlichkeit auftauchen, weicht der hagere, hochgewachsene Zeremonienmeister Guido Marini bei Gottesdiensten nicht von der Seite des Pontifex. Nach der Wahl Jorge Mario Bergoglios waren sich die Beobachter einig: Franziskus wird den Päpstlichen Zeremonienmeister, den er von seinem Vorgänger Benedikt XVI. übernommen hatte, nach wenigen Monaten entlassen. Doch es sollte anders kommen. Die Ablösung ließ auf sich warten. Schließlich bestätigte Franziskus den 1965 in Genua geborenen Geistlichen im April 2014. Der hatte sich nach der Wahl Bergoglios schnell auf den neuen Stil des Papstes eingestellt. Marini zählt zwar zur sogenannten »Genueser Schule« des berühmten Kardinals Giuseppe Siri, der für seine offene Haltung in Fragen der Soziallehre, aber erzkonservative Positionierung in Fragen von Theologie und Lehre bekannt war. Doch war Marini auch Privatsekretär des eher liberalen Kardinals Dionigi Tettamanzi in dessen Zeit als Erzbischof von Genua (1995–2002). Hatte Marini noch unter Benedikt XVI. ständig neue historische Gewänder aus den päpstlichen Archiven hervorgezaubert, zuletzt etwa im Oktober 2012 den »Fanone«, ein Schultertuch, das seit dem 8. Jahrhundert zur Kleidung des Papstes gehörte und seit der Liturgiereform in den 1970er Jahren nicht mehr benutzt wurde. Die zunehmende Barockisierung der Liturgien unter Benedikt XVI. war mit Franziskus von einem Tag auf den anderen vorbei. Direkt nach der Wahl verweigerte er die von Marini bereitgelegte rote Mozzetta, den roten Samtumhang mit Hermelinbesatz, und trat in schlichtem Weiß auf die Mittelloggia des Petersdoms, um erstmals die Gläubigen in aller Welt zu grüßen. Ob es im Zimmer der Tränen, wohin sich jeder neu gewählte Papst zum Umziehen zurückzieht, wirklich zu dem Wortgefecht zwischen Franziskus und Marini gekommen war, in dessen Verlauf der Papst gesagt haben soll »Der Karneval ist vorbei. Das [die Mozzetta] können Sie selbst anziehen!«, ist nach wie vor umstritten. Klar ist, der Stil hat sich verändert. Die liturgische Kleidung des Papstes ist schlichter. Angesprochen auf die vermeintlichen Unterschiede im Verständnis von Liturgie zwischen Marini und ihm, erklärte Franziskus: Beide Seiten könnten viel voneinander lernen. Und so bleibt Guido Marini Zeremonienmeister des Papstes.

Offiziell »erster Mitarbeiter« des Papstes ist der Kardinalstaatssekretär. Er wird gemeinhin als das Alter Ego des Pontifex bezeichnet. Auch wenn angesichts der bevorstehenden Reformen der römischen Kurie noch nicht endgültig abzusehen ist, welchen konkreten Zuschnitt das Amt des Kardinalstaatssekretärs am Ende haben wird, ist der Amtsinhaber eine der zentralen Figuren der katholischen Kirche. Schon mit der Ankündigung des Rücktritts von Papst Benedikt XVI. am 11. Februar 2013 war klar, dass auch die Zeit seines Kardinalstaatssekretärs Tarcisio Bertone dem Ende entgegenging. Dies wurde umso deutlicher, als in den Diskussionen der Kardinäle im Vorkonklave ab dem 4. März 2013 eine Welle der Kritik über den »Verwaltungschef« Benedikts XVI. hereinbrach. Viele Fehler und Probleme im Pontifikat Ratzingers wurden Bertone angelastet. Auch wenn dem Vernehmen nach der Intimus Benedikts XVI. nicht direkt angegriffen wurde, war allen Anwesenden klar, auf wen die Kritik vieler Kardinäle zielte. Franziskus ließ sich mit der Ernennung eines Nachfolgers für Bertone Zeit. Am 1. September 2013 gab er seine Entscheidung bekannt, dass der damalige Nuntius in Venezuela, Erzbischof Pietro Parolin, zum 15. Oktober 2013 die Aufgabe des Kardinalstaatssekretärs übernehmen sollte. Der Name Parolins war von Anfang an genannt worden. Daher überraschte die Nachricht nicht wirklich. Die Entscheidung des Papstes zugunsten des erfahrenen Diplomaten soll auch schon sehr früh gefallen sein. Trotzdem wartete Franziskus mit der Bekanntgabe und dem Wechsel. Er wollte Bertone einen gesichtswahrenden Übergang ermöglichen. Das brachte vor allem im Staatssekretariat über Monate eine Phase der Unsicherheit. Der scheidende Kardinalstaatssekretär Tarcisio Bertone war zwar noch offiziell im Amt, spielte aber im Tagesgeschäft kaum eine Rolle mehr. Die Aufgaben mussten folglich von der zweiten Reihe übernommen werden. Und hier gehörte vor allen Dingen der vatikanische Innenminister, Erzbischof Giovanni Angelo Becciu, nicht gerade zu den größten Freunden der franziskanischen Veränderungen im Vatikan. Pietro Parolin konnte seinen Posten aus gesundheitlichen Gründen nicht wie geplant zum 15. Oktober 2013 antreten. Nach einer Routineuntersuchung musste er sich Anfang Oktober in der Abteilung für Leber- und Gallenmedizin der Universitätsklinik Padua einem operativen Eingriff unterziehen und führte die ersten Amtsgeschäfte vom Krankenbett aus.

Don Pietro, wie er von seinen Freunden bis heute genannt wird, stammt aus dem norditalienischen Schiavon nahe Vicenza. Dort wurde er am 17. Januar 1955 als Sohn eines Landmaschinenverkäufers und einer Grundschullehrerin geboren. Der Vater kam bei einem Autounfall ums Leben, als Pietro gerade zehn Jahre alt ist. Nach dem Studium der Theologie in Vicenza wurde er 1980 zum Priester geweiht. Zwei Jahre war er in der Gemeindeseelsorge aktiv. Dann schickte ihn sein Bischof an die Päpstliche Universität Gregoriana in Rom zum vertiefenden Kirchenrechtsstudium. Er sollte später am Diözesangericht und in der Familienpastoral eingesetzt werden. Doch in Rom entdeckte man schnell sein Talent, und so begann er 1983 seine Ausbildung an der Päpstlichen Diplomatenakademie. Nach dem Abschluss startete er 1986 seine diplomatische Laufbahn in der Nuntiatur in Nigeria, bevor er 1989 nach Mexiko wechselte. In Nigeria erfuhr er aus erster Hand, wie schwierig der Dialog mit dem Islam sein kann. Im laizistischen Mexiko war er in die langwierigen Verhandlungen eingebunden, die 1992 zur rechtlichen Anerkennung der katholischen Kirche und der Aufnahme diplomatischer Beziehungen zwischen dem mittelamerikanischen Land und dem Heiligen Stuhl führten. Im selben Jahr kehrte er in den Vatikan zurück. In der Zweiten Sektion des Staatssekretariats, dem Außenministerium, wird er zuständig für verschiedene Länder Afrikas und Lateinamerikas, aber auch für Spanien und Indonesien. Ab 2000 arbeitete er an der Revision des italienischen Konkordats von 1984 mit. 2002 wird Parolin stellvertretender Außenminister und übernimmt aufgrund seiner breiten diplomatischen Erfahrung zunehmend heikle Missionen. Dazu gehören die Kontakte zu den kommunistischen Regimen in Vietnam und China. Neben seiner Diplomatentätigkeit ist Parolin in seiner römischen Zeit immer auch Seelsorger an verschiedenen Stellen der Stadt geblieben.

Im Sommer 2009 ernannte Benedikt XVI. den Diplomaten zum Nuntius in Venezuela. Die Personalie wird unterschiedlich gedeutet. Die einen sehen darin eine Wegbeförderung Parolins, weil dieser Kardinalstaatssekretär Bertone aufgrund seiner Erfahrung zu mächtig geworden sei. Andere sagen, Benedikt XVI. habe angesichts der schwierigen politischen Situation in Venezuela unter Präsident Hugo Chavez einen guten Diplomaten gebraucht, um die angespannte Situation zwischen Kirche und Staat zu beruhigen. Zumal man im Vatikan erkannt hatte, dass Chavez' Politik auch auf andere Länder des Kontinents abzufärben begann. Benedikt XVI. persönlich weihte Parolin am 12. September 2009 im Petersdom zum Bischof. Dass sich der Diplomat in Venezuela hohes Ansehen erworben hat, zeigt sich, als im Frühjahr 2014 Regierung und Opposition den Kirchenmann um Vermittlung in einer schweren Krise des Landes bitten, das über Wochen von politischen Unruhen erschüttert wird. Bei den zum Teil gewalttätigen Protesten gegen die Politik der Regierung, die von der Opposition unterstützt werden, geht es um Fragen der Lebensmittelversorgung, der hohen Kriminalität sowie um Polizeigewalt und staatliche Zensur. Obwohl Pietro Parolin bei seiner Ernennung zum vatikanischen Staatssekretär erst 58 Jahre alt ist und damit seit der Ernennung des 54-jährigen Eugenio Pacelli 1930 zum Kardinalstaatssekretär durch Papst Pius XI. der jüngste Staatssekretär seit mehr als 60 Jahren, scheint er aufgrund seiner breiten Erfahrung mit dem kirchlichen und politischen Leben in allen Kontinenten bestens geeignet für den Posten.

Parolin setzt noch vor seinem Amtsantritt Zeichen. In einem großen Interview mit der venezolanischen Tageszeitung *El Universal* stellt er zum Ende seiner Zeit in dem lateinamerikanischen Land fest, der Zölibat sei kein Dogma der Kirche. »Man kann darüber diskutieren, denn er ist eine kirchliche Tradition.« Aus seiner Sicht ist die Kirche zwar keine Demokratie, denn am Ende entscheide der Papst. Aber es sei gut, dass ein demokratischerer Geist da sei in dem Sinn, dass aufmerksam hingehört werde, also eine Art »kollegialer Führungsstil« herrsche. In einem anderen Interview unterstreicht der vatikanische Chefdiplomat, dass Unterschiedlichkeit als gegenseitige Bereicherung verstanden werden müsse und nicht als Grund für Auseinandersetzungen. Dies gelte sowohl im politischen wie im kirchlichen Bereich. Mit der Person Parolin verbinden viele Beobachter die Hoffnung, dass die in den vergangenen Jahren künstlich aufgebauten Gegensätze von Diplomatie und Mission der Kirche sowie einem dialogischen Realismus für die weltpolitische Situation einerseits und die Verteidigung der christlichen Werte andererseits wieder aufgegeben werden.

Während Parolin auf der politischen Ebene der engste Mitarbeiter von Papst Franziskus ist, sollte es auf theologischer Ebene der Präfekt der vatikanischen Glaubenskongregation, Kardinal Gerhard Ludwig Müller, sein. Doch dessen Rolle ist auch über ein Jahr nach Beginn des Pontifikats von Franziskus nicht ganz klar. Müller gehört sicherlich zu den profiliertesten Theologen im Vatikan. In seinen Jahren als Professor für Dogmatik an der Ludwig-Maximilians-Universität in München (1986–2002) erarbeitete er sich auch international einen Ruf als Theologe. Dazu trugen seine Gastprofessuren unter anderem in Salamanca, Sao Paulo, Philadelphia, Rom, Kerala und Cusco bei. Von 1998 bis 2002 war Müller Mitarbeiter in der Internationalen Theologenkommission des Vatikan. In seiner Professorenzeit war er jedes Jahr mehrere Wochen in Lateinamerika. Neben der Lehrtätigkeit an Seminaren und Universitäten lernte er bei seinen Aufenthalten in entlegenen Bergdörfern und in den Slums der Städte die Not der Menschen aus nächster Nähe kennen. Diese Erfahrung prägte den Theologen und machte aus ihm einen europäischen Vertreter und Verfechter der Befreiungstheologie. Immer wieder ist in Lateinamerika zu hören, dass Müller in den schwierigen Jahren der Auseinandersetzung mit dem Vatikan einer der wenigen Kontakte zwischen den Parteien war und stets zu vermitteln suchte. Müller begründet sein starkes soziales Engagement mit seiner Herkunft. Geboren 1947 in Finthen bei Mainz, habe ihn zeitlebens die Person des großen Mainzer Sozialbischofs Wilhelm Emmanuel von Ketteler (1811–1877) geprägt. Der hatte sich in der zweiten Hälfte des 19. Jahrhunderts vor allem für die Rechte der Arbeiter eingesetzt. Wer die konkrete Not der Menschen in Lateinamerika einmal am eigenen Leib erfahren habe, könne nicht schweigen, so Müller.

Diese Nähe zum Schicksal der Menschen in Lateinamerika und zur lateinamerikanischen Theologie dürfte auch ein wesentlicher Grund dafür sein, dass Jorge Mario Bergoglio nach seiner Wahl zum Papst an dem Präfekten der Glaubenskongregation festhält, ihn im September 2013 als einen der ersten Kurienspitzen in seinem Amt bestätigt und Müller schließlich im Februar 2014 zum Kardinal macht. Denn an anderer Stelle vertreten die beiden durchaus unterschiedliche Meinungen. Müllers Art der Amtsführung als Bischof von Regensburg (2002–2012), die viele Gläubigen als selbstherrlich erlebt hatten, passt sicherlich nicht zum Bild des Bischofs, wie ihn sich Franziskus wünscht und vorstellt. Auffallend ist, dass Papst Franziskus den Glaubenspräfekten nicht, wie bei seinen Vorgängern üblich, als Mitglied der Bischofskongregation benannt hat. Zwar wird bei Bischofsernennungen weiterhin ein schriftliches Votum (»nihil obstat«) der Glaubenskongregation eingeholt, doch an den Beratungen der Bischofskongregation über das künftige Führungspersonal der katholischen Kirche ist der oberste Glaubenshüter nicht mehr beteiligt. Und auch bei der Frage nach der Rolle der Glaubenskongregation im Konzert der vatikanischen Institutionen scheinen der Papst und sein oberster Glaubenshüter unterschiedliche Vorstellungen zu haben. Immer wieder betont Kardinal Müller, dass der Chef der Glaubenskongregation der »Primus inter pares« sei, der bei allen wichtigen Fragen, die die Glaubenslehre berühren, vom Papst abgesehen, das letzte Wort habe.

Für Aufsehen sorgt im Juni 2013 das Gedächtnisprotokoll eines Treffens von Papst Franziskus mit Ordensleuten aus Lateinamerika. Danach hatte der Pontifex erklärt: Wenn ein Brief der Glaubenskongregation mit einer Rüge für bestimmte Aussagen käme, sollten sich die Ordensleute keine Sorgen machen. Sie sollten sich zwar erklären, aber ihre Arbeit dann weitermachen. Diese Aussage verband Franziskus nach Angaben des Protokolls mit dem mehrfach geäußerten Diktum, dass ihm eine Kirche, die etwas falsch mache, lieber sei als eine Kirche, die krank werde, weil sie sich nur um sich selbst drehe. Damit droht die Glaubenskongregation zum »zahnlosen Tiger« zu werden. Allerdings führt Kardinal Müller im Streit mit dem Dachverband LCWR der

US-Ordensfrauen vor, dass mit der Glaubenskongregation nicht zu spaßen ist.

Die Diskussion um das große Thema »Ehe und Familie« im Allgemeinen und die Frage nach dem Umgang mit wiederverheirateten Geschiedenen im Besonderen zeigt, dass die vatikanische Glaubenskongregation und ihr Chef eine wichtige Stimme im innerkirchlichen Diskurs darstellen; aber eben nur eine Stimme. Die Entscheidungen wird am Ende der Papst treffen, nachdem er die Stimme seines obersten Glaubenshüters sowie die Meinungen der Bischöfe und Experten aus der Weltkirche auf den beiden Synoden im Herbst 2014 und 2015 gehört hat. Dabei sieht Franziskus die Rolle Müllers auch darin, an die kirchliche Tradition zu erinnern. Dies wird den Papst aber nicht daran hindern, die kirchliche Lehre weiterzuentwickeln, auch gegen den Willen des Glaubenspräfekten. Kardinal Müller bleibt also eine Stimme mit Gewicht. Er gehört zu den wichtigsten Ansprechpartnern des Papstes, auch weil er als Präfekt der Glaubenskongregation für die Aufarbeitung der Missbrauchsfälle zuständig ist.

Mit Kardinal Gerhard Ludwig Müller als Chef der Glaubenskongregation hat Franziskus einen ausgewiesenen Theologen an seiner Seite. Der Pontifex ist sich durchaus bewusst, dass er diesen gut brauchen kann, da er selbst, trotz langer Tätigkeit als Dozent an verschiedenen Jesuiteninstitutionen in Argentinien, nicht unbedingt in allen dogmatischen Fragen ein ausgewiesener Experte ist. Allerdings ist Müller längst nicht der einzige theologische Berater des Papstes. Daher kann es gut sein, dass wichtige Dokumente wie etwa das Apostolische Schreiben *Evangelii gaudium* in ihrer Entstehung weitestgehend an der Glaubenskongregation vorbeilaufen. Franziskus hat ein Netz alter Freunde, die er auch in theologischen Fragen regelmäßig konsultiert. Dazu gehört Víctor Manuel Fernández, der Rektor der

Päpstlichen katholischen Universität von Argentinien mit Sitz in Buenos Aires. Nur zwei Monate nach seiner Wahl zum Papst ernannte Franziskus im Mai 2013 Fernández zum Erzbischof. Damit wollte er dem Theologen den Rücken stärken. Denn die Ernennung von Fernández zum Rektor 2011 durch den damaligen Erzbischof Bergoglio war umstritten. Vor allem konservative Kreise wollten Fernández verhindern.

In einem Buch erzählt Fernández, dass er vor einigen Jahren ins Visier der vatikanischen Glaubenskongregation gekommen sei. Er habe der Kongregation auf ihre Kritik an seinen theologischen Positionen geantwortet; allerdings aus Sicht des Vatikans wohl nicht ausreichend. Erzbischof Bergoglio habe ihm damals den Rücken gestärkt und ermutigt, er solle sich von der Glaubenskongregation »nicht die Würde nehmen lassen« und in seiner Arbeit fortfahren. Der Theologe wurde 1962 in Alcira Gigena in der Provinz Cordoba geboren und studierte unter anderem an der Päpstlichen Universität Gregoriana in Rom mit dem Schwerpunkt Exegese. Von 1993 bis 2000 arbeitete er als Gemeindepriester. Er wirkte an verschiedenen kirchlichen Bildungseinrichtungen in Argentinien und war auch geistlicher Assistent der Charismatischen Erneuerungsbewegung. Benedikt XVI. ernannte ihn 2007 zum Berater der fünften Vollversammlung der Bischofskonferenzen Lateinamerikas und der Karibik (CELAM) in Aparecida. Dort arbeitete er mit Kardinal Bergoglio zusammen im Redaktionsteam des Schlussdokuments. Zwischen Fernández und Franziskus gibt es einen regen Telefon- und Mailkontakt. Fernández ist einer der wenigen zeitgenössischen Theologen, die in *Evangelii gaudium* zitiert werden. Unbestritten hat er einen wesentlichen Anteil zum Entstehen des Apostolischen Schreibens beigetragen. Franziskus beruft Fernández als Mitglied der Außerordentlichen Bischofssynode im Oktober 2014 und bestimmt, dass er sowohl an der Erarbeitung der Botschaft als auch des Abschlussdokuments mitarbeitet. Damit wird einmal mehr deutlich, wie groß das Vertrauen des argentinischen Papstes in seinen Landsmann ist.

Zum dritten Argentinier im Redaktionsteam von Aparecida hält Papst Franziskus ebenfalls bis heute Kontakt: Carlos Maria Galli, Priester im Flores-Viertel in Buenos Aires und Theologieprofessor an der katholischen Universität in Buenos Aires. Galli arbeitet viel im Bereich der Pastoral in Großstädten, ein Thema, das Bergoglio als Erzbischof intensiv beschäftigte. Galli, 1957 in der argentinischen Hauptstadt geboren, ist seit 1981 Priester. Mitte der 1980er Jahre studierte er einige Zeit in Tübingen. Wie Fernández wurde er von Benedikt XVI. zum Berater der CELAM-Versammlung von Aparecida berufen. Er brachte seine große Kenntnis der Theologie des Volkes sowie der Theologie Lateinamerikas in das Abschlussdokument von Aparecida ein. Im Oktober 2014 beruft Franziskus seinen Freund Galli in die Internationale Theologenkommission des Vatikans.

Zu den engen Vertrauten aus Argentinien zählt Humberto Miguel Yáñez Molina. Der Jesuit und Moraltheologe lehrt an der Päpstlichen Universität Gregoriana in Rom. Yáñez wurde 1956 in Mendoza geboren. Als er im Oktober 1975 in den Jesuitenorden eintrat, war Bergoglio Jesuitenprovinzial in Argentinien. In den 1980er Jahren trafen sie sich wieder am Seminar in San Miguel: Bergoglio als Rektor und Yáñez als Student. Sie verloren sich auch über die Jahre nie aus den Augen. Franziskus hat seinen engen Vertrauten als Mitglied in die vatikanische Kommission zum Schutz Minderjähriger berufen. So ist eine Information aus erster Hand über die Arbeit der Kommission gewährleistet. Yáñez war auch Organisator eines zweitägigen Forums zum Thema Familie im April 2014 an der Gregoriana-Universität. Beobachter sahen in der Tagung einen Versuchsballon, um im theologischen Diskurs erste Schritte auf dem Weg zu einer neuen Pastoral und Lehre zu »Ehe und Familie« zu gehen, die in den beiden Synoden im Herbst 2014 und 2015 dann konkretisiert werden sollen.

Ein weiterer Argentinier unter den Papstberatern ist der Jesuit Juan Carlos Scannone. Scannone unterrichtete 1957 den jungen 20-jährigen Seminaristen Jorge Mario Bergoglio in Griechisch. Ihre Wege kreuzten sich im Laufe der Jahrzehnte immer wieder. Scannone, 1931 in Buenos Aires geboren, ist einer der Begründer der argentinischen Form der Befreiungstheologie, der »Theologie des Volkes«. Er lehrt trotz seines hohen Alters heute noch immer an verschiedenen Jesuiteneinrichtungen in Argentinien und lebt im Seminar San Miguel im Norden von Buenos Aires. Dort wohnte er in den 1970er und 1980er Jahren Tür an Tür mit Pater Jorge in dessen Zeit als Jesuitenprovinzial und später als Rektor des Seminars. Auf Wunsch des Jesuitengenerals Adolfo Nicolás verstärkt Scannone seit Februar 2014 das Autorenteam der italienischen Jesuitenzeitschrift *Civiltà Cattolica,* um dort die Theologie und das Pontifikat von Papst Franziskus publizistisch zu begleiten. Dazu kommt Scannone regelmäßig nach Rom, auch um seinen alten Weggefährten Bergoglio zu treffen.

Seine Vertrauten kontaktiert Papst Franziskus auch, wenn es um seine Ansprachen geht. Die werden im Staatssekretariat von dem italienischen Monsignore Paolo Luca Braida koordiniert. Er ist gewissermaßen der Ghostwriter des Papstes. Für viele Ansprachen von Franziskus machen die entsprechenden Fachministerien des Vatikans Vorschläge. Diese mit den Vorgaben des Papstes zusammenzubringen und am Ende einen einheitlichen Text zu formulieren ist Aufgabe Braidas. Da der Lombarde wie Franziskus im Gästehaus Santa Marta wohnt, dürften die Wege bei den Absprachen oft kurz und direkt sein. Daneben gehören zwei weitere Italiener zur Riege der Inspiratoren päpstlicher Reden. Zum einen ist das der Vorgänger von Braida als Koordinator, Giampiero Gloder. Den 1958 im norditalienischen Asiago geborenen Kleriker hat Franziskus im September 2013 zum Chef der Päpstlichen Diplomatenakademie in Rom ernannt und ihn in den Rang eines Erzbischofs erhoben. Die Bischofsweihe Gloders am 24. Oktober 2013 war die erste, die Franziskus nach seiner Wahl vorgenommen hat. Ebenso zum »Inner Circle« gehört Gloders Vorgänger als Chef der Diplomatenakademie, Beniamino Stella. Den 1941 im norditalienischen Pieve di Soglio geborenen Kleriker hat Franziskus im September 2013 zum Präfekten der Kleruskongregation ernannt und beim ersten Konsistorium seines Pontifikats im Februar 2014 zum Kardinal erhoben. Stella ist ein erfahrener Diplomat. Er war viele Jahre in Afrika sowie in Südamerika tätig, unter anderem von 1992 bis 1999 auf Kuba. Auf der Karibikinsel wurde er »Beniamino Corazón« (»Beniamino Herz«) genannt in Anspielung auf seine besondere priesterliche Spiritualität sowie des Klimas der Herzlichkeit und Offenheit, das er in der Nuntiatur in Havanna geprägt hatte. 2007 nahm er als Nuntius in Kolumbien an der CELAM-Konferenz im brasilianischen Aparecida teil. Dort lernte er den Erzbischof von Buenos Aires, Jorge Mario Bergoglio, kennen. Kurz nach Ende der Konferenz wurde Stella Chef der Diplomatenakademie in Rom. Wiederholt lud er Bergoglio ein, bei seinen Romaufenthalten Vorträge in der Akademie zu halten. Bei diesen Gelegenheiten lernten sich beide näher kennen und schätzen.

Unter den Kardinälen gibt es neben den Mitgliedern des Kardinalsrats noch eine Reihe weiterer Purpurträger, auf deren Rat Franziskus vertraut. Dazu gehört der Erzpriester der römischen Papstbasilika Santa Maria Maggiore, Kardinal Santos Abril y Castelló. Nicht nur, dass er in der alphabetischen Ordnung der Kardinäle im Päpstlichen Jahrbuch an erster Stelle steht, der spanische Kirchendiplomat gehört zu den ersten Ansprechpartnern und Beratern von Papst Franziskus. Auf dem berühmten Foto, das Jorge Mario Bergoglio am Tag nach seiner Wahl beim Bezahlen der Rechnung am Tresen seiner römischen Unterkunft zeigt, steht Abril y Castelló, einen Kopf kleiner als der Papst, neben dem Pontifex. 1935 im spanischen Alfambra geboren, kam er ein Jahr nach seiner Priesterweihe 1961 nach Rom, wo er an der Päpstlichen Universität Angelicum in Sozialwissenschaften sowie an der Gregoriana in Kirchenrecht promovierte. Er absolvierte die Päpstliche Diplomatenakademie und startete seine Laufbahn in Pakistan und der Türkei. Ab 1985 hatte er verschiedene Botschafterposten inne, unter anderem in Bolivien, Kamerun, Jugoslawien und Slowenien. In seiner Zeit als Nuntius in Argentinien (2000–2003) lernte er den damaligen Erzbischof von Buenos Aires, Jorge Mario Bergoglio, kennen. Papst Franziskus berief ihn im Januar 2014 in die Kardinalskommission zur Aufsicht der Vatikanbank IOR, die ihn im März 2014 zu ihrem Präsidenten wählte. Bereits im Dezember hatte Franziskus die Mitgliedschaft Abril y Castellós in der Bischofskongregation bestätigt. Vor dem Konklave 2013 war Santos Abril y Castelló, dessen Lebensstil in Einfachheit dem des Papstes in nichts nachsteht, ein gefragter Gesprächspartner unter den Kardinälen. Aufgrund seiner Erfahrungen in Lateinamerika wollten viele Purpurträger von ihrem Mitbruder wissen, ob und wenn ja welcher Kardinal des Kontinents papabile wäre.

Zu den Kurienkardinälen, die das Vertrauen des Papstes genießen, gehören der französische Diplomat und Chef des Päpstlichen Rats für den Interreligiösen Dialog Jean-Louis Tauran sowie der emeritierte Ökumeneminister Kardinal Walter Kasper. Dazu kommen der emeritierte Erzbischof von Westminster, Kardinal Cormac Murphy O'Connor, und der ehemalige Erzbischof von Sao Paulo und emeritierte Chef der vatikanischen Kleruskongregation, Kardinal Claudio Hummes. Er war es, der Jorge Mario Bergoglio nach seiner Wahl zum Papst mit dem Satz »Vergiss die Armen nicht!« im Konklave auf die Idee brachte, sich nach Franz von Assisi zu nennen. Der Franziskaner Hummes war von 2006 bis 2010 Chef der Kongregation für den Klerus im Vatikan. Kurz vor seinem Amtsantritt in Rom sorgte er mit einem Interview für Aufsehen, in dem er erklärte, dass der Zölibat kein Dogma sei. Damals grenzte eine solche Aussage für einen hohen Kurienvertreter an ein Sakrileg. Als der neue Kardinalstaatssekretär Pietro Parolin kurz vor seinem Amtsantritt vergangenen Herbst dasselbe sagte, war das kein Problem mehr. Geschockt von den harschen Reaktionen, blieb Hummes in seinen römischen Jahren blass, auch weil er aufgrund seiner liberalen Ansichten von vielen im Vatikan geschnitten wurde. Jetzt kann er seinem Vertrauten Bergoglio viele Interna aus der Kurie berichten und ihn bei Entscheidungen beraten. Dabei hilft ihm sein brasilianischer Amtsbruder Kardinal João Braz de Aviz. Der 1947 in Mafra in Brasilien geborene Geistliche ist seit 2011 Chef der vatikanischen Ordenskongregation. Dieser kommt unter dem ersten Jesuiten auf dem Stuhl Petri eine besondere Bedeutung zu, zumal Franziskus für 2015 ein Jahr der Orden in der katholischen Kirche ausgerufen hat. Konservative sehen in dem brasilianischen Kardinal Braz de Aviz einen Vertreter der Befreiungstheologie. Sie kritisieren ihn, weil er immer wieder in den Streit des Dachverbands LCWR der US-Ordensfrauen mit der vatikanischen Glaubenskongregation vermittelnd einzugreifen versucht. Braz de Aviz tritt zurückhaltend auf und erinnert in seinem Stil sehr an den amtierenden Papst.

Zu den Italienern im engeren Kreis der Papstvertrauten

gehört der Chef des Synodensekretariats, Kardinal Lorenzo Baldisseri. Der 1940 im toskanischen Barga geborene Kleriker ist ein erfahrener Diplomat. Ab den 1970er Jahren verbrachte er viele Einsätze in Lateinamerika, darunter in El Salvador, Guatemala und Paraguay. In den 1990er Jahren war er unter anderem in Indien und Nepal Nuntius bevor er 2002 Botschafter des Papstes in Brasilien wurde. Dort traf er 2007 bei der CELAM-Konferenz von Aparecida Kardinal Bergoglio. Am Konklave 2013 nahm er in seiner Eigenschaft als Sekretär des Kardinalskollegiums teil. Nach seiner Wahl zum Papst setzte Franziskus Baldisseri seinen roten Pileolus auf mit den Worten: »Jetzt bist du ein halber Kardinal!«, und signalisierte damit, dass er den Italiener beim nächsten Konsistorium zum Kardinal kreieren werde. Im September 2013 ernannte er Baldisseri zum Generalsekretär der Bischofssynode. Diese möchte Franziskus von einem Debattierklub zu einem echten Beratungsgremium für den Papst ausbauen. Die Aufgabe soll der italienische Kurienkardinal übernehmen. Baldisseri ist übrigens ein passionierter Klavierspieler. Als junger Mann studierte er an einem Konservatorium nahe Florenz sowie am Päpstlichen Institut für Musica Sacra in Rom. Im Sommer 2007 gab er für Benedikt XVI. in der päpstlichen Sommerresidenz in Castelgandolfo ein Konzert. Wenige Monate zuvor hatte Baldisseri eine CD mit Klavierwerken aufgenommen, deren Verkaufserlös der Kirche im Amazonasgebiet zugutekommt.

Last but not least gehört zum engeren »Freundeskreis« des Papstes auch Erzbischof Fernando Vérgez Alzaga. Der war über 23 Jahre Privatsekretär des argentinischen Kurienkardinals Eduardo Francisco Pironio (1920–1998). Papst Franziskus schätzte Kardinal Pironio sehr, den wiederum eine enge Freundschaft mit dem salvadorianischen Märtyrerbischof Oscar Romero verband. Franziskus machte Vérgez Alzaga im August 2013 zum Generalsekretär des Staats der Vatikanstadt, sprich zum zweiten Mann im kleinen Kirchenstaat. Vérgez Alzaga, 1945 im spanischen Salamanca geboren, ist Mitglied des Ordens der Legionäre Christi.

Papst Franziskus macht seine ganz eigene Personalpolitik. Er predigt nicht nur beständig gegen Karrierismus, sondern er handelt auch entsprechend. Das bedeutet, Versetzungen und neue Stellen bedeuten nicht unbedingt, dass der Betreffende in der Karriereleiter eine Stufe nach oben steigt, sondern es kann durchaus auch einmal rückwärtsgehen. Das mussten beispielsweise die beiden Erzbischöfe Guido Pozzo und Giuseppe Sciacca erfahren, und selbst vor Kardinälen macht Franziskus nicht halt. Der Italiener Guido Pozzo war viele Jahre in der Kommission »Ecclesia Dei« für den Kontakt zur traditionalistischen Piusbruderschaft zuständig. Im November 2012 ernannte ihn Papst Benedikt XVI. zum Päpstlichen Almosenmeister im Rang eines Erzbischofs. Dies sollte wohl eine Anerkennung für seine langjährige Arbeit mit den Traditionalisten sein. Neun Monate später, auf den Tag genau, versetzte ihn Papst Franziskus wieder zurück in die Kommission Ecclesia Dei und ernannte einen neuen Almosenmeister. Der Pole Konrad Krajewski, den Franziskus auch zum Erzbischof machte, ist eher nach dem Geschmack Bergoglios. Schon in den Jahren als Zeremoniar im vatikanischen Liturgiebüro war er am Abend in der Stadt unterwegs, um Obdachlosen zu helfen. Das sieht Franziskus als Kernaufgabe des Almosenmeisters und nicht ein Büro- und Repräsentationsjob, wie er von den Vorgängern Krajewskis über Jahre ausgeübt wurde. Erzbischof Giuseppe Sciacca war im September 2011 von Benedikt XVI. zum stellvertretenden Regierungschef des Vatikanstaats ernannt worden. Franziskus versetzte ihn, nachdem er sich einen ersten Überblick über die Situation im kleinen Kirchenstaat verschafft hat, fünf Monate nach seiner Wahl zum Papst im August 2013 als »Beigeordneter Sekretär« an den obersten Gerichtshof der katholischen Kirche, die Apostolische Signatur, und berief seinen Vertrauten Fernando Vérgez Alzaga auf den Posten des Generalsekretärs des Vatikanstaats.

Bei den Kardinälen traf es den langjährigen Chef der Kleruskongregation, Mauro Piacenza. Im Vorkonklave 2013 noch als möglicher Kardinalstaatssekretär gehandelt, machte ihn Papst Franziskus im September 2013 zum Großpönitentiar der katholischen Kirche. Als Chef der Apostolischen Pönitentiarie ist er seitdem zuständig für Absolutionen, Dispensen und das Ablasswesen. Unklar ist, ob bei der Versetzung Piacenzas ein alter Freund von Franziskus seine Hand im Spiel hatte: Kardinal Claudio Hummes. Der eher liberale Hummes war von 2006 bis 2010 Chef der Kleruskongregation. Ein Jahr nach Hummes kam Piacenza als zweiter Mann in die Behörde. Der konservative Italiener machte seinem brasilianischen Chef das Leben nicht leicht. Beobachter mutmaßten bei der Ernennung Piacenzas 2007, man habe ihn als Aufpasser für Hummes berufen. Immerhin wurde Piacenza 2010 nach der Pensionierung von Hummes selbst Chef der für die rund 450000 katholischen Priester weltweit zuständigen Behörde. Die Versetzung von Piacenza in die Pönitentiarie dürfte für Hummes eine späte Genugtuung bedeutet haben.

Unruhe gab es auch in der Bischofskongregation angesichts der Personalpolitik des Papstes. Dort machte Franziskus einen Mitarbeiter von den hinteren Rängen zum stellvertretenden Chef. Dabei kümmerte er sich nicht um Dienstalter und Klasse, sondern beförderte denjenigen, den er für den Richtigen hielt und dem er vertraute: Ilson de Jesus Montanari, bis zum 12. Oktober 2013 »Adetto di Segreteria 2. Classe« in der Behörde, die für die Bischofsernennungen fast aller Länder zuständig ist. Er gehört also der untersten der vier Hierarchiestufen der Behörde an, in der der Brasilianer seit 2008 ist. Bevor er in die römische Kurie kam, arbeitete der 1959 in der Nähe von Sao Paulo geborene Geistliche viele Jahre als Pfarrer in seinem Heimatbistum in Brasilien. In Rom lebt de Jesus Montanari lange Zeit in der Casa del Clero in der Via Scrofa, dem Haus, in dem auch Kardinal Jorge Mario Bergoglio bei seinen Romaufenthalten stets wohnte.

Das sind nur einige Beispiele typischer franziskanischer Personalpolitik. Kritiker sprechen bereits von einer »argentinischen Seilschaft«, die ähnlich der »polnischen Seilschaft« unter Johannes Paul II. wirke. Nach einem Jahr dürfte es aber noch zu kurz sein, um die Personalpolitik abschließend zu bewerten. Es ist verständlich, dass Franziskus an Schaltstellen des Apparats Personen seines Vertrauens einsetzt, um sein Reformprojekt voranzubringen.

IST FRANZISKUS
EIN MARXIST?
Das politische Programm
des Papstes

Wie politisch darf die katholische Kirche sein? Wie politisch muss sie sein? Benedikt XVI. sagte immer wieder, die Kirche mache keine Politik. Aber wenn katholische Prinzipien wie der Lebensschutz bedroht seien, müsse sie sich äußern. Sein Nachfolger spricht nicht von unverhandelbaren Prinzipien. Dennoch ist Franziskus ein sehr politischer Papst. Das zeigt sich bereits nach kurzer Zeit. Die Mächtigen der Welt wollen sich mit ihm treffen: Angela Merkel, François Hollande, Barack Obama, Vladimir Putin kommen alle noch binnen Jahresfrist nach der Wahl mit Franziskus zusammen. Daneben trifft sich der Papst aber auch mit vielen Staats- und Regierungschefs aus Lateinamerika und Afrika sowie Vertretern internationaler Organisationen. Er nutzt die Gelegenheit, um vor allem sozialethische Themen zu besprechen. Gab er den Politikern anfangs ein Exemplar des Abschlussdokuments der CELAM-Konferenz von Aparecida als Lektüre mit auf den Weg, so war es ab November dann sein Apostolisches Schreiben *Evangelii gaudium*. Damit macht er deutlich, die katholische Kirche will sich künftig international wieder stärker bei Fragen der sozialen Gerechtigkeit, des Friedens sowie der Bewahrung der Schöpfung einbringen.

Allerdings ließ ein Satz von Papst Franziskus, gesprochen bereits drei Tage nach seiner Wahl, aufhorchen. Er

wird zu einer Art Synonym für das Pontifikat: »Ach, wie
möchte ich eine arme Kirche für die Armen!« Das sagte er
bei der Audienz für die Medienvertreter am 16. März 2013.
Seitdem rätselt die Welt darüber, was unter einer »armen
Kirche für die Armen« konkret zu verstehen ist. Was ist
eine »arme Kirche« und wer sind »die Armen«? Franziskus
machte in der Folge deutlich, dass es ihm nicht nur um eine
materiell arme Kirche an der Seite materiell armer Menschen gehe. In dem von einem leichten Seufzer begleiteten
Satz steckt mehr.

Natürlich sind auch die gemeint, denen das Nötigste zum
Leben fehlt, zusammen mit denen, die am Rande der Gesellschaft stehen: Flüchtlinge, Arbeitslose, Gefangene,
Kranke, Menschen mit Behinderung. Franziskus wird nicht
müde zu betonen, dass die Kirche an der Seite gerade dieser
Menschen stehen muss. »Aus unserem Glauben an Christus, der arm geworden und den Armen und Ausgeschlossenen immer nahe ist, ergibt sich die Sorge um die ganzheitliche Entwicklung der am stärksten vernachlässigten Mitglieder der Gesellschaft.« (EG 158) Es geht Franziskus also
nicht nur darum, Almosen zu geben, sondern um eine
nachhaltige Veränderung der Situation der Armen und
Ausgegrenzten. Das kirchliche Handeln hat damit auch
eine zutiefst politische Komponente. Demgegenüber wird
eine andere Dimension der »armen Kirche für die Armen«
gerne übersehen: eine spirituelle Armut, die Franziskus
nicht weniger wichtig ist als die materielle Not.

Armut ist für ihn auch die innere Haltung, mit der der
Mensch vor Gott tritt. Papst Franziskus beschreibt das in
seiner Botschaft zum Weltjugendtag 2014. Sie steht unter
dem Motto »Selig, die arm sind vor Gott; denn ihnen gehört
das Himmelreich« (Mt 5,3). Der Satz ist den Seligpreisungen des Matthäusevangeliums entnommen. Der Papst verweist in seiner Erklärung der Formulierung »arm sein vor

Gott« auf das griechische Adjektiv ptochós (arm), das nicht nur materielle Armut bedeute, sondern auch »bettelnd«. »Es ist mit dem hebräischen Begriff der anawim, der ›Armen Jahwes‹ zu verbinden, der an Demut erinnert, an das Bewusstsein der eigenen Grenzen, der eigenen Daseinsbedingung der Armut. Die anawim vertrauen auf den Herrn; sie wissen, dass sie von ihm abhängen.« Der Mensch ist »vor Gott ein Bettler«, so Franziskus in Anlehnung an den Katechismus der katholischen Kirche (Nr. 2559). Armut in diesem geistlichen Sinn bedeutet, sein eigenes Leben in die Hände Gottes zu legen und die eigene Begrenztheit sowie die eigene Bedürftigkeit anzuerkennen. So beschreibt der Vater der Befreiungstheologie, Gustavo Gutiérrez, diese Dimension in einem Interview mit der Vatikanzeitung *Osservatore Romano* im September 2013.

Dies ist kein einfaches Unterfangen, dessen ist sich Papst Franziskus bewusst. Den Jugendlichen nennt er in seiner Botschaft zum Weltjugendtag drei Punkte, um diese Armut vor Gott zum Lebensstil werden zu lassen. Erstens sollen sie »den Dingen gegenüber frei werden«. Es gehe um einen »evangeliumsgemäßen, schlichten Lebensstil«, und nicht darum, der »Kultur des Konsums zu erliegen«. »Es geht darum, die Wesentlichkeit zu suchen, zu lernen, viel Überflüssiges und Unnötiges, das uns erstickt, abzulegen. Kommen wir von der Habgier los, vom vergötterten und dann verschwendeten Geld.« Jesus müsse den ersten Platz im Leben haben. Zweitens gehe es um eine »Umkehr in Bezug auf die Armen«. Ihre geistigen und materiellen Bedürfnisse sollten einfühlsam wahrgenommen werden. Drittens brauche es die Offenheit, von den Armen zu lernen. Sie seien Lehrmeister für die Reichen, dass sich der Wert eines Menschen nicht nach dem Besitz bemesse. »Die Armen können uns auch viel über die Demut und das Gottvertrauen lehren.«

Um diese Vorstellung des Armseins vor Gott von Franziskus noch zu verdeutlichen, helfen seine Worte beim Besuch in Assisi am 4. Oktober 2013 im sogenannten »Saal der Entkleidung« des heiligen Franz. Das ist der Ort, an dem der heilige Franz 1207 im Beisein des Bischofs seinem Vater seine Kleider zurückgab und auf alle seine Erbansprüche verzichtete. Fortan lebte er in radikaler Armut. Papst Franziskus stellte an diesem Ort die Frage, wessen sich die Kirche entkleiden müsse. »Sie muss sich heute einer großen Gefahr entledigen, die jede Person in der Kirche bedroht, uns alle: die Gefahr der Weltlichkeit. Der Christ kann nicht mit dem Geist der Weltlichkeit leben. Der Weltlichkeit, die zur Eitelkeit führt, zur Anmaßung, zum Hochmut. Und das ist ein Götze – nicht Gott. Es ist ein Götze! Und der Götzendienst ist die schlimmste Sünde!« Alle Getauften müssten diese Weltlichkeit ablegen, die dem Geist der Seligpreisungen entgegengesetzt seien. Jesus selbst habe gesagt, niemand könne zwei Herren dienen: Entweder diene man Gott oder dem Geld. (vgl. Mt 6,24) Im Geld liege dieser ganze weltliche Geist. »Die geistliche Weltlichkeit tötet! Sie tötet die Seele! Sie tötet die Personen! Sie tötet die Kirche! [...] Der Herr schenke uns allen den Mut, uns frei zu machen – aber nicht von 20 Lire, sondern vom Geist der Welt, der die Lepra, das Krebsgeschwür unserer Gesellschaft ist!«

Hier wird deutlich: Papst Franziskus geht es nicht ums Geld an sich. Es geht ihm um die Haltung des Menschen. Armsein vor Gott hat etwas mit der Haltung zu tun und nicht damit, alle Reichtümer zu verkaufen und nichts mehr zu besitzen. Im Vorwort für das Buch »Armut« von Kardinal Gerhard Ludwig Müller schreibt Franziskus: »Für sich genommen ist es [das Geld] ein gutes Mittel, wie fast alle Dinge, über die der Mensch verfügt: Es ist ein Mittel, das unsere Möglichkeiten erweitert. Allerdings kann dieses Mittel sich gegen den Menschen wenden.« Zwei Punkte sind für Franziskus wichtig: Der Mensch muss im Mittelpunkt wirtschaftlichen Handelns stehen, nicht der Profit, und Eigentum soll der Allgemeinheit dienen. Wer besitzt, muss mit denen teilen, die nichts haben. »Tatsächlich gibt es eine originäre Verbindung zwischen Gewinn und Solidarität, einen fruchtbaren Kreislauf zwischen Gewinn und Gabe, den die Sünde zu sprengen und zu verdunkeln sucht«, schreibt Franziskus weiter. Wenn diese Verbindung zwischen Gewinn und Solidarität aus den Fugen gerät und ein Wirtschaftssystem entsteht, das Menschen ausgrenzt, dann ist für Franziskus eine Realität geschaffen, die »tötet«.

»Diese Wirtschaft tötet!« Mit diesen Worten in seinem Apostolischen Schreiben *Evangelii gaudium* sorgte Papst Franziskus Ende November 2013 für Aufsehen. Der Pontifex spricht darin vom »Fetischismus des Geldes« sowie der »Diktatur einer Wirtschaft ohne Gesicht und ohne ein wirklich menschliches Ziel«. Als Ursache für die weltweite Krise im Bereich der Wirtschaft und der Finanzen macht er »vor allem den schweren Mangel an einer anthropologischen Orientierung« verantwortlich, »ein Mangel, der den Menschen auf nur eines seiner Bedürfnisse reduziert: auf den Konsum«. (EG 55) Franziskus fordert eine radikale Reform des Finanz- und Wirtschaftssystems. »Das Geld muss dienen und nicht regieren!« (EG 58) Soziale Ungerechtigkeit sieht Franziskus als eine Ursache von Gewalt. Daher kann ein friedliches Miteinander innerhalb einer Gesellschaft aber auch der Länder untereinander nur gelingen, wenn Gerechtigkeit hergestellt wird. »Wie das Gute dazu neigt, sich auszubreiten, so neigt das Böse, dem man einwilligt, das heißt die Ungerechtigkeit, dazu, ihre schädigende Kraft auszudehnen und im Stillen die Grundlagen jedes politischen und sozialen Systems aus den Angeln zu heben, so gefestigt es auch erscheinen mag.« (EG 59) Franziskus kritisiert die Gier nach Macht und Besitz und prangert

Korruption an, die er als »gesellschaftlichen Krebs« bezeichnet, sowie »egoistische Steuerhinterziehung«. Im zweiten Kapitel von *Evangelii gaudium* fasst Franziskus seine ablehnende Haltung zum gegenwärtigen Wirtschafts- und Finanzsystem pointiert zusammen. Doch seine Kritik wiederholt er auch andernorts in Worten und Gesten.

Das beginnt mit der ersten Reise seines Pontifikats. Bewusst wählt er Anfang Juli 2013 die Mittelmeerinsel Lampedusa als Ziel. Dort kommen seit Jahren Zehntausende Flüchtlinge aus Afrika an, die von Schleppern auf Kähne gepfercht nach Europa geschleust werden. Sie wollen den oft unmenschlichen Verhältnissen in ihrer Heimat entfliehen und hoffen auf ein besseres Leben in Europa. Nach Angaben von Flüchtlingsorganisationen kamen dabei seit Ende der 1980er Jahre 20 000 Menschen ums Leben. Allein vor den Küsten Siziliens und Lampedusas waren es schätzungsweise mehr als 7000. Diejenigen, die Europa erreichen, klagen über unwürdige Zustände in den Auffanglagern sowie hohe bürokratische Hürden bei der Abwicklung ihrer Asylanträge. Teilweise kam es zu dramatischen Szenen auf hoher See, wenn Schiffe der italienischen Küstenwache versuchten, Boote mit Flüchtlingen in internationale Gewässer abzudrängen und zur Umkehr zu bewegen. Fischern drohten Strafen, wenn sie schiffbrüchige Flüchtlinge aufnahmen. Angesichts dessen setzte Franziskus ein klares Zeichen. Er gedachte der Toten, sprach mit afrikanischen Flüchtlingen, gleichsam um sie persönlich willkommen zu heißen. Bei seiner Predigt im anschließenden Gottesdienst geht er mit den Europäern hart ins Gericht. »Die Wohlstandskultur, die uns dazu bringt, an uns selbst zu denken, macht uns unempfindlich gegen die Schreie der anderen; sie lässt uns in Seifenblasen leben, die schön, aber nichts sind, die eine Illusion des Nichtigen, des Flüchtigen sind, die zur Gleichgültigkeit gegenüber den anderen führen, ja zur Globalisierung der Gleichgültigkeit. [...] Wir haben uns an das Leiden des anderen gewöhnt, es betrifft uns nicht, es interessiert uns nicht, es geht uns nichts an!« Die Globalisierung der Gleichgültigkeit mache alle zu »›Ungenannten‹, zu Verantwortlichen ohne Namen und ohne Gesicht«. Franziskus spricht von denen, die »in der Anonymität sozioökonomische Entscheidungen treffen«, die den Weg bereiteten für Flüchtlingsdramen: eine klare Kritik an den Entscheidungsträgern in Politik und Wirtschaft.

Allerdings, und hier setzen die Kritiker von Franziskus an, nimmt der Papst vor allem die Verantwortlichen in Europa und in den anderen Industrienationen in den Blick. Diejenigen, die in den Herkunftsländern für die menschenunwürdigen Zustände mitverantwortlich sind, die durch Korruption und Misswirtschaft eine nachhaltige Entwicklung verhindern, spricht Franziskus nicht an. Der Vorwurf, der Papst habe hier eine zu einseitige Sicht und blende einen wichtigen Teil der Flüchtlingsproblematik aus, wird immer wieder geäußert. Zumal Franziskus mit seiner Kritik an den reichen Ländern nicht spart, so auch beim Besuch im römischen Zentrum des Jesuiten-Flüchtlingsdienstes im September 2013: »Wie oft aber sind hier wie auch anderswo viele, auf deren Aufenthaltserlaubnis ›internationaler Schutz‹ geschrieben steht, gezwungen, in notdürftigen und zuweilen entwürdigenden Situationen zu leben, ohne die Möglichkeit, ein würdevolles Leben zu beginnen, an eine neue Zukunft zu denken!« Ihre Herkunftsländer kommen wieder nicht in den Blick. Ähnlich verhält es sich, wenn er über die ungerechte Verteilung von Lebensmitteln und Ressourcen spricht. Beim Empfang für die beim Heiligen Stuhl akkreditierten Diplomaten im Januar 2014 stellt Franziskus fest: »Die Gesichter derer, die Hunger leiden, vor allem der Kinder, können uns nicht gleichgültig lassen, wenn wir daran denken, wie viele Lebensmittel jeden Tag verschwendet werden, und zwar in vielen Teilen der Welt, in der jene – wie ich es mehrfach genannt habe – ›Wegwerf-Kultur‹ herrscht.« Auf dem Rückflug der Reise ins Heilige Land im Mai 2014 wiederholte Franziskus seine Kritik mit dem Satz »Diese Wirtschaft tötet!« und bekräftigt, er habe diesen Ausdruck auch in seinem Apostolischen Schreiben bewusst gewählt.

In der Regel bekommt Franziskus auf solche Äußerungen harsche Kritik von Wirtschaftswissenschaftlern – interessanterweise vor allem aus den Industrienationen. Die *Süddeutsche Zeitung* titelte am 30. November 2013 als Antwort auf *Evangelii gaudium:* »Der Papst irrt«. Seine Kritik an Exzessen sei zwar berechtigt, »sie verstellt aber den Blick auf die positive Kraft des Kapitalismus«. In der *Frankfurter Allgemeinen Zeitung* lautete am selben Tag ein Teil der Überschrift: »Franziskus greift den Kapitalismus an, aber einige seiner Thesen sind kaum haltbar«. Am Tag darauf titelt die *Frankfurter Allgemeine Sonntagszeitung:* »Die Kirche verachtet die Reichen«. Die Vorwürfe gegen den Papst sind vielfältig. In der *SZ* heißt es, er beziehe sich auf seine Erfahrungen in Argentinien, ohne diese Einschränkung eigens zu benennen. Die Verhältnisse seien aber vielerorts anders, sprich besser, und daher nicht vergleichbar. So seien beispielsweise in Deutschland so viele Menschen in Arbeit wie noch nie. Dass nicht alle Menschen von ihrer Arbeit leben könnten, liege nicht daran, »weil böse Bosse es so wollen, sondern weil die alternde Industriegesellschaft Deutschland im immer härteren Wettbewerb gegen die aufstrebenden Nationen besonders aus Asien sich mühsamer als früher nur behaupten kann«. An der Finanzkrise sei nicht die Marktwirtschaft schuld, sondern »Fehler an einigen Stellen des Ordnungsgerüsts«. Als Argument gegen die Kritik von Franziskus wird in der *FAZ* unter Berufung auf eine Studie der Weltbank vom Oktober 2013 angeführt, dass die Zahl der sehr armen Menschen in den vergangenen drei Jahrzehnten um mehr als 700 Millionen auf 1,2 Milliarden gesunken sei. Mit Verweis auf Weltbank-Präsident Jim Yong Kim wird festgestellt: »Das Millenniumsziel, die Zahl der Menschen, die von weniger als 1,25 Dollar am Tag leben müssten, bis 2015 zu halbieren, ist fünf Jahre früher erreicht worden.« Die *FAS* führt gar Johannes Paul II. gegen Franziskus ins Feld, der »im polnischen Krakau den Kommunismus erlebt und im Westen die Überlegenheit der freien Märkte erfahren« habe. Franziskus wird als Vertreter der Theologie der Befreiung charakterisiert. Die sei gescheitert, weil sie ihr Ziel verfehlt habe, »die Armen in ein urchristliches Reich des innerweltlichen Egalitarismus zu überführen«. In den USA geht die Kritik noch weiter. Der Moderator Rush Limbaugh, dessen Talkshow landesweit von rund 500 Radiosendern ausgestrahlt wird, bezeichnete Franziskus nach der Veröffentlichung von *Evangelii gaudium* gar als Marxisten. Der einflussreiche Industrielle und Gründer der Home-Depot-Baumarktkette Ken Langone erklärte im US-Fernsehen, die Äußerungen von Papst Franziskus seien problematisch. Einige große Spender der US-amerikanischen katholischen Kirche würden ihr Spendenverhalten überdenken angesichts der Kritik des Papstes. Kardinal Timothy Dolan von New York sah sich genötigt zu versichern, dass der Papst die Armen und die Reichen gleichermaßen liebe.

Franziskus selbst weist die Kritik, er sei Marxist, entschieden zurück. In einem Zeitungsinterview sagte er im Dezember 2013: »Die marxistische Ideologie ist falsch. Ich habe in meinem Leben aber viele Marxisten getroffen, die gute Menschen waren. Darum fühle ich mich auch nicht angegriffen.« Wie kommt es aber, dass die Positionen von Franziskus in Bezug auf Wirtschaft, Soziales und Gerechtigkeit derart zu Diskussionen führen, dass sich selbst sozial engagierte Katholiken angegriffen fühlen, wenn Franziskus in *Evangelii gaudium* feststellt: »Die Kultur des Wohlstands betäubt uns, und wir verlieren die Ruhe, wenn der Markt etwas anbietet, was wir noch nicht gekauft haben, während alle diese wegen fehlender Möglichkeiten unterdrückten Leben [der Armen] uns wie ein bloßes Schauspiel erscheinen, das uns in keiner Weise erschüttert.« (EG 54)

Es sind mehrere Faktoren, die für die richtige Einordnung der Aussagen und auch Gesten von Franziskus in diesem Bereich zu beachten sind. Zunächst einmal gilt es festzuhalten, dass sich der amtierende Papst auf der Linie der katholischen Soziallehre bewegt, wie sie seit Jahrzehnten von den Päpsten entwickelt und weitergeführt wurde, angefangen von der ersten Sozialenzyklika *Rerum novarum* von Papst Leo XIII. im Jahr 1891, in der dieser unterstreicht, dass die Güter allen Menschen zu dienen hätten, bis hin zu *Caritas in veritate* von Papst Benedikt XVI. im Jahr 2009. Als Papst Paul VI. 1967 seine Sozialenzyklika *Populorum progressio* veröffentlichte und darin einen ungehemmten Liberalismus sowie Auswüchse des Kapitalismus kritisierte, musste er sich ebenfalls den Vorwurf gefallen lassen, er sei Marxist. Das *Wall Street Journal* schrieb am 30. März 1967 von einem »frisierten Marxismus«, der den armen Nationen nicht helfe, die nicht an einem Exzess des Kapitalismus litten, sondern an zu wenig davon. Das *Time-Magazin* spricht am 7. April 1967 von einer »schonungslosen Attacke gegen den Kapitalismus« im Stil einer »marxistischen Polemik des frühen 20. Jahrhunderts«.

Papst Johannes Paul II. war ein Kämpfer gegen den Kommunismus, aber er kritisierte ebenso die Auswüchse eines grenzenlosen Kapitalismus. In seiner ersten Sozialenzyklika *Laborem exercens* erinnerte er 1981 an das Prinzip, »das die Kirche immer gelehrt hat: das Prinzip des Vorranges der Arbeit vor dem Kapital«, d.h. der Vorrang des Menschen und der Menschenrechte auch im Bereich der Produktion und der Wirtschaft. Er warnt davor, »dass der Irrtum des primitiven Kapitalismus sich überall dort wiederholen kann, wo der Mensch in irgendeiner Weise dem Gesamt der materiellen Produktionsmittel gleichgeschaltet und so wie ein Instrument behandelt wird und nicht entsprechend der wahren Würde seiner Arbeit.« (LE 7) Er erinnert an die Sozialpflichtigkeit des Eigentums und fordert eine gerechte Entlohnung. »Die gerechte Entlohnung für die Arbeit eines Erwachsenen, der Verantwortung für eine Familie trägt, muss dafür ausreichen, eine Familie zu gründen, angemessen zu unterhalten und für die Zukunft zu sichern.« (LE 19) 1988 kritisiert Johannes Paul II. in der Enzyklika *Sollicitudo rei socialis* die »ausschließliche Gier nach Profit« sowie »Strukturen der Sünde« in Politik und Wirtschaft. »Wenn man gewisse Formen eines modernen ›Imperialismus‹ im Licht der moralischen Kriterien betrachten würde, könnte man entdecken, dass sich hinter bestimmten Entscheidungen, die scheinbar nur von Wirtschaft oder Politik getragen sind, wahrhafte Formen von Götzendienst verbergen: gegenüber Geld, Ideologie, Klasse oder Technologie.« (SRS 37)

Auch Benedikt XVI. findet in seiner Sozialenzyklika *Caritas in veritate* 2009 deutliche Worte. Er macht sich die Aussage von Paul VI. vom »Skandal der schreienden Ungerechtigkeit« zu eigen: »Korruption und Illegalität gibt es leider im Verhalten wirtschaftlicher und politischer Vertreter der alten und neuen reichen Länder ebenso wie in den armen Ländern selbst. Manchmal sind es große transnationale Unternehmen oder auch lokale Produktionsgruppen, welche die Menschenrechte der Arbeiter nicht respektieren.« (CV 22) Wie heute Franziskus forderte Benedikt XVI. einen Primat der Politik gegenüber der Wirtschaft durch eine entsprechende Reform der nationalen und internationalen Systeme: Nötig sei eine »echte politische Weltautorität für die Steuerung der Globalisierung und eine »der moralischen Ordnung entsprechende Sozialordnung« (CV 67).

Nur kurz erwähnt werden sollen die beiden Stichworte Subsidiarität und Solidarität als Grundprinzipien der katholischen Soziallehre, die gerade auch bei Franziskus eine große Rolle spielen. Es ist sicherlich ein Defizit des Apostolischen Schreibens *Evangelii gaudium,* dass der Papst diesen Nachweis der Kontinuität in der katholischen Soziallehre weglässt, auch wenn er eigens auf das Kompendium der Soziallehre der Kirche verweist sowie ausdrücklich dessen Lektüre und Gebrauch empfiehlt.

Viele Aussagen und Forderungen von Papst Franziskus in Bezug auf sozialethische Fragen sind also nicht so neu, wie sie auf den ersten Blick wirken mögen. Das dürfte auch damit zusammenhängen, dass die Soziallehre der katholischen Kirche in den letzten Jahren eher weniger Beachtung fand und daher die Positionen wenig bekannt sind. Zudem sind aufgrund der von Franziskus kritisierten Fokussierung der kirchlichen Agenda auf Fragen der Sexualmoral die sozialethischen Themen zuletzt weniger im Blickfeld gewesen. Verbunden mit der für Jorge Mario Bergoglio typischen Sprache, die ohne große blumige Umschreibungen klar auf den Punkt kommt, wirken die Aussagen daher dennoch revolutionär. Mehr noch als das sind sie allerdings radikal in ihrem Ansatz und der Konsequenz. Franziskus hat in seinen sozialethischen Aussagen durchaus etwas ganz Eigenes, das ihn von seinen Vorgängern unterscheidet. In seinen Äußerungen steckt eine gewisse Radikalität, mit der er seine Forderungen vorträgt, mit der er eine Änderung des internationalen Finanz- und Wirtschaftssystems fordert sowie eine stärkere staatliche Regulierung.

Allerdings setzt Papst Franziskus noch stärker als auf staatliche Regulierung auf ein verändertes Handeln des Einzelnen – angefangen vom einfachen Gläubigen in seinem

Alltag bis hin zu den Verantwortlichen in Politik und Wirtschaft. Beim Treffen mit UN-Generalsekretär Ban-Ki Moon im Mai 2014 spricht er sich für eine »weltweite ethische Mobilisierung« jenseits von religiösen und politischen Überzeugungen aus. Er führt als Beispiel die Begegnung Jesu mit dem Zöllner Zachäus an: »Der Bericht über Jesus und Zachäus lehrt uns, dass die Förderung einer großzügigen, effizienten und konkreten Öffnung den Bedürfnissen anderer Menschen gegenüber stets den Vorrang vor allen wirtschaftlichen und gesellschaftlichen Systemen und Theorien haben muss. Jesus fordert Zachäus keineswegs dazu auf, seine Arbeit zu wechseln, noch verurteilt er dessen Tätigkeit im Finanzwesen; er regt ihn lediglich dazu an, alles, was er hat, aus freien Stücken, aber unverzüglich und ganz unzweideutig zugunsten anderer Menschen zu verwenden.« Franziskus spricht davon, dass »absolut unentgeltlich« jene Güter zu teilen sind, »die Gottes Vorsehung in unsere Hände gelegt hat, seien diese nun materieller oder intellektueller und geistlicher Art«. Ist das Sozialismus? Geht Franziskus wirklich über die Positionen seiner Vorgänger in sozialethischen Fragen hinaus? Oder wirkt es nur radikaler aufgrund seiner drastischen und oft mit sehr suggestiven Bildern geschmückten Sprache?

Diese Radikalität ist Franziskus nicht erst seit seiner Wahl zum Papst eigen. Schon als Erzbischof von Buenos Aires war Jorge Mario Bergoglio ein unbequemer Denker, der sich mit kritischen und klaren Worten in die politische Debatte einmischte. Traditionell bot sich ihm dazu am Nationalfeiertag Gelegenheit, wenn im Rahmen eines feierlichen Gottesdienstes, dem sogenannten »Te Deum«, hochrangige Politiker zum Gottesdienst in die Kathedrale von Buenos Aires kamen. Beim letzten Te Deum vor seiner Wahl zum Papst mahnte Bergoglio am 25. Mai 2012, dass Macht als einzige Ideologie eine »Lüge« sei. »Wir wissen schon, wohin uns die gefräßige Machtgier, das Aufzwingen des eigenen Willens und die Verunglimpfung des Andersdenkenden führt: zur Einschläferung des Gewissens und zum Verlassensein.« Hatte Bergoglio bei diesen Äußerungen die amtierende Präsidentin Cristina Fernández Kirchner im Blick? Die pflegte im Wahlkampf gerne einmal ihre politischen Gegner mit abschätzigen oder beleidigenden Bemerkungen zu bedenken. Cristina Kirchner, wie auch schon zuvor ihr Mann und Vorgänger im Präsidentenamt, Néstor Kirchner, hatten bereits kurz nach dem Amtsantritt von Jorge Mario Bergoglio als Erzbischof von Buenos Aires im Jahr 1998 mit der Tradition gebrochen, dass der Präsident am Te Deum in der Kathedrale in Buenos Aires teilnimmt. Sie besuchten in anderen Regionen des Landes am Nationalfeiertag den Gottesdienst. Bergoglio war ihnen zu kritisch und zu politisch. Für eine Präsidentin eines notorisch hochverschuldeten Landes, deren Familie nach Angaben der argentinischen Finanzbehörden zwischen 2003 und 2013 ihr Vermögen von 1,3 Millionen US-Dollar auf über 15 Millionen US-Dollar mehr als verzehnfacht hat, ist ein Erzbischof, der in bescheidenen Verhältnissen lebt und soziale Ungerechtigkeit anprangert, nicht bequem. Daher bezeichnete Cristina Fernández Kirchner Kardinal Jorge Mario Bergoglio gerne als den »eigentlichen Anführer der Opposition« im Land.

Um den heutigen Papst Franziskus richtig verstehen sowie seine Worte und Gesten richtig einordnen zu können, ist es wichtig, seine lateinamerikanische Prägung sowie seine Erfahrungen in der argentinischen Heimat zu kennen. Sie bieten gleichsam die Folie, vor deren Hintergrund sein Pontifikat gedeutet und entschlüsselt werden kann. Das unterstreicht der Befreiungstheologe Leonardo Boff im Dezember 2013 in der Zeitung *Jornal do Brasil*. Franziskus habe in seinem Heimatland nicht den gezähmten europäischen Kapitalismus kennengelernt, sondern die »unzivilisierte Kapitalismus-Variante« seines Kontinents. Diese habe auf Kosten einer breiten Masse für einige wenige einen unermesslichem Reichtum gebracht. Die wechselhafte Geschichte Argentiniens in Politik und Wirtschaft der vergangenen knapp 100 Jahre hat ihre Spuren im Denken und Handeln Jorge Mario Bergoglios hinterlassen. Mehrfach hat er Wirtschaftskrisen am eigenen Leib erfahren. Das prägte seine Persönlichkeit. Seine Familie machte das Schicksal vieler Einwandererfamilien in Argentinien durch. Vater Mario und Mutter Regina Maria sind mit ihren Eltern in den 1920er Jahren aus der norditalienischen Region Piemont nach Argentinien ausgewandert. Wie viele arme Bauern suchten sie in den amerikanischen Boom-Jahren vor der Weltwirtschaftskrise ihr Glück in der Neuen Welt. Für viele Italiener war in dieser Zeit Argentinien das Gelobte Land. Zwar gehörten die Großeltern des heutigen Papstes als Lebensmittelhändler in ihrer alten Heimat zur Mittelschicht. Doch spürten sie bereits die aufkommende Wirtschaftskrise. In Argentinien läuft zunächst alles gut. Aber auch die neue Heimat der Familie Bergoglio wird in den 1930er Jahren von einer schweren Wirtschaftskrise erfasst. Der Großvater des Papstes und seine drei Brüder werden arbeitslos. Sie müssen den »Palazzo Bergoglio«, den sie in Buenos Aires für ihre Familien nach der Einwanderung gebaut hatten, verkaufen. Der Kampf ums Überleben beginnt. Der Großvater des Papstes macht sich selbständig. Die Familie übersteht die Krise. Auch wenn Franziskus erst 1936 geboren wird, so prägen die Familie diese Erlebnisse. Das erzählt der Papst bei seinem Treffen mit Arbeitern auf Sardinien im September 2013: »Mein Vater ist in jungen Jahren nach Argentinien gegangen, voller Illusionen, ›Amerika zu schaffen‹. Und er hat die schreckliche Krise der dreißiger Jahre erlitten. Sie haben alles verloren! Es gab keine Arbeit!

Und ich habe in meiner Kindheit gehört, zu Hause, wie sie von dieser Zeit erzählt haben. Ich habe es nicht gesehen, ich war noch nicht geboren, aber ich habe zu Hause dieses Leid gespürt, das Erzählen von diesem Leid gehört.«

Das Thema Migration begleitet Jorge Mario Bergoglio zeitlebens. Argentinien ist bis heute ein Einwanderungsland. Vor allem aus Paraguay, Uruguay und Bolivien zieht es viele Menschen ins Nachbarland. In den letzten Jahren kommen immer mehr Einwanderer aus Peru hinzu. Sie lassen sich in den Armenvierteln der Städte nieder, ganz besonders der Hauptstadt Buenos Aires; sei es in den Villas Miserias im Zentrum der »Capital« oder in einem der Viertel mit Blech- und Holzhütten sowie einfachen Steinbauten im Speckgürtel der Metropole. Jorge Mario wächst auf mit dem ständigen Gegensatz von extremer Armut und großem Reichtum, den er beständig vor Augen hat. Er sieht, wie ab den 1960er Jahren in Buenos Aires immer mehr Armenviertel entstehen. Heute leben dort zwölf Prozent der Bevölkerung von Buenos Aires, teilweise schon in der dritten Generation. 44 Prozent sind Kinder und Jugendliche unter 17 Jahren. In den einzelnen Villas leben bis zu 15 000 Menschen.

Das Flores-Viertel, in dem Bergoglio geboren und aufgewachsen ist und in dem eher die Mittelschicht zu Hause ist, grenzt unmittelbar an »Flores Bajo«, eine der gefährlichsten Villas der Stadt. Das aktuelle Stadion des Lieblings-Fußballvereins von Bergoglio, San Lorenzo Almagro, steht unmittelbar neben der Villa. Wer zum Spiel geht, sieht auf der gegenüberliegenden Straßenseite die unverputzten Steinbauten und die Straßen aus Lehm, die Farbtupfer der bunten Wäsche, die zum Trocknen auf den Leinen hängt, und die Kinder, die im Müll spielen. Noch krasser wird der Unterschied, wenn man von hier in die Reichenviertel im Norden der Metropole fährt. Auf fast jedem Grundstück gibt es hier einen Pool. Der Rasen wird zum Schutz gegen die Sonne die meiste Zeit des Jahres mit Trinkwasser gesprengt, während beinahe in Sichtweite schwangere Frauen mehrere hundert Meter laufen müssen, um mit Kübeln und Kanistern sauberes Wasser zu bekommen.

Als Weihbischof ist Jorge Mario Bergoglio ab 1992 unter anderem für sein Stadtviertel Flores und auch die angrenzenden Villas zuständig. Die Menschen dort erzählen, dass Pater Jorge, wie er genannt werden möchte, sie regelmäßig besucht hat. Noch als Erzbischof kommt er mindestens einmal im Jahr in die verschiedenen Villas der Stadt, meist zum Patrozinium der Hauptkirche des Armenviertels. Er feiert den Gottesdienst mit ihnen und trinkt anschließend gemeinsam mit den Menschen den typischen argentinischen Mate-Tee. Den Weg von seiner einfachen Unterkunft im zweiten Stock der Diözesanverwaltung neben der Kathedrale im Zentrum von Buenos Aires zu den Armenvierteln legt er mit öffentlichen Verkehrsmitteln zurück. So kann man den Erzbischof oft im Bus oder der Subte, wie die U-Bahn in Buenos Aires heißt, antreffen. In vielen Häusern in den Villas hängen Fotos von Pater Jorge mit einem Familienmitglied, sei es bei der Firmung, bei einem gemeinsamen Essen oder einfach beim Spaziergang durch die unebenen Straßen des Viertels. Hier erlebt Bergoglio die Schattenseiten einer Politik und eines Wirtschaftssystems, das aus seiner Sicht zu immer mehr Ungerechtigkeit führt, die Reichen immer reicher macht und die Armen immer mehr ausgrenzt. Die Villas wachsen, selbst in Zeiten der wirtschaftlichen Erholung Argentiniens. Als Erzbischof von Buenos Aires schickt Bergoglio ganz gezielt Priester in die Armenviertel. Während seiner Amtszeit steigt die Zahl von knapp zehn auf 24. Auf den ersten Blick scheint das wenig. Doch das Leben ist nicht einfach dort, erzählt Pater Facundo, der in der Villa 19 lebt. Vor der Kapelle lieferten sich während des Gottesdienstes in der Osternacht 2014 rivalisierende Banden eine Schießerei. Die Gläubigen suchten unter den Bänken Schutz. Am Auto des Priesters sind noch Monate später Spuren von Pistolenkugeln zu sehen. Nachdem Pater Facundo 2009 zusammen mit einigen anderen Priestern aus den Armenvierteln öffentlich das Drogenproblem in den Villas angeprangert hatte, wurden sie von den Drogenbossen bedroht. Kardinal Bergoglio stellte sich zwar öffentlich hinter seine Priester, doch das bewahrte Pater Facundo nicht vor einer unangenehmen Begegnung. In einer Gasse seiner Villa wurde ihm kurze Zeit nach der Veröffentlichung von einem Unbekannten eine Pistole an die Brust gehalten und neun Mal abgedrückt. »Das nächste Mal ist Blei drin«, war der einzige Kommentar. Pater Facundo ist daher dankbar, dass Bergoglio immer hinter den Armenpriestern stand. Immer wenn es ein Problem gab, konnten sie sich ohne große Umstände direkt an ihn wenden. Wenn der Erzbischof nicht sofort Zeit für ein Gespräch hatte, rief er spätestens am nächsten Tag zurück. Das galt auch für alle anderen Priester und in der Seelsorge Tätigen im Erzbistum.

Ab der Jahrtausendwende schlittert Argentinien in eine der schwersten Wirtschaftskrisen seiner Geschichte, die mit dem Staatsbankrott am 1. Januar 2002 ihren Höhepunkt erreicht. Generalstreiks und Protestaktionen bringen das öffentliche Leben immer wieder zum Erliegen. Die Wirtschaft bricht zusammen. Ende November 2001 heben Bankkunden, die um ihre Einlagen fürchten, an einem einzigen Tag Geld im Wert von 1,3 Milliarden US-Dollar ab. Einen Tag später friert die Regierung die Bankkonten ein. Die Wirtschaftskrise führt zur politischen Instabilität. Ende Dezember 2001 wechseln beinahe im Tagesrhythmus die Staatspräsidenten. Es kommt zu Plünderungen. Menschen sterben bei Protestaktionen. Die Argentinier beginnen sich selbst zu organisieren; versuchen durch Tauschhandel das Nötigste zum Überleben zu sichern. Im Norden des Landes bricht eine Hungersnot aus. Die Arbeitslosigkeit schnellt in die Höhe. Jeder vierte Argentinier hat keinen Job. Nach dem Staatsbankrott zum Jahresbeginn 2002 billigt die Regierung ein Notstandsprogramm. Das beinhaltet die Abwertung der Landeswährung Peso gegenüber dem US-Dollar um rund 30 Prozent. Viele Menschen verlieren damit einen großen Teil ihrer Ersparnisse.

Der Erzbischof von Buenos Aires erlebt die Ereignisse aus nächster Nähe mit. Auf der Plaza de Mayo in Buenos Aires, an dem nicht nur die Kathedrale und der Wohnsitz Bergoglios liegen, sondern auch der Präsidentenpalast, demonstrieren die Menschen. Die Erfahrungen dieser Zeit prägen seine Einstellung zu Politik und Wirtschaft, zum Phänomen der Globalisierung. Dabei scheint ihm durchaus bewusst zu sein, dass die Krise ihre Ursachen nicht nur in einem aus seiner Sicht verkehrten Wirtschaftssystem hat, sondern auch in der Gier nach Profit und Macht, in der Korruption der Politiker im eigenen Land. In einem Zeitungsinterview spricht er 2002 von der »Tyrannei des Marktes«, von »wirtschaftlichem und finanziellem Terrorismus«, der schuld daran sei, dass es kaum mehr eine Mittelschicht gebe, dafür aber immer mehr Reiche und immer mehr Arme. Der gegenwärtige »Imperialismus des Geldes« habe eindeutig das Gesicht eines Götzen. Wo es aber Götzendienst gebe, werde Gott negiert und damit auch die Würde des Menschen. Das klingt wie die Vorboten zu *Evangelii gaudium*, in dem Bergoglio dann als Papst 2013 schreibt: »Die Finanzkrise, die wir durchmachen, lässt uns vergessen, dass an ihrem Ursprung eine tiefe anthropologische Krise steht: die Leugnung des Vorrangs des Menschen! Wir haben neue Götzen geschaffen. Die Anbetung des antiken goldenen Kalbs (vgl. *Ex* 32,1-35) hat eine neue und erbarmungslose Form gefunden im Fetischismus des Geldes und in der Diktatur einer Wirtschaft ohne Gesicht und ohne ein wirklich menschliches Ziel.« (EG 55)

In Argentinien bekommt Bergoglio vor Augen geführt, wohin ein korruptes Staats- und Wirtschaftssystem führt. Das Land steht 2013 im Korruptionswahrnehmungsindex von Transparency International auf Platz 106 von 175 Staaten mit 34 von möglichen 100 Punkten in der Bewertung, teilweise weit hinter den anderen lateinamerikanischen Ländern wie Uruguay (Platz 19), Chile (22), Brasilien (72), Peru (83) und Kolumbien (94). Zum Vergleich: Deutschland liegt auf Platz 12. Experten sind sich einig, dass Argentinien angesichts seiner Ressourcen und der Wirtschaftskraft wesentlich stabiler und gesünder dastünde, wenn die Korruption in Politik, Justiz und Wirtschaft stärker eingedämmt würde. Jorge Mario Bergoglio verfasst bereits 1991 einen Artikel über »Korruption und Sünde«, den er 2005 noch einmal veröffentlicht. Als Grund gibt er im Vorwort der Neuauflage an: »Bei den Treffen mit diözesanen und bürgerlichen Organisationen unserer Stadt taucht häufig, fast ständig, das Thema Korruption als eine der alltäglichen Lebenswirklichkeiten auf.« Auch in Predigten greift er das Problem immer wieder auf. 2001 schreibt er in seiner Botschaft zur Fastenzeit: »Die Grundsätze, die die Generationen vor uns geleitet haben, scheinen veraltet: Wie kann man beispielsweise weiterhin sagen, ›Sparen ist die Basis des Vermögens‹, wenn es keine Arbeit gibt und das einzige Vermögen, das heute wachsen kann, von Korruption, Spekulationen und dunklen Geschäften stammt?« Auch als Papst kommt Bergoglio immer wieder auf das Thema Korruption zu sprechen. Es seien immer die Armen, die für die Schäden der Korruption zahlen müssten, weil ihnen Rechte und Mittel vorenthalten würden, so Franziskus im Juni 2014 bei der Morgenmesse in Santa Marta. Als Beispiele nannte er

Krankenhäuser, denen aufgrund von Korruption Geld für Ausstattung fehlt, oder Arbeitgeber, die sich durch Ausbeutung ihrer Arbeiter bereicherten. Franziskus unterscheidet drei Gruppen von Korrupten: in der Politik, in der Wirtschaft und in der Kirche. »Alle drei verletzen Unschuldige, allen voran die Armen, weil diese die Zeche zahlen müssen für das schöne Leben der Korrupten! Die Rechnung bezahlen diese Unschuldigen.« Die Ursachen der Korruption sieht Franziskus in Stolz, Überheblichkeit und Macht. »Wenn einer Macht hat, fühlt er sich wie Gott.« Daher sei der einzige Weg, um aus der Korruption auszusteigen, um der Versuchung und der Sünde der Korruption zu widerstehen, eine Haltung des Dienstes einzunehmen. »Der Dienst macht dich demütig, der Dienst der demütigen Nächstenliebe, um den anderen zu helfen.«

In einem Gespräch mit dem Rabbiner Abraham Skorka erzählt der damalige Erzbischof von Buenos Aires, warum er bei Gottesdiensten meist keine Kommunion an Gläubige austeilt. Er wolle dadurch verhindern, dass Menschen ein Foto mit ihm bekommen, die sich in der Öffentlichkeit als fromme Katholiken gebärden, womöglich auch noch große Wohltäter sind, im privaten Leben aber Steuern hinterziehen oder als Arbeitgeber ihre Arbeiter ausbeuten. Allerdings könne man den Menschen auch nicht die Kommunion verweigern, da diese Dinge ja oft im Verborgenen passierten.

Als Antwort auf die globalen Exzesse fordert Franziskus ein radikales Umdenken, das alle Ebenen betrifft: angefangen vom Einzelnen in seinem alltäglichen Handeln über die Verantwortlichen in Politik und Wirtschaft bis hin zu den globalen Strukturen, die letztendlich aber von Menschen verantwortet werden. Hier steht er in Kontinuität mit seinen Vorgängern, wenn er mehr Ethik sowie die Prinzipien der Solidarität und der Subsidiarität in diesen Bereichen einfordert. Eine nicht ideologisierte Ethik erlaube, ein Gleichgewicht und eine menschlichere Gesellschaftsordnung zu schaffen. »Eine Finanzreform, welche die Ethik nicht ignoriert, würde einen energischen Wechsel der Grundeinstellung der politischen Führungskräfte erfordern, die ich aufrufe, diese Herausforderung mit Entschiedenheit und Weitblick anzunehmen, natürlich ohne die Besonderheit eines jeden Kontextes zu übersehen. Das Geld muss dienen und nicht regieren! Der Papst liebt alle, Reiche und Arme, doch im Namen Christi hat er die Pflicht, daran zu erinnern, dass die Reichen den Armen helfen, sie achten und fördern müssen. Ich ermahne euch zur uneigennützigen Solidarität und zu einer Rückkehr von Wirtschaft und Finanzleben zu einer Ethik zugunsten des Menschen.« (EG 58)

Ohne diese entsprechende Veränderung bleibt Franziskus bei seiner Aussage: »Diese Wirtschaft tötet« – nicht »die« Wirtschaft an sich, aber eine, die von Profitgier und Korruption geprägt ist, die ganze Teile der Gesellschaft ausgrenzt. Dazu zählt Franziskus in besonderer Weise die Jungen und die Alten. Bei seinem Besuch der Gemeinschaft Sant' Egidio in Rom verweist er auf 75 Millionen junge Menschen unter 25 Jahren in Europa, die einer »Weder-noch-Generation« angehörten. Sie hätten weder Arbeit noch einen Ausbildungsplatz. Franziskus spricht von einer »Wegwerfkultur, die die Jugend wegwirft«. Diese radikale Sprache – auch Abtreibung sieht er als ein Teil der »Wegwerfkultur« – ist für Bergoglio nicht neu. 2007 bei der Generalversammlung der Bischofskonferenzen Lateinamerikas und der Karibik, CELAM, kritisierte er die zunehmende Ungerechtigkeit und soziale Ungleichheit. Grund dafür sei, dass in der Gegenwartsgesellschaft nur noch das Recht des Stärkeren und Kriterien der Konkurrenzfähigkeit gelten. Als Folge gebe es heute einen großen Teil der Bevölkerung, der von der gesellschaftlichen Teilhabe ausgeschlossen und ausgegrenzt sei. Diese Ausgeschlossenen seien keine »Ausgebeuteten«, sondern würden als »Abfall« angesehen.

In vielen Ansprachen und Interviews als Papst greift Franziskus diesen Gedanken wieder auf, die er in *Evangelii gaudium* konzentriert zusammenfasst: »Als Folge dieser Situation sehen sich große Massen der Bevölkerung ausgeschlossen und an den Rand gedrängt: ohne Arbeit, ohne Aussichten, ohne Ausweg. Der Mensch an sich wird wie ein Konsumgut betrachtet, das man gebrauchen und dann wegwerfen kann. Wir haben die ›Wegwerfkultur‹ eingeführt, die sogar gefördert wird. Es geht nicht mehr einfach um das Phänomen der Ausbeutung und der Unterdrückung, sondern um etwas Neues: Mit der Ausschließung ist die Zugehörigkeit zu der Gesellschaft, in der man lebt, an ihrer Wurzel getroffen, denn durch sie befindet man sich nicht in der Unterschicht, am Rande oder gehört zu den Machtlosen, sondern man steht draußen. Die Ausgeschlossenen sind nicht ›Ausgebeutete‹, sondern Müll, ›Abfall‹.« (EG 53) Aufgabe der Kirche ist es nach Franziskus, diese Probleme zu benennen und an der Seite derer zu stehen, die ausgegrenzt sind. Diese »Option für die Ausgegrenzten« oder auch »Option für die Armen« ist im Kern das, was die katholische Befreiungstheologie in Lateinamerika seit den 1970er Jahren propagiert. Jorge Mario Bergoglio ist kein Befreiungstheologe, und doch ist er von deren Geist und einer ganz bestimmten Form der Befreiungstheologie geprägt. Ohne diesen theologisch-spirituellen Hintergrund ist Papst Franziskus nur schwer zu verstehen.

Eine arme Kirche für die Armen

Papst Franziskus und die Theologie des Volkes

Die Kirche an der Seite der Armen und Ausgegrenzten. Das ist das wichtigste Paradigma von Papst Franziskus. Mit diesem starken Akzent sowie mit seiner klaren Kapitalismuskritik und der Forderung nach politischen Reformen zugunsten einer gerechteren Verteilung der Güter und Ressourcen liegt Papst Franziskus ganz nah an den Forderungen und Ideen der lateinamerikanischen Theologie der Befreiung. Der »Vater« der Befreiungstheologie, der Peruaner Gustavo Gutiérrez, und andere prominente Vertreter dieser Denkströmung wie der Brasilianer Leonardo Boff und der aus Nicaragua stammende Ernesto Cardenal setzen große Hoffnungen in den ersten Papst aus Lateinamerika. So zeigt sich Leonardo Boff schon im Dezember 2013 überzeugt, dass Franziskus das Papstamt nachhaltig verändert habe. Er führe es weniger autoritär und mehr kollegial. Gustavo Gutiérrez bezeichnet Franziskus in einem Interview der Vatikanzeitung *L'Osservatore Romano* im September 2013 als einen »prophetischen Papst«, der die Armen nie vergesse. Ernesto Cardenal zeigt sich im Juni 2014 überzeugt, dass von Franziskus noch viel zu erwarten sei. »Er ist dabei, die Dinge im Vatikan auf den Kopf zu stellen, genauer ausgedrückt: Er stellt die Dinge, die verkehrt herum stehen, wieder auf die Füße«, so Cardenal in einem Gespräch mit dem Evangelischen Pressedienst. Cardenal spricht dabei auch von einer Lektion, die er von Franziskus gelernt habe. »Die Lektion, dass wir uns alle verändern müssen und uns nicht nur dafür einsetzen, dass sich die anderen verändern sollten.«

Im Herbst 2013 sprechen Kommentatoren bereits von einem Friedensschluss zwischen dem Vatikan und der in Lateinamerika ab den 1970er Jahren entstandenen Theologie der Befreiung. Anlass ist die Vorstellung eines gemeinsamen Buches des damaligen Erzbischofs Gerhard Ludwig Müller und des Peruaners Gustavo Gutiérrez. Das Buch war bereits 2004 auf Deutsch erschienen, hatte aber kaum Beachtung gefunden. Müller, damals Bischof in Regensburg, galt in seinem Heimatland als konservativer Kirchenfürst. Seine Publikationen fanden höchstens im Kreis der Konservativen Beachtung. Im Herbst 2013 ist die Situation eine andere. Obwohl es sich um dieselben Texte handelt, die nun beim Buchfestival im norditalienischen Mantua auf Italienisch vorgestellt werden, sorgt der Vorgang für Aufsehen. Müller ist mittlerweile der Chef der vatikanischen Glaubenskongregation, also der Behörde, die in den 1980er Jahren unter der Leitung des Präfekten Joseph Kardinal Ratzinger hart gegen verschiedene Denkrichtungen der Befreiungstheologie vorgegangen ist. In zwei Erklärungen 1984 und 1986 verurteilte der Vatikan damals im Auftrag von Papst Johannes Paul II. die Befreiungstheologie, die er von marxistischen Ideen unterwandert sah. Bereits 1979 erklärte Johannes Paul II. vor der Vollversammlung der Lateinamerikanischen Bischofskonferenz im mexikanischen Puebla: »Diese Vorstellung von Christus als Politiker, als Revolutionär, als dem Subversiven von Nazareth, passt nicht zur Verkündigung der Kirche.« 1985 wurde einem der berühmtesten Vertreter dieser theologischen Denkrichtung, dem Franziskanerpater Leonardo Boff, Lehrverbot erteilt.

Obwohl Vatikanvertreter wie Joseph Ratzinger, selbst

noch in seiner Zeit als Papst, immer wieder betonten, dass es bei der vatikanischen Kritik immer nur um bestimmte Strömungen der Befreiungstheologie gegangen sei, ebenjene, die sich zu stark an marxistische Ideologien angelehnt hätten und die Kirche zu politischen Zwecken missbrauchen wollten, ist diese Differenzierung in der Öffentlichkeit so nicht wahrgenommen worden. Viele Gläubige reagierten auf das Vorgehen Roms mit Unverständnis, weil sie die »Option der Kirche für die Armen«, die zum Kerngedanken der Befreiungstheologie gehört, als ureigenste Aufgabe der Kirche ansahen. Dazu kam, dass auch in der Verkündigung von Papst Johannes Paul II. nach dem Ende des Kommunismus in Osteuropa die Kapitalismuskritik sowie die Forderung nach gerechteren Strukturen und Verteilung der Güter immer mehr in den Vordergrund rückten und damit eigentlich eine ähnliche Stoßrichtung wie die Befreiungstheologie einnahm. Kurzum – trotz dieser inhaltlichen Nähe galt die Befreiungstheologie im Vatikan und einem großen Teil des kirchlichen Führungspersonals quasi als »theologia non grata«.

Im Herbst 2013 sitzen nun der Präfekt der vatikanischen Glaubenskongregation Müller, der offizielle Cheftheologe des Vatikans, und der »Vater der Befreiungstheologie« Gutiérrez an einem Tisch und stellen ihr gemeinsames Buch vor. Flankiert wird dieses Ereignis von einer umfangreichen Berichterstattung der offiziellen Vatikanzeitung *L'Osservatore Romano* über die Befreiungstheologie. Am 4. September 2013 ist dort zu lesen: »Mit einem lateinamerikanischen Papst konnte die Befreiungstheologie nicht lange in dem Schattenkegel bleiben, in den sie seit einigen Jahren verbannt worden war, zumindest in Europa.« Sie sei durch ein doppeltes Vorurteil dorthin gekommen: zum einen, dass sie Opfer des römischen Lehramts geworden sei, zum anderen, dass sie eine zu linke und damit tendenziöse Theologie gewesen sei. Kein Geringerer als Gustavo Gutiérrez selbst, der mit seinem 1969 erschienenen Buch »Theologie der Befreiung« der ganzen Bewegung den Namen gegeben hatte, bekam wenige Tage später die Gelegenheit, in einem Interview mit der Vatikanzeitung seine Sicht der Dinge darzustellen. Die Befreiungstheologie, so Gutiérrez, sei heute bekannter denn je und daher auch geschätzter denn je. Am selben Tag, an dem das Interview erscheint, dem 11. September 2013, trifft Gutiérrez Papst Franziskus. Der Vatikan legt zwar Wert darauf, dass es keine offizielle Audienz gegeben habe. Doch der Dominikanerpater nimmt an der Morgenmesse des Papstes in Santa Marta teil und spricht anschließend auch mit Franziskus. Eingefädelt hat das Ganze der oberste päpstliche Glaubenshüter Gerhard Ludwig Müller, den eine jahrzehntelange Freundschaft mit Gustavo Gutiérrez verbindet. Für diese Aktion muss Müller auch Prügel einstecken. Der Erzbischof von Lima, Kardinal Juan Luis Cipriani Thorne, kritisiert den Glaubenspräfekten dafür öffentlich. Gegenüber Medien erklärt der peruanische Kardinal, Müller sei ein »guter Deutscher, ein guter Theologe und ein wenig naiv«.

Für Müller gehört die Theologie der Befreiung wesentlich zur Kirche dazu. Sie sei ein Beispiel für den Pluralismus innerhalb der Theologie. Die lateinamerikanische Theologie bringe neue Aspekte zum Vorschein, die die europäische Theologie, die oft verkrustet sei, ergänze. Ähnlich sieht das der brasilianische Kardinal João Braz de Aviz, den Papst Benedikt XVI. Anfang 2011 zum Chef der Ordenskongregation ernannt hatte und den Papst Franziskus ebenfalls in seinem Amt bestätigt hat: »Die Befreiungstheologie ist nicht nur nützlich, sondern sogar notwendig, denn sie hat uns geholfen, die vorrangige Option für die Armen zu entdecken.« Angesichts der neuen »Großwetterlage« im Vatikan ist es daher nicht sehr verwunderlich, dass prominente

Vertreter der Befreiungstheologie sehr positiv über Papst Franziskus urteilen. Gustavo Gutiérrez erklärt im Interview mit der Vatikanzeitung: »In der Bibel sprechen die Propheten von vielen Dingen. Aber das einzige Thema, über das alle sprechen, ist die Armut und die Armen.« In diesem Sinn sieht Gutiérrez das Handeln und die Worte des amtierenden Papstes als prophetisch an. Auch Leonardo Boff, der wegen der Auseinandersetzungen mit dem Vatikan um die Befreiungstheologie 1992 den Franziskanerorden verließ und sich in den Laienstand zurückversetzen ließ, setzt große Hoffnungen in Franziskus. In einem Beitrag für die linke italienische Tageszeitung *Il Manifesto* hatte Boff bereits im Juli 2013 geschrieben, dass nach einem »kirchlichen Winter« mit Franziskus ein neuer Frühling angebrochen sei. »Wir kommen von zwei Pontifikaten, die von einer Rückkehr zur großen Disziplin und der Kontrolle der Lehre geprägt waren. Diese Strategie hat eine Art Winter verursacht, in dem viele Initiativen eingefroren wurden. Mit Papst Franziskus, der von außerhalb des alten europäischen Christentums gekommen ist, aus der Dritten Welt, ist ein Wind der Hoffnung gekommen, des Aufatmens, der Freude, den christlichen Glauben zu leben und zu denken. Die Kirche ist zurückgekehrt, ein geistliches Haus zu sein.«

Mit Papst Franziskus scheinen sich in Bezug auf die Theologie der Befreiung alte Fronten aufzuweichen. Der Papst selbst spricht wie selbstverständlich die Sprache der Befreiungstheologie, und deren Vertreter fühlen sich dadurch bestätigt, auch wenn es keine offizielle Rehabilitation der vom Vatikan gemaßregelten Theologen wie Boff oder Cardenal gegeben hat und vermutlich auch nicht geben wird. Sie haben in den 70er und 80er Jahren des vergangenen Jahrhunderts in Lateinamerika eine inkulturierte Form der Theologie entwickelt, die von der »Option für die Armen« geprägt war. Die ersten Diskussionen setzen bereits 1955 bei der ersten CELAM-Konferenz in Rio de Janeiro ein. Der CELAM ist der Zusammenschluss der Bischofskonferenzen Lateinamerikas und der Karibik. Die Debatten um die konkrete Ausrichtung der Kirche in Lateinamerika angesichts der gesellschaftspolitischen Situation, die gekennzeichnet ist von Armut, Ungerechtigkeit und diktatorischen Regimen in unterschiedlichen Ausprägungen, wird durch das II. Vatikanische Konzil, das Mitte der 60er Jahre in Rom stattfindet, befeuert. Die einleitenden Worte der Konzilskonstitution *Gaudium et Spes* werden gleichsam auf den folgenden CELAM-Konferenzen in ein Programm gegossen: »Freude und Hoffnung, Trauer und Angst der Menschen von heute, besonders der Armen und Bedrängten aller Art, sind auch Freude und Hoffnung, Trauer und Angst der Jünger Christi.« (GS 1) Weiter heißt es dort über das Verhältnis politischer Gemeinschaft und Kirche: »Immer und überall aber nimmt sie [die Kirche] das Recht in Anspruch, in wahrer Freiheit den Glauben zu verkünden, ihre Soziallehre kundzumachen, ihren Auftrag unter den Menschen unbehindert zu erfüllen und auch politische Angelegenheiten einer sittlichen Beurteilung zu unterstellen, wenn die Grundrechte der menschlichen Person oder das Heil der Seelen es verlangen.« (GS 76) Mit dieser Vorlage entfalten die Bischöfe auf der zweiten CELAM-Generalversammlung 1968 in Medellín das Konzept der Theologie der Befreiung der Menschen aus Ausbeutung, Unterdrückung und Entrechtung. Ganz praktisch entsteht die Befreiungstheologie in den 1960er Jahren in kirchlichen Basisgemeinschaften. Dort machen sich Laien und Priester gemeinsam Gedanken, wie sie die Menschen aus dem Elend befreien können. Sie fühlen sich von der Kirchenhierarchie im Stich gelassen und nehmen das Heft selbst in die Hand. Geleitet vom Prinzip »sehen, urteilen, handeln« suchen sie nach Lösungen. Bei der Frage nach den Kategorien, um die gesellschaftliche Situation zu beurteilen, bedienen sich einige Strömungen der Befreiungstheologie auch marxistischer und sozialistischer Denkmodelle. Diese Entwicklungen lehnt der Vatikan ab.

Jorge Mario Bergoglio bekommt die Diskussionen um die Theologie der Befreiung ab den 1970er Jahren hautnah mit. Ab 1973 ist er Provinzial der Jesuiten in Argentinien. 1974/1975 findet die 32. Generalkongregation der Jesuiten statt, das höchste beschlussfassende Gremium des Ordens, das in unregelmäßigen Abständen Vertreter aller Provinzen und Einrichtungen vereinigt. Die Teilnehmer formulieren als Arbeitsfelder: »Der Auftrag der Gesellschaft Jesu besteht heute im Dienst am Glauben, zu dem die Förderung der Gerechtigkeit notwendig dazugehört.« Dies bedeutet, dass der Aspekt der Gerechtigkeit fortan nicht mehr ein Feld neben den anderen Aktivitäten des Ordens ist, sondern dass alle Tätigkeiten durch ihn geprägt sein sollen. In der Folgezeit gibt es heftige Diskussionen innerhalb des Ordens und mit dem Vatikan, wie dieser Auftrag konkret umgesetzt werden sollte. Bergoglio steht damit mitten im Streit um die »Option für die Armen«. Er lehnt eine zu politische Auslegung ab, setzt eher bei der konkreten Hilfe für die Menschen an. Bergoglio zeigt sich sehr reserviert gegenüber einer allzu ideologisch agierenden Theologie der Befreiung. Allerdings ist es schwierig, Bergoglio exakt in Bezug auf die Befreiungstheologie zu verorten. Denn, was in Europa kaum wahrgenommen wird, es gibt nicht die eine Befreiungstheologie, sondern es entwickeln sich verschiedene Strömungen.

Der argentinische Theologe, Philosoph und Jesuit, Juan Carlos Scannone, hat bereits Ende der 1970er Jahre eine Kategorisierung der verschiedenen Strömungen der Befreiungstheologie versucht, die bis heute von vielen Fachleuten rezipiert wird. Scannone hat viele Jahre mit Jorge Mario Bergoglio im Seminar in San Miguel in Buenos Aires zusammengearbeitet und gelebt. Noch heute halten die beiden engen Kontakt. Scannone unterscheidet drei, streng genommen sogar vier verschiedene Strömungen der Befreiungstheologie: 1. Die Befreiungstheologie, die in der pastoralen Praxis der institutionalisierten Kirche ihren Ausgangspunkt nimmt. 2. Die Befreiungstheologie, die von der Praxis revolutionärer Gruppen ausgeht und gegenüber der Amtskirche höchst kritisch auftritt. 3. Die Befreiungstheologie, die in der historischen Praxis ihren Ausgangspunkt nimmt. Hier ordnet er Befreiungstheologen wie Leonardo Boff und Gustavo Gutiérrez ein. 4. Die Befreiungstheologie, die stark von der Volksfrömmigkeit geprägt ist. Diese »Theologie des Volkes« versucht die »Option für die Armen« aus einer anderen, ganz eigenen Perspektive heraus umzusetzen. Demnach muss die Theologie sehr stark auf das Volk hören und im Gespräch mit den Menschen sein, ihre konkreten Bedürfnisse erfragen und daraus das entsprechende Handeln im Licht des Evangeliums entwickeln. Es geht darum, von den Armen zu lernen. Das ist eine Variante, die vor allem in Argentinien vertreten ist. Es ist die Befreiungstheologie Bergoglios.

Diese Form der Befreiungstheologie ist ganz eng mit zwei Namen verbunden: Lucio Gera (1924–2012) und Rafael Tello (1917–2002), zwei argentinische Theologen, die Bergoglio sehr schätzt. Sie arbeiten in der Pastoralkommission COEPAL mit, die die argentinischen Bischöfe nach ihrer Rückkehr vom II. Vatikanischen Konzil einrichten, um die Beschlüsse der wichtigsten Bischofsversammlung der katholischen Kirche in der Neuzeit für Argentinien zu übersetzen. Gera wird am 16. Januar 1924 in Pasiano in der italienischen Provinz Udine geboren und wandert 1927 mit seinen Eltern nach Buenos Aires aus. Er wächst in der argentinischen Metropole in einem Umfeld auf, das von Armut und Arbeitslosigkeit geprägt ist. Er wird Priester, studiert in Buenos Aires und Rom Theologie, promoviert schließlich in Bonn bei Johann Auer. Zurück in Argentinien, lehrt er ab 1957 als Dogmatikprofessor. Daneben bleibt er immer auch als Seelsorger in den Armenvierteln von Buenos Aires aktiv. Gera ist Mitglied der Bewegung »Priester für die Dritte Welt«. Sie ist in den 1960er Jahren in den Armenvierteln Argentiniens entstanden, um aktiv gegen die sozialen Missstände zu kämpfen.

Lucio Gera zählt zu den Vätern der Befreiungstheologie. Er war auf dem II. Vatikanischen Konzil theologischer Berater für die argentinischen Bischöfe. Die lateinamerikanischen Konzilstheologen hatten sich 1964 im brasilianischen Petropolis getroffen. Dort war auch Gustavo Gutiérrez dabei. Obwohl damals der Begriff der Inkulturation noch nicht verwendet wurde, versuchten die Theologen erste Ansätze einer Theologie, die aus dem lateinamerikanischen Kontext heraus gedacht wird. Hier wird grundgelegt, was später in Medellín detaillierter ausformuliert und schließlich zur Befreiungstheologie Lateinamerikas wird. Gustavo Gutiérrez bezieht sich in seinem großen Werk »Theologie der Befreiung«, das dieser neuen theologischen Strömungen erst den Namen gibt, ausdrücklich bei der Namensgebung auf Gera. Der prägt die CELAM-Konferenzen in Medellín (1968) und Puebla (1979) mit der Entfaltung der »Option für die Armen« entscheidend mit. Angesichts dieser starken befreiungstheologischen Prägung Geras verwundert es aus heutiger Perspektive etwas, dass Papst Paul VI. den argentinischen Theologen 1969 in die Internationale Theologenkommission berief. Später wird Gera auch Mitglied im Päpstlichen Rat für die Laien. Als er am 7. August 2012 stirbt, wird er auf ausdrücklichen Wunsch von Kardinal Bergoglio in der Krypta der Kathedrale von Buenos Aires bestattet, in der eigentlich nur Bischöfe und Kanoniker beigesetzt werden. Das sorgt für Aufsehen und Kritik, zumal Gera ein einfacher Priester und dazu noch Mitglied der Bewegung »Priester für die Dritte Welt« war. Doch Bergoglio lässt sich nicht beirren und setzt dazu noch ein Zeichen. Auf der Grabplatte steht geschrieben: Meister der Theologie. Bergoglio bezeichnet Gera selbst immer wieder als seinen Lehrer.

Der Theologe Rafael Tello ist außerhalb Argentiniens noch weniger bekannt als Gera. Am 7. August 1917 in La Plata geboren, wird er zunächst Anwalt. 1945 tritt er ins Seminar des Erzbistums Buenos Aires ein. 1950 wird er zum Priester geweiht, und ab 1958 lehrt er als Professor an der Theologischen Fakultät in Buenos Aires. Wie Gera steht er der Bewegung »Priester für die Dritte Welt« sehr nahe. Tello engagiert sich in der Jugendpastoral und Studentenseelsorge. 1975 initiiert er die erste Jugendwallfahrt zur Jungfrau von Luján, dem Nationalheiligtum Argentiniens vor den Toren der Hauptstadt. Daran nehmen 25 000 Jugendliche teil. Die Wallfahrt findet bis heute am ersten Oktoberwochenende statt. Mittlerweile hat sie sich zur großen Nationalwallfahrt entwickelt, an der bis zu einer Million Menschen teilnehmen. Hier wird die Volksfrömmigkeit greifbar, die Jorge Mario Bergoglio geprägt hat und die er bis heute lebt. 1979 kommt es zum Konflikt zwischen Rafael Tello und dem damaligen Erzbischof von Buenos Aires, Kardinal Juan Carlos Aramburu. Tello beendet seine Lehrtätigkeit und führt fortan ein zurückgezogenes Leben. Er stirbt am 19. April 2002 in Luján. Bergoglio rehabilitiert Tello, kurz nachdem er Erzbischof geworden war. Bei der Vorstellung eines Buches über Tello und seine Theologie im Mai 2012 an der katholischen Universität in Buenos Aires bezeichnet Bergoglio diesen als »einen der bedeutendsten Theologen unserer argentinischen Kirche«, den man noch nicht genügend gewürdigt habe. Tello habe in schwierigen Zeiten gelebt und gearbeitet. »Die Unruhen der 70er Jahre waren eine echte Feuerprobe für die Mitarbeiter der Pastoral in den Armenvierteln. In jenem heiklen Kontext suchte Tello getreu nach Wegen der ganzheitlichen Befreiung unseres Volkes und verkündete die Neuheit des Evangeliums bis ins Letzte, ohne in den Reduktionismus der Ideologien zu verfallen.« Tello habe in seinem Werk »die Extreme des säkular-politisierten Aktivismus einerseits und der fatalistischen Resignation andererseits« gemieden. Er habe nach dem »heilbringenden Wirken Gottes im Volk« gesucht.

Mit dieser Charakterisierung Tellos klingt bereits an, was den argentinischen Weg der Befreiungstheologie ausmacht. Es gibt verschiedene Elemente, in denen sich diese Variante von der klassischen Befreiungstheologie, wie sie vor allem in Europa bekannt ist, unterscheidet. Man vermeidet völlig den Rückgriff auf marxistische oder sozialistische Denkmuster zur Analyse der gesellschaftlichen und politischen Situation. Das bedeutet nicht, dass auf die Mittel der Sozialwissenschaften völlig verzichtet wird, aber es werden zur Analyse auch noch die Humanwissenschaften wie Geschichtswissenschaften, Kultur- und Religionswissenschaften herangezogen. Dazu kommt die Aufwertung der Volksfrömmigkeit. Während viele Theologen und theologische Strömungen die Volksfrömmigkeit in der Folge des II. Vatikanischen Konzils eher vernachlässigten, weil sie diese als vorkonziliar ansahen, bekommt diese hier einen ganz eigenen Wert. Die Volksfrömmigkeit wird als Ort anerkannt, an dem wirklicher Glaube bewahrt wird und aus der die Theologie lernen kann und muss. Deshalb spielt die »pastoral popular«, die Volkspastoral, auch eine wichtige Rolle in der Kirche Argentiniens. Dabei lernt das Volk von der Theologie und dem Lehramt und umgekehrt. In diesem Kontext sind auch die Aussagen von Papst Franziskus zu verstehen, wenn er vom Glaubenssinn der Gläubigen spricht, der diesen eigen ist und dazu führt, dass der Bischof »bei einigen Gelegenheiten hinter dem Volk hergehen wird, um denen zu helfen, die zurückgeblieben sind, und – vor allem – weil die Herde selbst ihren Spürsinn besitzt, um neue Wege zu finden« (EG 31).

Juan Luis Segundo, ein Jesuit und Befreiungstheologe aus Uruguay (1925–1996) bezeichnete als einer der ersten den argentinischen Weg als »Theologie des Volkes«. Dabei ist allerdings die besondere Bedeutung des Wortes »Volk« zu beachten. Es geht hier nicht um die Kategorie einer Rasse oder einer Nation. Bei der Größe »Volk« ist vielmehr der Gedanke der Gemeinschaft entscheidend. Volk ist nach Gera eine »Gemeinschaft von Menschen, die auf der Grundlage der Teilhabe an derselben Kultur vereint sind, die in geschichtlicher Perspektive ihre Kultur durch eine bestimmte politische Willensbildung bzw. Entscheidung konkretisieren«. In diesem Sinn versteht Gera die Armen als ein Volk. Denn eine der ersten Bedingungen, um zu einem Volk zu gehören, sei das Bewusstsein, anderer zu bedürfen. »Das ist für die Armen eine lebendige und verwundete Erfahrung.« Dahinter steckt der Gedanke, dass es in Lateinamerika die Armen sind, die die Identität des Volkes am besten bewahren, die es dann auch zu achten gilt. Die Unterdrückten und Ausgeschlossenen sind »nur« Volk. Das, was sie haben, ist ihre Kultur und ihre Religion sowie die Würde, Menschen zu sein und Volk zu sein. Dieses Volk kann selbst zum Subjekt des Handelns werden und unterscheidet sich dadurch von einer Masse, die passiv ist und alles mit sich geschehen lässt. Diese argentinische Vorstellung des Volkes trifft nun in Geras Theologie auf die »Volk-Gottes-Idee« des II. Vatikanischen Konzils.

Für Papst Franziskus ist das Bild der Kirche, das ihm am besten gefällt, das heilige Volk Gottes in Anlehnung an das

Konzilsdokument über die Kirche, *Lumen Gentium*. Im Interview mit den Jesuitenzeitschriften betont er: »Gott hat in der Heilsgeschichte ein Volk erlöst. Es gibt keine volle Identität ohne die Zugehörigkeit zu einem Volk. Niemand wird allein gerettet, als isoliertes Individuum. Gott zieht uns an sich und betrachtet dabei die komplexen Gebilde der zwischenmenschlichen Beziehungen, die sich in der menschlichen Gesellschaft abspielen. Gott tritt in diese Volksdynamik ein. [...] Die Kirche ist das Volk Gottes auf dem Weg der Geschichte.«

Die Gläubigen sind gemeinsam als Volk Gottes unterwegs. Das Volk Gottes darf also auch nicht als ein Gegenüber zum Klerus verstanden werden. Volk Gottes sind alle Gläubigen. Jedes Glied dieses Volkes kann auch Subjekt kirchlichen Handelns sein. Entsprechend kommen Laien wie Priestern ganz bestimmte Aufgaben auf dem gemeinsamen Weg zu. Lucio Gera übernimmt die Idee des »Volkes Gottes« als Hauptkategorie für seine Lehre von der Kirche. Entsprechend heißt es in dem Dokument von San Miguel, das die argentinische Bischofskonferenz 1969 als ihre Antwort auf das Konzil veröffentlicht: »Das Handeln der Kirche darf nicht nur zum Volk hin orientiert sein, sondern auch und ganz wesentlich vom Volk selbst her.« Bei der Theologie des Volkes geht es darum, die Trennung von Theologie, Pastoral und Spiritualität zu überwinden. Gera versucht eine Synthese aus Glauben, Vernunft und Theologie sowie Volksfrömmigkeit, um damit wiederum die Pastoral der Kirche zu befruchten.

Für Jorge Mario Bergoglio sind es vor allem zwei Realitäten, die den lateinamerikanischen Kontinent in den vergangenen 500 Jahren kennzeichnen: die Armut und das Christentum. Das Christentum, so Bergoglio bei der Präsentation des Tello-Buches 2012, habe daher dort ein besonderes Kolorit, das sich in den vielfältigen Formen der

Volksfrömmigkeit manifestiert wie den Prozessionen von Menschenmassen, der innigen Verehrung von religiösen Bildern, der tiefen Liebe zur Jungfrau Maria. Die Konferenz von Puebla habe dies mit den Worten zusammengefasst, dass das Evangelium in Lateinamerika eine »einmalige historisch-kulturelle Gestalt« angenommen habe. In diesem Sinn kann man sicher sogar noch einen Schritt weitergehen. Lateinamerika ist wohl der einzige Kontinent außerhalb Europas, der mit der Theologie der Befreiung in ihren unterschiedlichen Ausprägungen eine eigene kontinentale Theologie entwickelt hat. Dabei ist die Volksfrömmigkeit ein konstitutiver Bestandteil. Im Abschlussdokument der fünften CELAM-Generalversammlung in Aparecida 2007, das unter der Redaktionsleitung von Kardinal Jorge Mario Bergoglio entstanden ist, heißt es dazu: »Wir dürfen die Spiritualität des einfachen Volkes nicht geringschätzen oder sie als belanglos für das christliche Leben ansehen; denn damit würden wir das Wirken des Heiligen Geistes und die zuvorkommende Initiative göttlicher Liebe missachten. [...] Die Volksfrömmigkeit ist eine legitime Art, den Glauben zu leben, eine Weise, sich zur Kirche zugehörig zu fühlen, und eine Form, missionarisch zu sein, die die tiefsten Schwingungen des unergründlichen Amerikas aufnimmt.« (DA 263f.) Nach Aparecida dürfe die Volksfrömmigkeit nicht mehr »wie das Aschenputtel« behandelt werden, so Bergoglio. »Die Kirche hat sich zur vorrangigen Option für die Armen entschieden, und das muss uns dazu führen, ihre kulturellen Arten, das Evangelium zu leben, kennenzulernen und zu schätzen.«

Neben dem starken Akzent auf Kultur und Volksfrömmigkeit gibt es noch einen weiteren historischen Aspekt, der für den Sonderweg der Befreiungstheologie in Argentinien wichtig ist. Es ist die politische und gesellschaftliche Bewegung des Peronismus, der seit den 1940er Jahren bis heute das Leben in Argentinien prägt. Namensgeber ist Juan Perón, der 1946 erstmals Präsident wurde. Den Peronismus in allen Einzelheiten sowie die Wandlungen dieser sozio-kulturellen Bewegung im Laufe der Jahrzehnte zu erklären würde den Rahmen dieses Buches sprengen. Interessant für unseren Kontext hier ist, dass Perón und seine Mitstreiter es schafften, sich auch der Anliegen der Arbeiter und Landlosen anzunehmen. Sie setzten sich als ein politisches Ziel, die Lebensverhältnisse der breiten mittleren und unteren Bevölkerungsschichten zu verbessern unter anderem durch die Verstaatlichung des Großgrundbesitzes. Allerdings stießen sie damit auf heftigen Widerstand bei den Wohlhabenden. Gustavo Gutiérrez stellt dazu einmal fest, dass sich in Argentinien die Theologie nicht der marxistischen Kategorien bedienen musste, weil es den Peronismus gab. Die Bewegung, die das Klassenbewusstsein der Arbeiter im Land aufgefangen hat, war nicht der Marxismus, sondern der Peronismus. Er hat der Arbeiterklasse zu einem Selbstbewusstsein verholfen. Dazu kommt, dass der Peronismus ganz stark in der Volkskultur verwurzelt ist. Dazu hatten die Peronisten an den Universitäten sogenannte »Cátedras nacionales« gegründet. Justino O'Farrell hatte einen dieser »Nationallehrstühle« für Sozialwissenschaften an der Universität von Buenos Aires inne und arbeitete zugleich in der Pastoralkommission COEPAL der Bischofskonferenz mit. Die Cátedras nacionales versuchten, Kategorien für die Deutung der Geschichte und der Situation Argentiniens sowie Lateinamerikas zu erarbeiten, die weder vom Liberalismus noch vom Marxismus geprägt waren, sondern von der Geschichte des Kontinents und dabei besonders von der Zeit nach der Befreiung vom spanischen Kolonialismus im 19. Jahrhundert. Hier spielt das argentinische Nationalepos »Martín Fierro« eine wichtige Rolle mit den Figuren der Campesinos (Bauern) und der Gauchos (Viehhirten), einheimischen Charakteren, mit denen sich die arme Bevölkerung identifizieren und von europäischen Einflüssen abgrenzen konnte. Der Gauchito Gil ist heute in Argentinien ein populärer Volksheiliger, obwohl er von der katholischen Kirche nie offiziell heiliggesprochen wurde. Gauchito Gil lebte im 19. Jahrhundert und war der Legende nach eine Art argentinischer Robin Hood. Vor allem im Osten und Nordosten Argentiniens, aber auch in der Provinz Buenos Aires zieren kleine Gauchito-Bildstöcke mit roten Fahnen den Straßenrand. Gauchito gehört zur Volksfrömmigkeit Argentiniens wie die Jungfrau von Luján, San Cayetan und viele andere Heilige.

In dieser Gemengelage entstand die argentinische Theologie des Volkes. Diese Form der Befreiungstheologie hat auch eine stark politische Komponente. Die Menschen kämpfen um Befreiung aus ihrer Situation aus religiöser Motivation heraus, nicht nur aus sozialen oder politischen Gründen. Es geht nicht um Parteipolitik, sondern um einen parteiübergreifenden Einsatz für das Gemeinwohl, das allen Menschen gleichermaßen dient. Die Volkspastoral begleitet die Menschen auf diesem Weg. In diesem Sinn verstand auch Jorge Mario Bergoglio als Erzbischof von Buenos Aires seine Aufgabe darin, Ungerechtigkeit, Korruption und Ausbeutung anzuprangern und eine Reform der politischen sowie wirtschaftlichen Systeme und des Verhaltens der Verantwortlichen zu fordern. Um dabei sauber argumentieren zu können, gründete er im Oktober 2001 als Großkanzler der Katholischen Universität von Buenos Aires – kurz UCA – das »Observatorium für soziale Schuld«. Das ist ein sozialwissenschaftliches Institut zur Analyse der gesellschaftlichen Situation in Argentinien. Der Name wirkt zunächst etwas befremdlich, erklärt sich aber durch die Zielsetzung der Arbeit. Die rund ein Dutzend Wissenschaftler, Soziologen, Philosophen und Theologen versuchen die »soziale Verschuldung« Argentiniens gegenüber seinen Bürgern aufzuzeigen. Analog zur Staatsverschuldung, die der Staat gegenüber Banken und internationalen Geldgebern hat, wird hier versucht, die »soziale Verschuldung« gegenüber den Bürgern zu erfassen. Wo hat der Staat etwas unterlassen, das die Entwicklung und den Zusammenhalt der Gesellschaft fördert. Das können fehlende Investitionen in Bildung und Infrastruktur sein oder der mangelnde Kampf gegen Korruption und Gewalt. Dank der Unterstützung von Bergoglio hat es das Institut geschafft, zu einer unabhängigen und anerkannten Stimme der Gesellschaftsanalyse in Argentinien zu werden. Es genießt bei der Bevölkerung, aber auch den wenigen unabhängigen Medien großes Vertrauen, weil es keine politischen Abhängigkeiten gibt. Das UCA-Institut gilt als die einzige unabhängige Instanz und konkurriert mit dem staatlichen Statistikamt INDEC, dessen Zahlen von vielen Menschen in Argentinien angezweifelt werden. Oft differieren die Analysen erheblich. Während etwa das offizielle Statistikamt INDEC angibt, dass im Jahr 2012 nur 5,4 Prozent der argentinischen Bevölkerung, also zwei Millionen Menschen, in Armut lebten, sind es laut UCA-Institut 26,9 Prozent, 10,7 Millionen Menschen. Diese Differenzen führen oft zu Spannungen im Verhältnis zwischen Staat und Kirche. Mit Hilfe des UCA-Instituts gelingt es der katholischen Kirche im Land, ihre Kritik an den sozialen Missständen wissenschaftlich fundiert zu untermauern.

Der Jesuit Jorge Mario Bergoglio weiß, wie wichtig diese wissenschaftlich belegten Zahlen sind. Doch sind die sozialwissenschaftlichen Analysen nicht der eigentliche Grund und Antrieb für seinen Einsatz für die Armen und für mehr Gerechtigkeit. Bergoglio möchte eine radikale Christusnachfolge leben, als Erzbischof und auch als Papst. »Aus unserem Glauben an Christus, der arm geworden und den

Armen und Ausgeschlossenen immer nahe ist, ergibt sich die Sorge um die ganzheitliche Entwicklung der am stärksten vernachlässigten Mitglieder der Gesellschaft. Jeder Christ und jede Gemeinschaft ist berufen, Werkzeug Gottes für die Befreiung und die Förderung der Armen zu sein, so dass sie sich vollkommen in die Gesellschaft einfügen können. Das setzt voraus, dass wir gefügig sind und aufmerksam, um den Schrei des Armen zu hören und ihm zu Hilfe zu kommen.« (EG 186 f.) In seinem Verhalten als Erzbischof und Papst erinnert Franziskus an die Konzilsväter, die sich am Rande des II. Vatikanischen Konzils im sogenannten »Katakombenpakt« zusammengeschlossen hatten. Sie verpflichteten sich darauf, eine arme Kirche an der Seite der Armen zu leben, auf bischöflichen Prunk und Machtinsignien zu verzichten. Es ist nicht bekannt, dass Bergoglio sich in seinem Handeln ausdrücklich auf diese Vereinbarung berufen würde. Doch durch sein Handeln, seinen Stil und seine Worte scheint sich das durchzusetzen, was die rund 40 Konzilsväter damals für sich als »Zeichen der Zeit« erkannt hatten. Später schlossen sich noch andere Bischöfe dem Pakt an. Der hat seinen Namen vom Ort, an dem sich die Initiatoren zur Unterzeichnung der Selbstverpflichtung getroffen hatten: der Domitilla-Katakombe in Rom. Sie hatten sich von den Worten von Papst Johannes XXIII. inspirieren lassen. Der hatte einen Monat vor Beginn des II. Vatikanischen Konzils in einer »Botschaft an die Katholiken der Welt« seine Erwartungen an das Konzil formuliert. Dabei sprach er von einer »Kirche der Armen«: »Gegenüber den unterentwickelten Ländern erweist sich die Kirche als das, was sie ist und sein will, die Kirche aller, vornehmlich die Kirche der Armen.« In Bezug auf die Bedürfnisse und Nöte der Völker stellt er dann fest: »Die Vernachlässigung der Pflichten, die sich aus dem siebten Gebot [Du sollst nicht stehlen] ergeben: Das soziale Elend, das um Rache schreit vor dem Angesicht des Herrn, das alles muss deutlich in Erinnerung gebracht und beklagt werden. Pflicht eines jeden Menschen ist es, den Überfluss mit dem Maß der Not der anderen zu messen und genau darüber zu wachen, dass die Verwaltung und Verteilung der geschaffenen Güter allen zum Vorteil gereichen.«

Würde man den Autor dieser Worte nicht kennen, könnten man denken, sie stammen von Papst Franziskus. Man erkennt die Nähe des amtierenden Pontifex zu seinem Vorgänger Johannes XXIII. Daher lohnt es sich, um Franziskus besser zu verstehen, neben den theologischen Wurzeln der Theologie des Volkes auch noch andere Quellen aufzutun, die ihn inspirieren.

PÄPSTE, THEOLOGEN
UND PHILOSOPHEN

Die philosophischen und theologischen Wurzeln des Jorge Mario Bergoglio

Papst Franziskus ist kein wissenschaftlicher systematischer Theologe. Ein Promotionsprojekt hatte er zwar in den 1980er Jahren einmal angedacht. Doch es wurde nie realisiert. Ob er es sich wirklich, wie er einmal schmunzelnd feststellte, auf die Zeit nach seiner Pensionierung als Erzbischof von Buenos Aires aufgehoben hat, sei dahingestellt. Wer den Pontifex allerdings als theologisches Leichtgewicht einschätzt, der irrt. Darauf weist der argentinische Theologe Carlos Maria Galli hin. Jorge Mario Bergoglio habe vielleicht kein eigenes theologisches Werk geschaffen, aber er habe die Werke der großen Theologen seiner Zeit gelesen und verinnerlicht. Das gilt nicht nur für die bereits näher beleuchteten argentinischen Befreiungstheologen Lucio Gera und Rafael Tello, sondern für eine große Zahl weiterer, vor allem auch europäischer Theologen wie Romano Guardini, Hans Urs von Balthasar, Henri de Lubac, Yves Congar oder Karl Rahner. Es fällt auf, dass es sich hier um Theologen handelt, die entweder selbst am II. Vatikanischen Konzil als offizielle Konzilstheologen beteiligt waren oder in ihrer Arbeit die konziliare Theologie vorbereitet, umgesetzt oder weiterentwickelt haben. Papst Franziskus ist der erste »nachkonziliare Papst«. Natürlich kennt Jorge Mario Bergoglio die vorkonziliare Kirche. 1936 geboren, wird er in ihr religiös sozialisiert und erfährt in dieser Kirche in den 1950er Jahren seine Berufung. Zwar tritt er schon 1958 in den Jesuitenorden ein, doch das Theologiestudium absolviert er erst ab 1967, also zwei Jahre nach Ende des Konzils. Er erlebt so die Diskussionen und das Ringen um die theologische Erneuerung hautnah mit. Das prägt ihn. Und die Päpste dieser Zeit prägen ihn: Johannes XXIII. und Paul VI.

Bergoglio empfindet großen Respekt gegenüber den beiden Päpsten Johannes Paul II. und Benedikt XVI. angesichts ihrer Leistungen für die Kirche und ihre tiefe Verwurzelung im christlichen Glauben. Doch große Zuneigung verspürt Bergoglio vor allem gegenüber den beiden Päpsten Johannes XXIII. und Paul VI. Um ein Haar hätte Jorge Mario Bergoglio nach seiner Wahl zum Papst den Namen Johannes XXIV. gewählt. Das erzählte er dem langjährigen Sekretär von Papst Roncalli, Kardinal Loris Francesco Capovilla. Zu Johannes XXIII., der von 1958 bis 1963 Papst war, hat Franziskus ein ganz besonderes Verhältnis. Das zeigt sich nicht zuletzt daran, dass er den Heiligsprechungsprozess Roncallis beschleunigte und von der Notwendigkeit eines zweiten Wunders für die Zeit nach der Seligsprechung im September 2000 befreite. So konnte er ihn zusammen mit Papst Johannes Paul II. am 27. April 2014 heiligsprechen. Wenn Franziskus von Johannes XXIII. spricht, hört es sich beinahe wie eine Selbstbeschreibung an. »Johannes XXIII. ist ein wenig die Gestalt des ›Landpriesters‹: der Priester, der jeden der Gläubigen liebt, der es versteht, für die Gläubigen zu sorgen.« In Johannes XXIII. findet Franziskus einen Papst, der ein menschlicheres Papstbild prägt. Nach dem streng und asketisch wirkenden Papst Pius XII. eroberte der Bauernsohn aus Norditalien mit seinem stattlichen Leibesumfang und dem gütigen Lächeln schnell die Herzen der Menschen, weit über die katholische Kirche hinaus.

Johannes XXIII. strahlte Güte, Wärme und Menschenfreundlichkeit aus. Schon bald nannten ihn die Menschen den »papa buono«, den »guten Papst«.

Bei einer Begegnung mit Gläubigen aus dem Heimatbistum von Roncalli am 50. Todestag von Johannes XXIII. am 3. Juni 2013 würdigte Franziskus seinen Vorgänger als »Hirten und Vater« für die ganze Welt und hob besonders dessen Güte hervor. »Es steht ganz außer Zweifel, dass das ein ganz charakteristischer Zug seiner Persönlichkeit war, der es ihm gestattete, überall dauerhafte Freundschaften zu schließen.« Roncalli habe die Gabe gehabt, gerade auch in Milieus, »die unendlich weit von jenem katholischen Universum entfernt waren, in dem er geboren und aufgewachsen war, [...] Verbindungen zu knüpfen und Einheit zu schaffen, innerhalb und auch außerhalb der kirchlichen Gemeinschaft, offen auch für den Dialog mit Christen anderer Kirchen, mit Vertretern des Judentums und des Islam und mit vielen anderen Menschen guten Willens.« Franziskus führt das auf die tiefe Verwurzelung Roncallis im katholischen Glauben zurück sowie auf dessen Offenheit für das Wirken und die Führung des Heiligen Geistes. »Fünfzig Jahre nach seinem Tod sind die weise und väterliche Führung durch Papst Johannes, seine Liebe zur Tradition der Kirche und das Wissen um die unablässige Notwendigkeit des ›Aggiornamento‹, die prophetische Intuition der Einberufung des II. Vatikanischen Konzils und das Opfer seines eigenen Lebens für dessen gutes Gelingen weiterhin Meilensteine in der Geschichte der Kirche des 20. Jahrhunderts und ein klarer Orientierungspunkt für den Weg, der vor uns liegt.«

Der Mut, das Konzil zu wagen, obwohl der Ausgang bei der Einberufung völlig offen war, war kennzeichnend für Johannes XXIII. Er machte diesen Schritt, weil er fest in der Tradition der katholischen Kirche verwurzelt war. Gerade weil er ein Konservativer war, konnte er Neues wagen und gegen die Unheilspropheten, die in der Moderne immer nur etwas Schlechtes sahen, sagen: Wir wollen einen Sprung nach vorne riskieren. Wir können springen, weil wir auf sicherem Fundament stehen. In dieser Haltung erinnert er sehr an Papst Franziskus, der fest im christlichen Glauben und der Tradition verankert steht und sich daher frei fühlt, Neues zu wagen, die Türen aufzureißen und hinauszugehen, bzw. die Kirche auffordert, hinauszugehen zu den Menschen, an die Ränder der Gesellschaft, kreative pastorale Lösungen zu suchen. Franziskus ist sich bewusst, dass dabei auch etwas schiefgehen kann. Es gilt auch hier: »Mir ist eine ›verbeulte‹ Kirche, die verletzt und beschmutzt ist, weil sie auf die Straßen hinausgegangen ist, lieber als eine Kirche, die aufgrund ihrer Verschlossenheit und ihrer Bequemlichkeit, sich an die eigenen Sicherheiten zu klammern, krank ist.« (EG 49)

Franziskus teilt mit Johannes XXIII. auch noch eine andere Erfahrung. Roncalli war vor seiner Wahl zum Papst Vertreter des Vatikans in verschiedenen Ländern gewesen, darunter der mehrheitlich islamischen Türkei und dem laizistischen Frankreich, beides keine leichten »Pflaster« für einen katholischen Diplomaten. Dort lernte er ganz andere Denkformen kennen und hatte den Eindruck, dass die vatikanische Zentrale diese nicht richtig erfassen konnte und wollte. Roncalli erlebte die römische Kurie eher als Bremser denn als Unterstützer. In seinen Tagebüchern beschreibt er diese Erfahrungen. Die Sorgen und der Ärger, den er bei seinen Einsätzen hatte und die ihm gemacht wurden, kamen demnach nicht von vor Ort, sondern aus Rom. Er fühlte sich von der Verwaltung, vor allem vom Staatssekretariat, nicht richtig behandelt, weil man dort nicht den Überblick habe über die Unterschiedlichkeit, die sich mittlerweile in der Welt durchgesetzt habe. Weil Johannes XXIII. nach seiner Wahl aufgrund einer gewissen Provinzialität der römischen Kurie dieser die notwendigen Reformen nicht zutraute, rief er die Bischöfe aus der ganzen Welt zum Konzil zusammen, um die Kirche in die Moderne zu holen. Auch bei Franziskus lässt sich eine Reserviertheit gegenüber der römischen Kurie feststellen. Er holt sich mit der K9-Gruppe von außen Rat. Selbst die schwierigen Erfahrungen mit der Kurie in seiner Zeit vor der Papstwahl teilt er mit Roncalli. Ganz zu schweigen von der Eigenart, gelegentlich seine Bischofswohnung zu verlassen und sich unters Volk zu mischen. Bergoglio erzählt einmal vom »Ritual des Schattens« Roncallis, das dieser in der Zeit als Patriarch von Venedig pflegte, wenn er immer gegen 11 Uhr auf den Markusplatz ging. »Es bestand darin, sich unter einen schattigen Baum oder das Vordach einer Bar zu stellen, ein Gläschen Weißwein zu trinken und ein paar Minuten mit den Pfarrangehörigen zu plaudern. Er machte das wie alle anderen Venezianer und setzte dann seine Arbeit fort. Das ist für mich ein Hirte: jemand, der auf die Menschen zugeht.« Jorge Mario Bergoglio pflegte in seiner Zeit als Erzbischof von Buenos Aires am Abend, nachdem die Geschäfte geschlossen hatten, durch die Straßen im Zentrum zu spazieren, um mit den Obdachlosen und Cartoñeros, Menschen, die auf größeren Leiterwagen die leeren Kartonagen der Geschäfte einsammelten, um vom Verkauf ein wenig zum Leben zu haben, zu plaudern und einen Mate-Tee zu trinken.

Ist es bei Johannes XXIII. eher seine Art des Handelns, die Mischung aus Verwurzelung im Glauben und gelassener Offenheit gegenüber Neuem sowie das Bewusstsein, dass die Kirche sich immer neu den Herausforderungen der Gegenwart stellen und sich verändern muss, so fasziniert Franziskus an Papst Paul VI. dessen Theologie und prophetische Weitsicht in den Fragen des Verhältnisses von Kirche und Welt. Paul VI., mit bürgerlichem Namen Giovanni Battista Montini, war von 1963 bis 1978 Papst. In einer Begegnung mit Gläubigen aus der Heimat Montinis, Brescia in Norditalien, charakterisiert Papst Franziskus seinen Vorgänger mit drei besonderen Eigenschaften: die Liebe zu Christus, die Liebe zur Kirche und die Liebe zum Menschen. Franziskus führt mehrere Texte von Paul VI. an, die für ihn eine »geistliche Kraft« gewesen seien. Er lese diese immer wieder, »weil es mir guttut«. Dazu gehören die Ansprache von Paul VI. bei seinem Heilig-Land-Besuch 1964 in Nazareth und die Ansprache bei seinem Besuch auf den Philippinen in Manila. Paul VI. bezeichnete damals Nazareth als »die Schule des Evangeliums«. An dem Ort, an dem Jesus der Tradition nach aufgewachsen ist, könne man die Methode erlernen, um Jesus zu verstehen. Vor allem drei Dinge könne man lernen: die Bedeutung der Stille, Sammlung und Innerlichkeit, die Bedeutung des Familienlebens und die Bedeutung der Arbeit. Dabei betonte Paul VI., dass Arbeit mehr ist als Selbstzweck und wirtschaftlicher Wert. An der Rede in Manila faszinieren Franziskus die Worte Pauls VI. über Christus: »Er ist derjenige, der uns kennt und uns liebt. Er ist der Weggefährte und Freund unseres Lebens. Er ist der Mann der Schmerzen und der Hoffnung. Er ist der, der kommen wird und eines Tages unser Richter sein wird und, so hoffen wir, die ewige Fülle unseres Lebens, unser Glück.« Vor allem ein Papier von Paul VI. ist für Franziskus wegweisend: das Apostolische Schreiben *Evangelii nuntiandi* – »über die Evangelisierung in der Welt von heute«. Das Urteil von Franziskus: »Für mich ist es das großartigste Dokument zur Pastoral, das bis heute geschrieben wurde.« Franziskus macht sich die Fragen zu eigen, die Paul VI. damals gestellt hat: »Ist sie [die Kirche] im Herzen der Welt verankert und dennoch frei und unabhängig genug, die Welt in Frage zu stellen? Gibt sie Zeugnis von der

Solidarität mit den Menschen und zugleich vom Absolutheitsanspruch Gottes? Ist sie eifriger in der Betrachtung und Anbetung? Ist sie engagierter in der Mission, Caritas und Befreiung? Setzt sie sich noch entschiedener für die Verwirklichung der vollkommenen Einheit unter den Christen ein, die das gemeinsame Zeugnis immer wirksamer macht, ›damit die Welt glaube‹?« Das sind die Fragen, die Franziskus ständig in seinen Ansprachen und Predigten formuliert. Er liegt hier ganz auf der Linie Pauls VI. *Evangelii nuntiandi* gehört zu den am meisten zitierten Dokumenten im Apostolischen Schreiben *Evangelii gaudium* von Papst Franziskus. Und auch im Abschlussdokument der CELAM-Generalversammlung in Aparecida 2007, für dessen Redaktion der damalige Kardinal Bergoglio verantwortlich zeichnete, war das Schreiben Pauls VI. ein zentraler Referenztext.

Auf der Spur von Paul VI. sieht sich Franziskus auch, wenn es um die Sorge für den Menschen geht und den Dialog mit der säkularen Welt. Franziskus erinnert beim Treffen mit den Gläubigen aus Brescia an die Ansprache Pauls VI. bei der letzten Sitzung des II. Vatikanischen Konzils, als dieser sagte: »Die alte Geschichte des barmherzigen Samariters war das Paradigma der Spiritualität des Konzils. Eine grenzenlose Sympathie hat es ganz durchdrungen. Die Entdeckung der menschlichen Bedürfnisse und Nöte […] Rechnet ihm zumindest dies als Verdienst an, ihr modernen Humanisten, die ihr auf die Transzendenz der höchsten Dinge verzichtet, und ihr werdet unseren neuen Humanismus erkennen: Auch wir sind, mehr noch als alle, Hüter des Menschseins.« Franziskus zieht für heute, durch »die Inspiration des großen Paul VI.«, das Fazit: »Die Kirche ist die Dienerin des Menschen, die Kirche glaubt an Christus, der im Fleisch gekommen ist, und deshalb dient sie dem Menschen, liebt sie den Menschen, glaubt sie an den Menschen.«

Historische Umarmung an der Klagemauer in Jerusalem:
Papst Franziskus mit Rabbiner Abraham Skorka und
dem Islamgelehrten Omar Abboud. (26.5.2014)

Stilles Gebet für den Frieden.
Papst Franziskus an der Sperrmauer zwischen
Jerusalem und Bethlehem. (25.5.2014)

»Die Trennung ist ein Skandal, eine Sünde.«
Papst Franziskus möchte auf dem Weg zur Einheit der
christlichen Kirchen vorankommen.
Gemeinsamer Besuch mit Patriarch Bartholomaios I.
in der Grabeskirche in Jerusalem. (25.5.2014)

*Bei Papstreisen steht Franziskus den
mitreisenden Journalisten Rede und Antwort. Tabus gibt es
bei den »fliegenden Pressekonferenzen« keine. (24.5.2014)*

Es soll zur Normalität werden:
Der emeritierte Papst Benedikt XVI.
tritt gemeinsam mit dem amtierenden Papst Franziskus
in der Öffentlichkeit auf. (27.4.2014)

*Keine Berührungsängste. Papst Franziskus umarmt einen Mann,
der an Neurofibromatose leidet. (6.11.2013)*

»Der Hirte muss den Geruch der Schafe annehmen.«
Papst Franziskus beim Besuch der »lebendigen Krippe« in der
römischen Pfarrei des hl. Alfons Maria von Liguori. (6.1.2014)

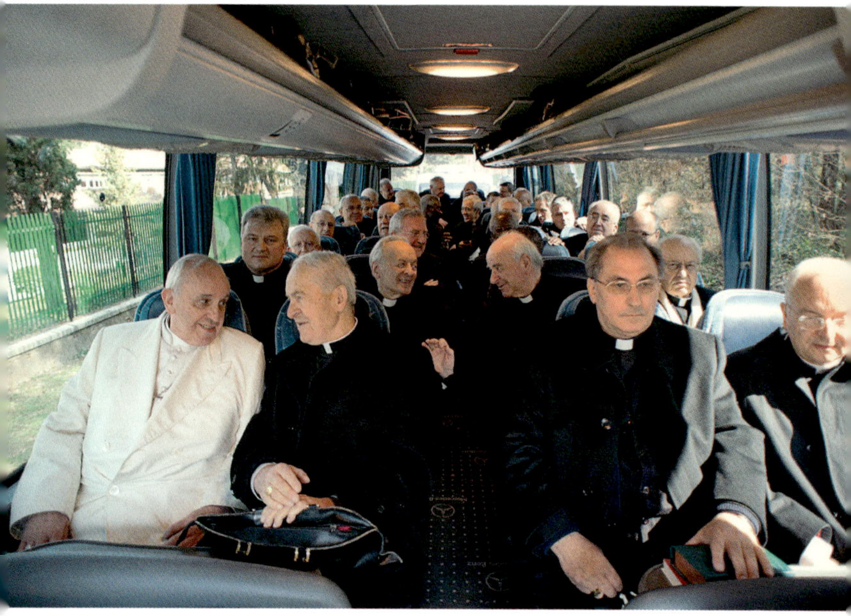

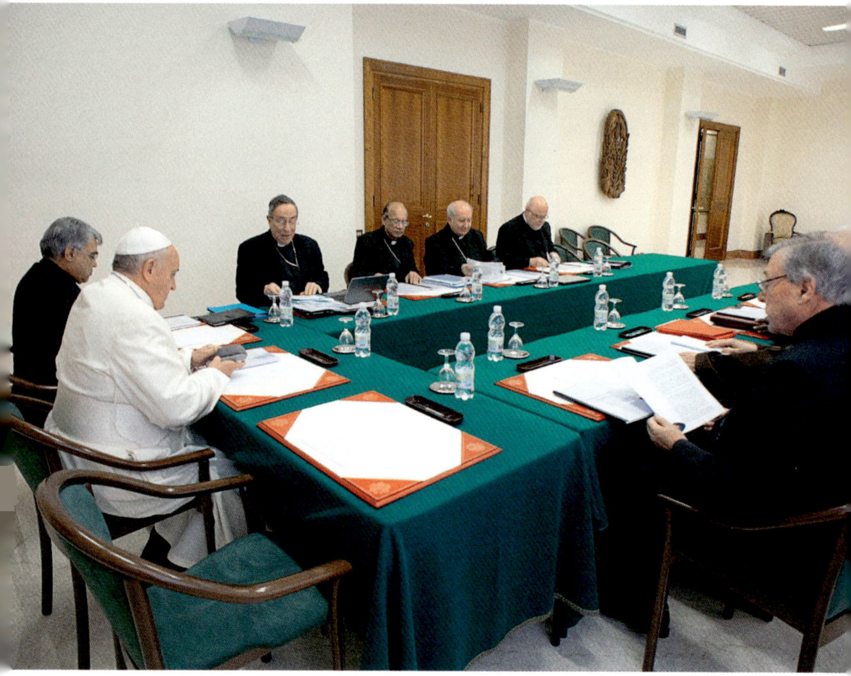

Oben: Morgenmesse in Santa Marta.
Dazu lädt Papst Franziskus Mitarbeiter des Vatikans oder
Mitglieder römischer Pfarreien ein.

Linke Seite oben: Papst Franziskus fährt gemeinsam mit der Kurienspitze
im Bus zu den Fastenexerzitien in Ariccia bei Rom. (9.3.2014)
Linke Seite unten: Arbeitssitzung mit dem K9-Kardinalsrat
in einem Saal im Gästehaus Santa Marta.

Oben: Franziskus sucht die Nähe zu den Menschen, die von der Gesellschaft ausgegrenzt oder an den Rand gedrängt werden. Er nimmt sich viel Zeit für Kranke und Menschen mit Behinderung.
Unten: Papst Franziskus ist hart im Nehmen. Einen Regenschirm lehnt er ab; die Abkürzung der Papamobilfahrt auch. (29.5.2013)

Franziskus setzt Zeichen:
Die erste Reise macht er auf die Flüchtlingsinsel Lampedusa.
Der Papst gedenkt der Flüchtlinge, die ums Leben kamen (oben),
und begrüßt Migranten (unten). (8.7.2013)

*Oben: Franziskus selbst bezeichnet ihn als eine seiner »Neurosen«:
den täglichen – typisch argentinischen – Matetee.
Rechts: Das Gebet ist für Papst Franziskus ganz wichtig.
Teilweise verbringt er mehrere Stunden am Tag mit Beten –
ohne Kameras, ganz privat.*

Lektüre für den Präsidenten.
Papst Franziskus schenkt US-Präsident Barack Obama
bei dessen Besuch im Vatikan ein Exemplar seines Apostolischen
Schreibens Evangelii gaudium. (27.3.2014)

Die Berater des Papstes:
Der Vorsitzende der Deutschen Bischofskonferenz,
Kardinal Reinhard Marx (links),
und der Koordinator der K9,
Kardinal Óscar Rodríguez Maradiaga (rechts).

Oben: Den Menschen nah. Papst Franziskus geht bei seinen Reisen in Italien in Gefängnisse und isst mit Menschen in der Caritas-Küche zu Mittag. Unten: Gründonnerstag 2014: Papst Franziskus feiert den Gottesdienst zum Gedenken an das Letzte Abendmahl Jesu mit seinen Jüngern in einem Heim für Menschen mit Behinderung.

Neben dieser großen inhaltlichen Nähe schätzt Franziskus an Paul VI. dessen großes Geschick, die Kirche in schwierigen Zeiten zu führen. Es gibt heftige Diskussionen innerhalb der Kirche über den Kurs des Konzils und in den Jahren danach über dessen Umsetzung. Die 68er erschüttern die Gesellschaften und rütteln an alten Traditionen. Paul VI. hält Kurs, aus Sicht von Franziskus. Das zeigt sich etwa in der Bewertung der Enzyklika *Humanae vitae,* durch die Paul VI. bei vielen Gläubigen bis heute in Ungnade gefallen ist, weil er darin die künstliche Empfängnisverhütung ablehnt. In einem Zeitungsinterview im März 2014 bezeichnet Franziskus die Enzyklika als »prophetisch«, betont aber zugleich, dass es darauf ankomme, wie sie interpretiert werde. Franziskus würdigt den Mut Pauls VI., »sich gegen die Mehrheit zu stellen, die moralische Disziplin zu verteidigen und eine Kultur zu bremsen«. Es gehe nicht darum, die Lehre zu verändern, so Franziskus, sondern in die Tiefe zu gehen und sicherzustellen, dass die Pastoral die Situationen berücksichtigt und das, was für die Menschen möglich ist, zu machen. Den Überlegungen zu *Humanae vitae* stellt Franziskus den Hinweis voran, dass Paul VI. zum Abschluss seiner Enzyklika die Beichtväter zu großer Barmherzigkeit und Achtung vor der konkreten Situation verpflichtet. Zum Thema Empfängnisverhütung äußert sich Franziskus allerdings nicht konkret. Diese Mischung aus Festhalten an Prinzipien und großem Respekt vor der konkreten pastoralen Situation ist es, die Franziskus an Paul VI. fasziniert. Dazu seine klare missionarische Perspektive der Kirche in einem zeitgemäß verstandenen Sinn, wie sie in *Evangelii nuntiandi* dargelegt ist, und seine Verdienste um das II. Vatikanische Konzil. Franziskus spricht seinen Vorgänger am 19. Oktober 2014 zum Abschluss der Außerordentlichen Generalversammlung der Bischofssynode selig.

Das II. Vatikanische Konzil prägt Jorge Mario Bergoglio

sowie, daraus inspiriert, die Theologie des Volkes, die Ökumene, der interreligiöse Dialog, die Versuche, die Kollegialität der Bischöfe wieder zu stärken. Während seines Studiums der Theologie lernt er unter anderem die Werke des Religionsphilosophen und Theologen Romano Guardini (1885–1968) kennen. Guardini wird zwar auch in Deutschland durchaus geschätzt. Allerdings spielt er in der theologischen Ausbildung heute keine maßgebliche Rolle mehr. Guardini steht auch im Zentrum des Interesses, als Bergoglio im März 1986 mit dem Ziel einer Doktorarbeit an die Jesuitenhochschule nach Sankt Georgen bei Frankfurt kommt. »Die Kirche erwacht in den Seelen.« Diesen Satz hatte Guardini Anfang der 1920er Jahre geprägt. Er kritisierte zugleich eine Kirche, die nur mehr Organisation und nicht mehr wirklich Gemeinschaft von Glaubenden war. In diesem Sinn hatte auch Benedikt XVI. in seiner Abschiedsrede an die Kardinäle am 28. Februar 2013 Romano Guardini zitiert: »Kirche ist keine erdachte und konstruierte Institution [und sei diese noch so weise und mächtig], sondern ein lebendiges Wesen [aus einem Geschehnis hervorgegangen, das göttlich und menschlich zugleich ist, dem Pfingstereignis]. Sie lebt durch die Zeit weiter; werdend wie alles Lebendige wird; sich wandelnd [wie alles Geschichtliche sich in Zeit und Schicksal wandelt], dennoch im Wesen immer die gleiche, und ihr Innerstes ist Christus.« Die Ergänzungen sind von Benedikt XVI. in das Guardini-Zitat eingefügt.

Pater Bergoglio lebt diese Gedanken Guardinis. Er versucht den Brückenschlag zwischen realer, moderner Lebenswelt und dem christlichen Glauben. Nach Ansicht des Bergoglio-Kenners Víctor Manuel Fernández ist Franziskus vor allem vom »ganzheitlichen Denken« Guardinis fasziniert. Heute sei es schwer, Theologen zu finden, die nicht nur Theologie in ihren Spezialdisziplinen betreiben, sondern in Form einer Gesamtschau auf Gott und den Menschen, die Welt und die Wirklichkeit – ein ganzheitlicher Ansatz, wie es ihn seit Thomas von Aquin im 13. Jahrhundert kaum mehr gegeben habe. So habe Bergoglio etwa auch die Kritik Guardinis an der ökonomistisch-technischen Welt aufgegriffen, die in der Ökologieenzyklika von Franziskus ihren Niederschlag findet. Beim Blick in das Werk von Jorge Mario Bergoglio und Papst Franziskus, seine Predigten, Ansprachen und auch Schriften, finden sich immer wieder Anklänge an Romano Guardini. Wenn der Theologe und Philosoph etwa in seinem Werk »Freiheit, Gnade, Schicksal« von der wahren Begegnung mit dem anderen spricht, die dann stattfindet, wenn ich »vom Strahl des anderen getroffen, von seiner Wirkung berührt« werde. Dieses »Berührenlassen« kommt bei Franziskus ganz oft im Zusammenhang mit dem Verhältnis zu den Armen vor. Hier geht es ihm nicht um ein oberflächliches Wahrnehmen der Bedürftigen, sondern ein echtes Berühren, um so die Realität des anderen richtig zu erfassen, wie wenn Guardini in seiner Ethik-Vorlesung davon spricht, dass ein Mensch umso lebensfähiger ist, je mehr »originäre Begegnungen« er hat, und ergänzt: »Das Gegenteil dieser Möglichkeit [der originären Begegnungen] ist die Gewöhnung, die Indifferenz, der Snobismus.« Während seiner Wochen in Deutschland 1986 beschäftigt sich Jorge Mario Bergoglio sehr intensiv mit Guardinis Schrift »Die Macht, Versuch einer Wegweisung«. Guardini sieht Macht als notwendig an; doch fordert er vor dem Hintergrund des Machtmissbrauchs des Nationalsozialismus eine »Bändigung« der Macht. Guardini kritisiert eine Entwicklung, in der Macht immer mehr zu einer anonymen Größe wird, in der die handelnden Personen scheinbar von der Verantwortung enthoben sind. Diese Gefahr bestehe vor allem dann, wenn »das Gefühl für die Person, für ihre Würde und Verantwortung, die personalen Werte der Freiheit, der Ehre, der Ursprünglichkeit des Handelns und Existierens zusehends schwächer wird«. Anklänge an diese Gedanken finden sich auch bei Franziskus immer wieder; so bei seinem Besuch auf Lampedusa, als er von der »Globalisierung der Gleichgültigkeit« sprach, die alle »zu Verantwortlichen ohne Namen und ohne Gesicht« macht.

Findet Bergoglio bei Guardini die großen Denklinien, sind es bei Theologen wie Hans Urs von Balthasar, Henri de Lubac oder Yves Congar eher konkrete theologische Fragen zur Ekklesiologie oder Pastoral. Carlos Maria Galli ist überzeugt, dass Bergoglio stark von der patristischen Ekklesiologie von Henri de Lubac (1896–1991) inspiriert ist. Die Vorstellung der »Mutter Kirche« habe seine Wurzeln bei dem französischen Theologen, der sie unter Rückgriff auf die Kirchenväter wiederentdeckt habe. De Lubac scheint auch noch an einer anderen, ganz zentralen Stelle bei Bergoglio durch. In seiner Rede im Vorkonklave greift er den Gedanken der Mondanität, der Weltlichkeit, des französischen Theologen auf. Die Warnung vor der »spirituellen Mondanität« ist bei Kardinal Bergoglio nicht neu. 2007 erklärt der damalige Erzbischof von Buenos Aires in einem Interview in Anlehnung an de Lubac: »Spirituelle Mondanität ist, wenn man sich selbst in den Mittelpunkt stellt. Es ist das, was Jesus unter den Pharisäern erkennen kann: ›Ihr, die ihr euch selbst verherrlicht, die ihr einander selbst verherrlicht.‹« In *Evangelii gaudium* widmet Franziskus dem »Nein zur spirituellen Weltlichkeit« gleich mehrere Abschnitte (EG 93–97).

Wenn es um die Pastoral gegangen sei, habe Bergoglio viel über Hans Urs von Balthasar (1905–1988) gesprochen, erklärt Galli. In von Balthasars Werk gibt es einen wichtigen Strang, der sich ausführlich der Weltsendung des Christen, dem Weltauftrag der Kirche widmet. Für Bergoglio wichtig sind unter anderem zwei Werke Balthasars: »Die Wahrheit ist symphonisch« sowie »Der antirömische Affekt«. Im ersteren geht es um die Frage nach dem Pluralismus in der Welt und in der Kirche, der in beiden Fällen nicht negativ beurteilt wird. Von Balthasar spricht von der »Polyphonie der Offenbarung«, die zu einem legitimen Pluralismus in der Kirche führe. Jorge Mario Bergoglio hat keine Angst vor Verschiedenheit. In einem Interview in seiner Zeit als Erzbischof von Buenos Aires erklärt er: »Der Geist allein bewirkt Verschiedenheit, Vielfalt und gleichzeitig Einheit. Denn wenn wir es sind, die Verschiedenheit machen, kommt es zu Schismen, und wenn wir es sind, die die Einheit wollen, kommt es zur Uniformität und Gleichschaltung.« In *Evangelii gaudium* schreibt Papst Franziskus: »Die verschiedenen Richtungen des philosophischen, theologischen und pastoralen Denkens können, wenn sie sich vom Geist in der gegenseitigen Achtung und Liebe in Einklang bringen lassen, zur Entfaltung der Kirche beitragen, weil sie helfen, den äußerst reichen Schatz des Wortes besser deutlich zu machen. Denjenigen, die sich eine monolithische, von allen ohne Nuancierungen verteidigte Lehre erträumen, mag das als Unvollkommenheit und Zersplitterung erscheinen. Doch in Wirklichkeit hilft diese Vielfalt, die verschiedenen Aspekte des unerschöpflichen Reichtums des Evangeliums besser zu zeigen und zu entwickeln.« (EG 40) Franziskus verweist an dieser Stelle auf Thomas von Aquin, der betone, »›dass die Unterscheidung und Vielheit der Dinge aus der Absicht des ersten Wirkenden stammt‹, dessen, der will, ›dass das, was dem einen Geschöpfe in der Darstellung der göttlichen Güte fehlt, aus einem anderen ergänzt wird‹, weil seine Güte ›durch ein einzelnes Geschöpf nicht hinreichend dargestellt werden kann‹«.

In »Der antirömische Affekt« geht von Balthasar entsprechend der Frage im Untertitel nach, »wie lässt sich das

Papsttum in der Gesamtkirche integrieren?«. Nach Galli ist dieses Werk ein »Schlüsselbuch« für Bergoglio. Denn darin finde sich die ganze Diskussion um das Papstamt, vor allem auch nach dem I. Vatikanischen Konzil und der Definition des Unfehlbarkeitsdogmas. Schließlich sieht Galli auch Spuren Yves Congars (1904–1995) Theologie der Reform bei Bergoglio. In seinem 1963 erschienenen Buch »Für eine dienende und arme Kirche« schreibt Congar: »Unser Jahrhundert ohne Religion ist auch ein Jahrhundert erstaunlicher Erneuerung eines Lebens aus dem Evangelium. Es will die Wahrheit, die Echtheit, die Einfachheit des Evangeliums, und unter diesen Bedingungen bejaht man recht großherzig seine Forderungen. Wir werden es nicht mehr blenden mit Rot und Gold, mit Wappen und Titeln auf ›issime‹. Wir werden gedrängt, die Wahrheit, die wir zu glauben und von ganzem Herzen zu lieben bekennen, zu leben und darzustellen.« Congar fordert mehr Kirche »in« der Welt als »von« der Welt. Die entscheidenden Kategorien dazu fänden sich im Neuen Testament: Koinonia, Diakonia, Martyria (Gemeinde, Dienst, Zeugnis). Eigentlich nichts Neues; denn es sind die drei Grunddimensionen des Christentums. Doch an der Tatsache, wie gebetsmühlenartig Papst Franziskus diese Vokabeln in seiner Verkündigung in Erinnerung ruft, scheint sich zu zeigen, dass sie in Vergessenheit geraten schienen.

Zu Karl Rahner gibt es viele Querverweise bei Franziskus. Zu den interessantesten zählen sicherlich Rahners Überlegungen über den Glaubenssinn der Gläubigen. Von diesem »sensus fidelium«, den auch das II. Vatikanische Konzil in der Konstitution *Lumen Gentium* (LG 12) anerkennt, spricht Franziskus immer wieder als einer wichtigen Instanz in der Kirche.

Neben den in Europa bekannten Theologen und Philosophen gibt es einige lokale Lehrer von Jorge Mario Bergoglio. Neben Lucio Gera und Rafael Tello sind das der Jesuit Ismael Quiles, der uruguayische Denker Alberto René Methol Ferré sowie der spanische Philosoph Alfonso López Quintás. Auf Quiles verweist Papst Franziskus in seinem Apostolischen Schreiben *Evangelii gaudium* an der Stelle, an der es um die Frage nach der Lösung von Konflikten geht. (vgl. EG 226–230) Franziskus spricht von einem Frieden trotz Unterschieden, quasi einer versöhnten Verschiedenheit. Dieser Frieden fange beim Einzelnen an. »Der erste Bereich, wo wir aufgerufen werden, diese Befriedung in der Verschiedenheit zu vollziehen, ist unsere eigene Innerlichkeit, unser eigenes Leben, das immer von einer dialektischen Zersplitterung bedroht ist. Mit Herzen, die in tausend Stücke zerbrochen sind, wird es schwer sein, einen authentischen sozialen Frieden aufzubauen.« (EG 229) Um diese Befriedung der »dialektischen Zerrissenheit« besser zu verstehen, empfiehlt Franziskus, seinen Lehrer Quiles zu studieren. Der Jesuit Quiles, 1906 im spanischen Valencia geboren, lehrte ab 1938 Philosophie in Buenos Aires. Dort lernte ihn in den 60er Jahren der junge Jesuit Jorge Mario Bergoglio kennen. In dieser Zeit reiste Quiles oft nach Asien, vor allem Japan, Indien und Taiwan. Er lernte dort den Buddhismus und die fernöstliche Spiritualität kennen. Quiles wird zu einem katholischen Experten für Buddhismus und publiziert unter anderem über Yoga. Seine Philosophie war im Wesentlichen thomistisch geprägt. In seiner Analyse der menschlichen Existenz, dem Ausgangspunkt seiner Philosophie, legte er den Schwerpunkt auf die einzigartige und konkrete Existenz. Quiles ist überzeugt, um die menschliche Existenz umfassend zu verstehen, reicht die westliche Weisheit nicht aus. Deshalb beschäftigt er sich eingehend mit dem fernöstlichen Denken. Ausgehend von der östlichen Geisteshaltung, entwarf der Jesuit eine »In-sistenzanthropologie«. Diese legt einen starken Akzent auf das »Stehen des Menschen in sich selbst«. Der Mensch ist hier mehr in sich ruhend, als das in der typisch westlichen Geisteshaltung der Fall ist, der Ex-sistenzphilosophie, wie sie in ihrer je eigenen Art von Martin Heidegger oder von Jean-Paul Sartre vertreten wird. Sie sehen den Menschen mehr als ein »aus sich Herausstehendes«, das Gefahr läuft, sich selbst zu verlieren. Im Austausch mit dem deutschen Philosophen Heinrich Beck entwickelt Quiles eine Verbindung aus beiden Anthropologien, die Ek-in-sistenzphilosophie, die sozusagen eine Verbindung aus östlicher und westlicher Geisteshaltung versucht. Der Mensch, der so in sich ruht, dass er beim Aussich-Heraustreten sich nicht verliert.

Für Jorge Mario Bergoglio ist der Kontakt mit der östlichen Denktradition in doppelter Hinsicht spannend. Zum einen war er doch ursprünglich in die Gesellschaft Jesu eingetreten, weil er als Missionar nach Japan gehen wollte. Aus verschiedenen Gründen wurde nichts aus diesem Traum. Doch Quiles konnte ihm mit seinem Blick nach Asien neue Horizonte eröffnen. Zum 100. Geburtstag feiert Kardinal Bergoglio 2006 in der Kathedrale in Buenos Aires einen Gedenkgottesdienst für seinen Lehrer. 2011 schreibt er in einem Vorwort zu einem Buch über die Theologie von Quiles, »angesichts des gegenwärtigen Dramas einer Kultur der Pragmatik und des Relativismus legt Quiles uns eine umfassende Reflexion der Weisheit vor«.

Alberto Ferré trifft Jorge Mario Bergoglio erstmals um das Jahr 1978 im Seminar in San Miguel in Buenos Aires. Die Begegnung findet im Rahmen der Vorbereitungen für die 3. CELAM-Generalversammlung 1979 in Puebla statt. Der Theologe und Philosoph Ferré ist von 1975 bis 1992 Mitglied einer CELAM-Arbeitsgruppe und in den 80er Jahren auch Mitglied im Päpstlichen Laienrat im Vatikan. Ferré, 1929 in Montevideo geboren, ist kein Freund der Befreiungstheologie, wie sie in Brasilien von Boff oder in Peru von Gutiérrez betrieben wird. Er unterstützt den argentinischen Weg einer Theologie, die sich mehr aus der Kultur des Volkes heraus entwickelt, statt soziologische oder gar marxistische Denkmodelle zu nutzen. Durch den engen Austausch von Bergoglio und Ferré könnte die kritische Haltung Bergoglios gegenüber der in Europa gemeinhin als Befreiungstheologie bezeichneten Strömung der lateinamerikanischen Theologie begründet sein. Viel wichtiger als die Haltung Ferrés zur Befreiungstheologie scheint zum Verständnis von Jorge Mario Bergoglio und Papst Franziskus aber die Sicht des Philosophen auf die aktuell dominierenden geistigen Strömungen zu sein. Bergoglio fasst das in einem Vorwort für ein Buch 2011 wie folgt zusammen: »Der hedonistische Atheismus und seine neo-gnostischen Ableger sind zur dominanten Kultur mit globaler Strahlkraft und Verbreitung geworden. Sie bestimmen die Atmosphäre der Zeit, in der wir leben. Sie sind das neue Opium für das Volk. Das ›Einheitsdenken‹ hat, abgesehen davon, dass es sozial und politisch totalitär ist, auch gnostische Strukturen: Es ist nicht menschlich, sondern wiederholt die verschiedenen Formen eines absolutistischen Rationalismus, durch die jener nihilistische Hedonismus zum Ausdruck kommt, den Methol Ferré beschreibt. Es dominiert der ›zerstäubte Theismus‹, ein diffuser Theismus ohne Fleischwerdung in der Geschichte. Im besten aller Fälle höchstens ein Baumeister der freimaurerischen Ökumene.«

Aus Sicht Ferrés ist der moderne Atheismus nicht mehr marxistisch angehaucht, sondern eben freiheitlich. Er interessiert sich nicht für Gerechtigkeit, sondern für alles, was einen radikalen Hedonismus ermöglicht und unterstützt. Diese Form des Atheismus ist nach Ansicht des Philosophen keine Ideologie, sondern eine praktische Methode, der man auch nur mit einer bewussten (Gegen-)Praxis begegnen könne. Für Ferré ist die Kirche die einzige Institution, die dem freiheitlichen Atheismus entgegentreten könne, weil für ihn nur die Kirche »wirklich post-modern« ist.

Hatte Franziskus den »zerstäubten Theismus« Ferrés im Sinn, als er im April 2013 in der Morgenmesse davon sprach, dass Gott keine »nicht spürbare, nebulöse Essenz« sei, kein »Dio-Spray, der überall ein bisschen ist, ohne dass man weiß, was er ist«. Nein, Christen glaubten an einen persönlichen Gott, dem man lebendig begegnen und den man erfahren könne, so Franziskus. Spielt Ferrés Denken eine Rolle, wenn Franziskus immer wieder ein »Einheitsdenken« kritisiert wie im Interview mit einer italienischen Tageszeitung im März 2014: »Die gegenwärtige wirtschaftliche Globalisierung, vor allem die finanzielle, produziert ein Einheitsdenken, ein schwaches Denken, denn im Mittelpunkt steht nicht mehr die menschliche Person, sondern das Geld.« Wenige Wochen später spricht Franziskus in seiner Predigt bei der Morgenmesse in Santa Marta sogar von der »Diktatur des Einheitsdenkens«, das viel Unglück über die Menschheit gebracht habe. Diese Kritik durchzieht sein Pontifikat.

Die theologischen und philosophischen Quellen sind die eine Seite des Fundaments, auf dem Jorge Mario Bergoglio steht. Die andere ist die klassische Schulbildung in Argentinien. Ab 1964 ist der junge Jesuit zunächst im Priesterseminar in Santa Fe, dann ab 1966 in Buenos Aires unter anderem Dozent für Literatur. Studenten aus dieser Zeit berichten, wie er immer wieder zeitgenössische Literaten in seine Seminare einlud, etwa die Schriftstellerinnen Maria Esther de Miguel und Maria Esther Vazquez sowie 1965 den Schriftsteller Jorge Luis Borges, mit dem ihn eine lange Freundschaft verband. Der Kontakt kam übrigens über die Sekretärin von Borges zustande. Sie war Bergoglios Klavierlehrerin. Bergoglio ist belesen, auch schon in seiner Zeit als Erzbischof. José María Arancedo, der Erzbischof von Santa Fe de la Vera Cruz, schreibt im Vorwort zu einer Sammlung von Predigten und Meditationen Bergoglios, dass er mit diesem einmal über dessen Ferien gesprochen habe. Bergoglio habe in jenem Jahr den ganzen Januar in Buenos Aires verbracht. Auf die Frage, was er dort gemacht habe, habe er geantwortet, er sei am Bischofssitz geblieben und habe sich ausgeruht, das heißt vor allem gebetet und die Werke der Klassiker gelesen.

Hölderlin gehört zu seinen Lieblingsdichtern. In seinen Predigten finden sich nicht nur Zitate von Borges, sondern auch Dostojewski kommt vor. Dantes *Göttliche Komödie* und Manzonis *Die Verlobten* zählen zu den Lieblingswerken Bergoglios. Manzonis Werk hat er bereits vier Mal gelesen, erzählt Franziskus im Interview mit den Jesuitenzeitschriften im September 2013. »Manzoni hat mir so viel gegeben.« Die Geschichte gehört zusammen mit Dantes *Göttlicher Komödie* zu den bedeutendsten Werken der klassischen italienischen Literatur. Seine Großmutter hatte ihn mit dem Roman vertraut gemacht: die Liebesgeschichte von Renzo und Lucia, die erst auf vielen Umwegen und gegen Widerstand zueinander finden. Ein Schlüssel dazu, warum Bergoglio diesen Roman so liebt, könnte im Fazit liegen, das die beiden Hauptprotagonisten am Ende des Romans selbst ziehen bei der Frage, welche Lehre sie aus dem Erlebten folgern: »Dass Unglück und Nöte zwar häufig kommen, weil man ihnen Grund zum Kommen gegeben hat, aber dass auch die vorsichtigste und unschuldigste Lebensführung nicht genügt, um sie sich fernzuhalten, und dass, wenn sie kommen, ob durch eigene Schuld oder nicht, sie durch das Vertrauen in Gott gemildert und für ein besseres Leben nützlich gemacht werden können.« Auch Bergoglio lebt in diesem Gottvertrauen. Vieles davon hat Nonna Rosa, die Mutter seines Vaters, in ihm grundgelegt. Über sie lernt er die italienische Kultur und Literatur kennen. Sie macht ihn mit der italienischen und argentinischen Volksfrömmigkeit vertraut. Neben den Klassikern ist Bergoglio aber auch mit zeitgenössischer Literatur vertraut. Vielleicht etwas ungewöhnlich ist es, wenn er Tolkien zitiert und erklärt, dieser stelle in Bilbo und Frodo das Bild des Menschen dar, der dazu berufen sei, zu gehen. Tolkiens Heroen erlebten beim Gehen das Drama der Wahl zwischen dem Guten und dem Bösen. Wer denkt da nicht an unzählige Predigten Bergoglios als Papst, in denen er vom Gehen als einer der Grunddimensionen der Kirche spricht, angefangen von der ersten Messe nach der Wahl mit den Kardinälen in der Sixtinischen Kapelle.

Franziskus mag klassische Musik. Die lernt Bergoglio zu Hause kennen. Meist werden am Wochenende Platten aufgelegt, die Familie hört gemeinsam Musik. Wagner, Beethoven, Bach und Mozart gehören zu den Lieblingskomponisten des Papstes. »Das Et incarnatus est aus der Mozart-Messe in c-Moll ist unübertrefflich. Es trägt dich zu Gott«, erzählt er im Interview mit den Jesuitenzeitschriften. Er liebe Mozart, gespielt von der rumänischen Pianistin Clara Haskil, und zeigt große Sympathien für den Dirigenten Wilhelm Furtwängler. Dessen Aufführung von Wagners Ring in der Mailänder Scala im Jahr 1950 »ist die beste«. Das gelte auch für Furtwänglers Interpretation von Beethovens Prometheus. Bei Bach ist das Stück, »das ich so liebe, das Erbarme dich, das Weinen Petri in der Matthäus-Passion«. Matthäus ist die Brücke zu einem der Lieblingskünstler von Franziskus: Caravaggio. »Seine Bilder sprechen zu mir.« Wenn er vor seiner Papstwahl in Rom war, wohnte er im Priester-Gästehaus in der Via Scrofa nahe der Piazza Navona. Dann ging er oft in die Kirche San Luigi dei Francesi in der unmittelbaren Nachbarschaft, um ein Gemälde von Caravaggio anzuschauen: die Berufung des heiligen Matthäus, der Zöllner war und damit einer verachteten Berufsgruppe angehörte. Franziskus erzählt im Interview: »Dieser Finger Jesu, der auf Matthäus weist – so bin ich, so fühle ich mich, wie Matthäus. Es ist die Geste des Matthäus, die mich betroffen macht: Er packt sein Geld, als wollte er sagen: ›Nein, nicht mich! Dieses Geld gehört mir nicht! Siehe, das bin ich: ein Sünder, den der Herr angeschaut hat.‹ Und das habe ich gesagt, als sie mich fragten, ob ich meine Wahl zum Papst annehme: ›Peccator sum, sed super misericordia et infinita patientia Domini nostri Jesu Christi confisus et in spiritu penitentiae accepto.‹« (»Ich bin ein Sünder, aber im Vertrauen auf die Barmherzigkeit und die unendliche Geduld unseres Herrn Jesus Christus und im Geist der Buße nehme ich an.«) Ungewöhnlich ist, wie schlicht Caravaggio die Szene darstellt. Sie findet nicht in einer Ideallandschaft oder einem heiligen Rahmen statt, sondern in einer ganz gewöhnlichen Stube mit verstaubtem Fenster und kahler gekalkter Wand. Die Personen tragen normale Straßenkleidung. Nichts ist vom sonst üblichen Glanz bei solchen Darstellungen zu sehen. Caravaggio betritt damit um 1600 Neuland. Ist es neben der Gestik des Matthäus die Schlichtheit der Darstellung, die Bergoglio immer wieder zu diesem Gemälde zieht?

Die Eltern Bergoglios nehmen die Kinder oft mit ins Kino. Einer der Lieblingsfilme des Papstes ist *Babettes Fest*. In dem dänischen Film aus dem Jahr 1987 geht es um die Familie eines pietistischen Pastors. Das Leben der Menschen ist von starren Grenzen, Verboten und Geboten geprägt. Diese hinderten sie daran, zum wahren Menschsein zu finden, so Bergoglio. Erst als die Verbote fallen, bei einem festlichen Abendessen, werden sie fähig, wirklich zu lieben und zu sich selbst zu finden. Die Kirche darf nach Bergoglio nicht ein Regulierungsbetrieb sein, sondern muss den »Glauben ermöglichen«. Ihm geht es nicht um Verbote, sondern darum, das Faszinierende des Glaubens zu vermitteln. *La Strada* von Fellini ist nach Aussage von Franziskus der Film, den er am meisten geliebt habe. »Ich identifiziere mich mit diesem Film, in dem es einen impliziten Bezug zum heiligen Franz von Assisi gibt.« Hier klingt wieder etwas an, was schon bei dem Caravaggio-Gemälde auffallend war. *La Strada* erzählt von dem fahrenden Gaukler Zampano, der nach außen hin herzlos auftritt, und dem Mädchen Gelsomina, das glaubt, in Zampano einen Freund, vielleicht sogar einen Mann gefunden zu haben. Obwohl sie lange miteinander reisen, sie werden nie zusammenkommen. Es ist eine Geschichte aus der Gosse, die die einfachen Leute mit ihren Schwächen und Unvollkommenheiten zeigt, mit ihrer Begrenztheit, mit ihren Leidenschaften, die sie bis zur Verzweiflung treiben – und in allem sind sie aber voller Sehnsucht nach Liebe. Der Film schaut nicht auf sie herab, sondern rückt ihr Leben, ihre Sehnsüchte, ihr Schicksal in den Mittelpunkt. Ist es genau diese Perspektive, die Franziskus an diesem Film fasziniert, die Liebe zum Einfachen? Die Menschen, die mit ihrem Schicksal und ihren Sehnsüchten im Mittelpunkt stehen? Ist es die Erkenntnis, dass angesichts der harten Realität der Menschen Ideologien nicht weiterhelfen? Ob er sich deshalb vielleicht auch an die Filme mit Aldo Fabrizi erinnert, die er wie die der Schauspielerin Anna Magnani alle gesehen habe. Fabrizi, ein italienischer Regisseur und Schauspieler, war beim Publikum vor allem für seine Rollen als »kleiner Mann« bekannt.

FRANZ VON ASSISI, IGNATIUS UND CO.
Die spirituellen Wurzeln von Papst Franziskus

Ein Papst, der sich Franziskus nennt, dazu noch Jesuit ist – die einen sehen das als Provokation, andere als Anmaßung und wieder andere als große Herausforderung. Auf jeden Fall ist es ein Novum, dass ein Papst sich nach Franz von Assisi nennt. Das gab es vor Jorge Mario Bergoglio noch nicht. Selbst Päpste, die dem Franziskanerorden angehörten, hatten das nicht gewagt. Vier gab es davon bisher: Nikolaus IV. (1288–1292), Sixtus IV. (1471–1484), Sixtus V. (1585–1590), Clemens XIV. (1769–1774). Letzterer hatte 1773 die Aufhebung des Jesuitenordens verfügt. Daher hatte ein Kardinal Jorge Mario Bergoglio nach der Wahl am 13. März 2013 auch scherzhaft geraten, sich doch Clemens zu nennen. Auf die Frage nach dem Grund habe ihm der Mitbruder geantwortet: »So rächst du dich an Clemens XIV., der den Jesuitenorden aufgehoben hat.«

Doch Bergoglio entschied sich anders. Im ersten Moment hatte er ja an den Namen Johannes XXIV. gedacht. Doch dann flüsterte ihm sein Sitznachbar im Konklave, der Franziskanerkardinal Claudio Hummes, noch während der Auszählung, als die Zweidrittelmehrheit erreicht wurde und Applaus aufbrandete, ins Ohr: »Vergiss die Armen nicht!« – »Da setzte sich dieses Wort in mir fest: die Armen, die Armen«, berichtet der Papst später. »Dann sofort habe ich bei den Armen an Franz von Assisi gedacht. Dann habe ich an die Kriege gedacht, während die Auszählung voranschritt bis zu allen Stimmen. Und Franziskus ist der

Mann des Friedens. So ist mir der Name ins Herz gedrungen: Franz von Assisi. Er ist für mich der Mann der Armut, der Mann des Friedens, der Mann, der die Schöpfung liebt und bewahrt.« Als er dann wenige Minuten später offiziell von Kardinal Giovanni Battista Re nach der Annahme der Wahl gefragt wurde, welchen Namen er annehmen möchte, sagte Bergoglio: »Franziskus, in Erinnerung an Franz von Assisi.« Aufgrund der schlechten Akustik in der Sixtinischen Kapelle verstehen nicht alle Kardinäle sofort den Namen des neuen Papstes. Die Organisatoren des Konklaves hatten Angst, wenn sie die Mikrofonanlage benutzen, könnte das Ganze abgehört werden. Also bleibt nur die Flüsterpost.

Viele Kardinäle berichten später, als sie den Namen hörten, sei ihnen sofort klar gewesen, dass mit diesem Papst vieles anders werden wird. Das bestätigt sich auch wenige Augenblicke später, als Papst Franziskus aus dem »Zimmer der Tränen« herauskommt, in dem er sich umgezogen hatte. Statt dort in eines der in drei Größen bereitgestellten Paar roter Schuhe zu steigen, behält er seine schwarzen Straßenschuhe an, mit denen er aus Buenos Aires angereist war; statt dem goldenen Brustkreuz hängt weiter sein silbernes Kreuz aus der Bischofszeit um seinen Hals. Über seinen Schultern liegt weder die rote Mozzetta aus rotem Samt mit weißem Hermelinsaum noch die mit Brokat bestickte Stola. Franziskus kommt in schlichter weißer Soutane zurück zu den Kardinälen. Für die Huldigung der Kardinäle setzt er sich auch nicht auf den inzwischen bereitgestellten Thron, sondern bleibt stehen. Als Erstes geht er auf den nigerianischen Kardinal Anthony Olubunmi Okogie zu, der im Rollstuhl sitzt. Eine herzliche Umarmung. Das hat wenig mit dem Akt der Huldigung zu tun, den die Kardinäle laut Protokoll dem neuen Kirchenoberhaupt leisten müssen. Was sich mit der Namensgebung angedeutet hat, erfährt in den ersten Minuten des Pontifikats seine Konkretisierung. Franziskus pflegt einen brüderlichen Umgang mit den Kardinälen. Er prägt von Anfang an einen schlichten Stil. Das passt zu seinem Namen, denn wer sich nach Franz von Assisi benennt, der gibt damit ein Programm vor.

Im Frühjahr 1207 sagt sich Giovanni Battista Bernadone in einer spektakulären Aktion von seinem Vater los. Der Sohn eines reichen Tuchhändlers verzichtet auf die Annehmlichkeiten seines bisherigen bürgerlichen Lebens und auf sein Erbe. Vor dem Vater und dem Bischof von Assisi entkleidet sich Franziskus, um fortan vor der Stadt in radikaler Armut zu leben. Er kleidet sich in ein Büßergewand. Einzig seinen Spitznamen behält er aus dem alten Leben. Der Legende nach war sein Vater zum Zeitpunkt der Geburt um das Jahr 1181/1182 auf einer Handelsreise in Frankreich und nannte seinen Sohn nach der Rückkehr Francesco (Französchen). Eine andere Tradition bringt den Namen mit seinem mondänen französischen Lebensstil zusammen, den Giovanni in seinen jungen Jahren pflegt. Er feiert gern und viel und träumt von einem Leben als ruhmreicher Ritter. Doch 1202 gerät er im Kampf gegen die Nachbarstadt Perugia in Gefangenschaft. Als er zwei Jahre später freikommt, ist er krank. Sein Lebensentwurf ist schwer erschüttert. Dennoch rafft er sich 1205 noch einmal auf und will in einen neuen Krieg ziehen. Auf dem Weg hat er ein Bekehrungserlebnis. Im Traum erhält er die Aufforderung, statt weltlichen Rittertums in den Dienst Gottes zu treten. Franziskus ändert sein Leben, macht eine Wallfahrt nach Rom, lebt dort unter Bettlern. Er lernt das Leben derer kennen, die nichts haben. 1205 hört er der Überlieferung nach in der zerfallenen Kapelle von San Damiano bei Assisi vom Kreuz herab eine Stimme: »Franziskus, geh und baue mein Haus wieder auf, das, wie du siehst, ganz und gar in Verfall gerät.« Franziskus versteht die Aufforderung wörtlich und baut das kleine Kirchlein wieder auf. Heute wird diese Szene meist im übertragenen Sinne gedeutet als Aufforderung, die katholische Kirche aus der damaligen Krise zu führen, Bischöfe und Priester, die aus Sicht vieler Gläubiger in Reichtum und Sünde lebten, wieder auf den Ursprungsgedanken des Christentums zu verpflichten: ein Leben nach dem Evangelium, in Armut und Demut an der Seite der Menschen.

Als nach dem Konklave im März 2013 der Name des neuen Papstes bekannt wird, erinnern sich viele an den Satz von der verfallenen Kirche und deren Wiederaufbau. Viele erleben die katholische Kirche heute so. In vielen Ländern hat sich über Jahre ein Prozess der Entfremdung zwischen Gläubigen und Klerus vollzogen. In Europa und Nordamerika treten immer mehr Menschen aus der Kirche aus. Die Pfingstkirchen fordern die katholische Kirche in Lateinamerika und Afrika heraus, zunehmend auch in Asien. In immer mehr islamischen Ländern geraten die Christen unter Druck. Dazu kommen die vielen Skandale, die im Pontifikat von Benedikt XVI. die katholische Kirche erschütterten: die Affäre um den Holocaust-Leugner Williamson, der Missbrauchsskandal, Vatileaks und einiges mehr. Ein deutscher Kardinal spricht von einer »herbstlichen Stimmung«, die Anfang 2013 in Rom, aber auch in der katholischen Kirche weltweit geherrscht habe. Entsprechend verbinden viele mit dem Namen Franziskus sofort den Gedanken an radikale Reformen, an einen Aufbruch und einen Neuanfang entsprechend dem Vorbild des Franz von Assisi.

Nach seiner Entkleidung findet Franz von Assisi zu Beginn des 13. Jahrhunderts schnell Gefährten. Mit ihrem Leben in Armut und ihrer Predigt, in der sie zur radikalen Christusnachfolge aufrufen, werden sie zu einem Stachel im

Fleisch der katholischen Kirche. Franz und seine Gefährten kritisieren die Kirche und den Papst nie direkt und offen. Ihr Leben ist Kritik, Gegenbild.

Auf der einen Seite ist da der damals amtierende Papst, Innozenz III., der sich gerne mit der Sonne vergleicht, während der Kaiser als Mond nur das Licht von der päpstlichen Sonne empfängt, ein Papst, der über große Teile Europas herrscht. Dem stellt die junge Gemeinschaft der Bettelmönche die franziskanische »Fraternitas« gegenüber. In seinen Ermahnungen schreibt Franz von Assisi: »Jene, die über andere gesetzt worden sind, sollen sich nur so dieses Oberenamtes rühmen, wie sie es tun würden, wenn sie zum Dienst der Fußwaschung an den Brüdern bestimmt worden wären. Und je mehr sie über den Entzug des Oberenamtes stärker in Aufregung versetzt werden als über das Amt der Fußwaschung, umso mehr häufen sie sich Reichtümer an als Gefahr für die Seele.« (Erm 4) Im konkreten Leben wollen die Brüder Vorbilder für ein Leben aus dem Evangelium sein: die radikale Armut statt großer Kathedralen und Paläste, die konkrete Sorge um die Ausgegrenzten, die Aufforderung, Andersdenkenden mit Ehrfurcht zu begegnen, die Achtung gegenüber der Schöpfung, der Vorrang des Lebenszeugnisses vor der Wortverkündigung. Die Reihe könnte man noch fortsetzen. Und es fällt auf, dass sich das, was Franz von Assisi und seine Gefährten ausmacht, im Verhalten von Papst Franziskus widerspiegelt. Auch wenn er selten direkt von seinem Namensgeber spricht, er handelt bewusst oder vielleicht auch intuitiv im Sinne des Heiligen von Assisi.

Die Aufforderung von Papst Franziskus, an der Seite derer zu stehen, die arm und ausgegrenzt sind, und die Nähe, die er gerade zu den Kranken und Menschen mit Behinderung sucht, sind Beispiele dafür, oder auch seine Offenheit zum Dialog beispielsweise mit Gruppen, die andere katholische Kirchenführer gerne als Sekten bezeichnen wie die Pfingstkirchen und Evangelikalen.

Wie bei Franz von Assisi ist auch für Papst Franziskus die Menschwerdung Gottes zentral in seiner Verkündigung. Der Heilige versuchte das zu unterstreichen, indem er 1223 in Greccio das Weihnachtsgeschehen in einer Krippe konkret nachstellt. Wenn Gott in die Welt kommt, dann müssen auch die Christen mitten in der Welt leben und wirken. Wie Gott müssen sich auch die, die in der Nachfolge Jesu leben, demütig den Menschen zuwenden. Diese Haltung verinnerlicht Papst Franziskus für sich. Er möchte seine Worte und Taten als Angebot an die Menschen verstanden wissen, in die Nachfolge Jesu einzutreten. Dabei verurteilt er niemanden, der redlichen Herzens das Gute sucht. Hier lässt er wie Franz von Assisi Nachsicht und Barmherzigkeit walten. Zugleich findet er scharfe Worte für die, die anderen Unrecht zufügen, die Würde des Menschen oder der Schöpfung verletzen. Das trifft etwa zu, wenn er über Menschenhandel oder ungerechte Strukturen in der Wirtschaft oder Korruption in der Politik spricht.

Franziskus fordert wie Franz von Assisi eine radikale Umkehr der Christen und eine entschiedene Nachfolge. Beim Besuch in Assisi im Oktober 2013 erklärt der Papst: »Die Kirche sind wir alle! Alle! Angefangen beim ersten Getauften sind wir alle Kirche. Und wir alle müssen den Weg Jesu gehen, der selbst den Weg der ›Entkleidung‹, der Entäußerung, gegangen ist. So wurde er zum Knecht, zum Diener; er wollte sich demütigen bis zum Kreuzesopfer. Und wenn wir Christen sein wollen, dann gibt es keinen anderen Weg. Können wir denn kein Christentum machen, das ein bisschen menschlicher ist – sagen die einen –, ohne Kreuz, ohne Jesus, ohne ›Entkleidung‹? Auf diese Weise würden wir ›Christen aus der Konditorei‹ werden; Christen, die wie schöne Torten sind, wie schöne, süße Dinge!

Schön zwar, aber doch alles andere als Christen!« Das Kreuz und der leidende Christus, die für Franz von Assisi wichtig sind, sind auch für Papst Franziskus zentral. »Wenn wir ohne das Kreuz gehen, wenn wir ohne das Kreuz aufbauen und Christus ohne Kreuz bekennen, sind wir nicht Jünger des Herrn: Wir sind weltlich, wir sind Bischöfe, Priester, Kardinäle, Päpste, aber nicht Jünger des Herrn«, sagt er bei seiner Dankmesse nach dem Konklave am 14. März 2013 vor den Kardinälen. Eines der Lieblingsgemälde von Papst Franziskus ist die »Weiße Kreuzigung« von Marc Chagall (1887–1985). Obwohl es unter dem Eindruck der Reichspogromnacht gemalt sei, sei es nicht grausam, sondern im Gekreuzigten komme Hoffnung zum Ausdruck. Dieses Verständnis des Kreuzestodes Jesu deutet Papst Franziskus bei seinem Besuch in Assisi: »Der Gekreuzigte spricht uns nicht von Niederlage, von Scheitern. Paradoxerweise spricht er uns von einem Tod, der Leben ist, der Leben hervorbringt, denn er spricht uns von Liebe, weil er die Mensch gewordene Liebe Gottes ist. Und die Liebe stirbt nicht, nein, sie besiegt das Böse und den Tod.«

In diesem Sinn kommt dem leidenden Christus in der Heimat des Papstes eine wichtige Rolle zu. Im Abschlussdokument der CELAM-Konferenz von Aparecida wurde unter Federführung des damaligen Kardinals Bergoglio formuliert: »Unsere Völker identifizieren sich besonders mit dem leidenden Christus. Sie schauen ihn an, küssen ihn oder berühren seine Fußwunden, als ob sie sagen wollten: Dieser ist es, ›der mich geliebt und sich für mich hingegeben hat‹ (Gal 2,20). Viele von ihnen sind geschlagen, missachtet, ihrer Kleider beraubt und sind trotzdem nicht mutlos geworden. In der ihnen eigenen Frömmigkeit klammern sie sich an die grenzenlose Liebe, die sie bei Gott erfahren und die ihnen immer wieder neu ihre eigene Würde ins Gedächtnis ruft.« Der leidende Christus ist für Papst Franziskus einerseits Zeichen der Hoffnung, zum anderen aber auch Mahnung und Symbol der leidenden Menschen. »Die evangelisierende Gemeinde stellt sich durch Werke und Gesten in das Alltagsleben der anderen, verkürzt die Distanzen, erniedrigt sich nötigenfalls bis zur Demütigung und nimmt das menschliche Leben an, indem sie im Volk mit dem leidenden Leib Christi in Berührung kommt.« (EG 24)

Der Papst sieht drei Botschaften des heiligen Franz für die Menschen heute: Die Liebe zu den Armen und die »Nachahmung des armen Christus« seien in dem Heiligen untrennbar miteinander verbunden wie zwei Seiten einer Medaille. Der Gläubige könne lernen: »Christsein ist eine lebendige Beziehung zur Person Jesu, ist ein Sich-Bekleiden mit ihm, ein Ihm-ähnlich-Werden.« Franz bezeuge zweitens: »Wer Christus nachfolge, empfange den wahren Frieden.« Dieser Frieden sei »keine Gefühlsduselei«. Sondern es gehe darum, das Joch Christi auf sich zu nehmen und dem Gebot Jesu zu folgen: »Liebt einander, wie ich euch geliebt habe.« Dieses Joch könne man nicht mit Arroganz, mit Überheblichkeit oder Hochmut tragen, sondern nur mit Güte und Herzensdemut. Das Dritte sei schließlich die »Achtung gegenüber allem, was Gott erschaffen hat«. Das zentrale Anliegen des Franz von Assisi beschreibt Franziskus beim Treffen mit Jugendlichen in der Geburtsstadt des heiligen Franz so: »Hier in Assisi, bei der Portiunkula, da scheint mir, als würde ich die Stimme des Franziskus hören, der ruft: ›Evangelium, Evangelium!‹ Und das sagt er auch zu mir, ja, vor allem zu mir: Papst Franziskus, sei Diener des Evangeliums! Wenn es mir nicht gelingt, ein Diener des Evangeliums zu sein, dann ist mein Leben wertlos!«

An einem wichtigen Punkt unterscheidet sich Papst Franziskus von seinem Namensgeber: die Annahme des hohen Amtes als Papst. Franz von Assisi hätte dies sicherlich abgelehnt. Selbstverständlich hatte die Bewegung der

Bettelmönche auch eine Struktur; doch Franz hatte diese nur widerwillig akzeptiert. Jorge Mario Bergoglio nimmt an, entgegen seinem Vorbild. Und: obwohl er ein Jesuit ist. Die Mitglieder des Ordens des heiligen Ignatius legen ein Gelübde ab, dass sie keine kirchlichen Ämter anstreben. »Würden annehmen hieße, unsere eigenen Totengräber zu sein.« Diese Worte gab Ignatius seinen Mitbrüdern mit auf den Weg. Prinzipiell gilt diese Weisung bis heute. Aus diesem Grund gibt es nur wenige Jesuiten, die Bischöfe sind. Meist sind sie in Ländern eingesetzt, die traditionell zu den Missionsländern der Kirche gehören, also in Afrika, Asien oder Lateinamerika. Zwei Jesuitenbischöfe haben in der jüngeren Vergangenheit große Bekanntheit erlangt. Das ist zum einen der langjährige Erzbischof von Mailand, Kardinal Carlo Maria Martini (1927–2012), zeitlebens ein kritischer Geist in der katholischen Kirche, und eben Jorge Mario Bergoglio, der Erzbischof von Buenos Aires. Namhafte Jesuiten finden sich unter den Theologen wie die Brüder Hugo und Karl Rahner oder Hans Urs von Balthasar. Die berühmten Sozialethiker Oswald von Nell-Breuning, Anton Rauscher und Friedhelm Hengsbach waren bzw. sind Jesuiten. Unter den Mitgliedern des Ordens finden sich aber auch Naturwissenschaftler, Schriftsteller sowie Islamwissenschaftler und Sinologen. Eines der Kennzeichen des Ordens ist es, dort präsent zu sein, wo er gebraucht wird. Die Jesuiten suchen den Dialog mit Gesellschaft, Kultur und Wissenschaft.

Das besondere Charisma des Ordens ergibt sich aus der Zeit seiner Entstehung und den Lebensumständen des Gründers. Ignatius von Loyola wird 1491 im spanischen Baskenland geboren. Er entstammt einem angesehenen Adelsgeschlecht und erhält der Familientradition entsprechend eine höfisch-militärische Ausbildung. Diese militärische Prägung ist bis heute vereinzelt in den Strukturen,

Entscheidungsfindungsprozessen und Bezeichnungen des Ordens wie dem »Generaloberen« erkennbar. Der Obere muss sich vor einer Entscheidung beraten lassen. Dafür gibt es in der Satzung vorgeschriebene Gremien. Doch die Entscheidung fällt der Obere dann völlig autark. Er trägt dafür natürlich auch die alleinige Verantwortung. Der Obere entscheidet auch über den Einsatz der einzelnen Mitbrüder. Dort, wo sie gebraucht werden, gehen sie hin. Die Mitglieder leben nicht in einem Kloster, sondern in kleinen Gemeinschaften an ihren Einsatzorten. Eine einheitliche Ordenskleidung haben sie nicht. Die Jesuiten legen die üblichen Ordensgelübde ab: Armut, Keuschheit und Gehorsam (gegenüber den Ordensoberen). Dazu kommt noch ein viertes Verspechen, das es nur bei den Jesuiten gibt: ein Gehorsamsgelübde gegenüber dem Papst. Denn der Orden bindet sich in besonderer Weise an den Papst und steht zu dessen Verfügung. Das führte in der Geschichte des Ordens immer wieder zu Spannungen mit den Herrschern und konkurrierenden Mächten in Europa. Clemens XIV. muss auf Druck Frankreichs den Orden 1773 sogar auflösen. Erst 1814 gelingt unter Pius VII. seine Neugründung.

Im Orden wird gemäß den Gründungsidealen des Ignatius großer Wert auf die Ausbildung der Mitglieder gelegt. Obwohl die Jesuiten sich nicht als gegenreformatorische Bewegung verstehen, ihre Gründung 1539 fällt in die turbulente Zeit der Reformation. Überall in Europa treten Reformatoren auf, die nach den Wirren des Mittelalters eine radikale Umkehr der Kirche zu ihren Ursprüngen fordern. Die Reform der katholischen Kirche will Ignatius von innen heraus realisieren, aus einer vertieften Frömmigkeit und Christusbegegnung des Einzelnen heraus. Inspiriert ist er dabei übrigens auch durch den heiligen Franz von Assisi. Als Ignatius wegen einer Kampfverletzung längere Zeit das Bett hüten muss, liest er die Bibel und Heiligenlegenden, darunter die Vita des Poverello. Diese Lektüre ist ausschlaggebend dafür, dass Ignatius seine Militärkarriere aufgibt und sich dem Studium der Philosophie und später auch der Theologie widmet. Schnell merkt Ignatius, dass eine solide Ausbildung Grundlage eines erfolgreichen Wirkens als Seelsorger ist. Zunächst sieht er das nur als Aufgabe für sich und seine Gefährten zur Vorbereitung für ihre Arbeit. Doch schnell erkennen die jungen Jesuiten, dass am Ende des Mittelalters im Bereich der Bildung vieles im Argen liegt. Sie gründen Schulen und Ausbildungsstätten. Bis heute ist das ein wichtiges Tätigkeitsfeld für den Orden. Auch Jorge Mario Bergoglio erfährt die intensive und breit angelegte geisteswissenschaftliche Ausbildung der Jesuiten. Von 1960 bis 1964 studiert er zunächst Geisteswissenschaften in Chile, dann Philosophie in Buenos Aires. Im Anschluss wird er Dozent für Literatur und Psychologie. Im Laufe seines Lebens wird er wiederholt an Bildungseinrichtungen der Jesuiten als Dozent tätig sein. Später als Erzbischof von Buenos Aires ist ein Schwerpunkt seiner Arbeit die Sorge um Bildungsangebote für die Menschen aller Generationen in den Armenvierteln. Überall in den Gemeindezentren in den Villas gibt es Nachhilfeangebote für Schüler sowie Fort- und Weiterbildungsangebote für Erwachsene. Die Lehrer werden in der Regel vom Staat bezahlt. Den Raum stellt die Kirche. Entwicklung durch Bildung lautet die Devise, ein urkatholisches Prinzip, wenn es darum geht, den Menschen zu helfen, sich aus ungerechten Verhältnissen und Benachteiligung zu befreien. Bergoglio steht hinter diesem Konzept.

Katholische Ordensgemeinschaften dürfen kein Ort der Weltflucht sein, so Papst Franziskus bei einer Begegnung mit Vertretern von Männerorden Anfang 2014. Das hat er bei seinem Orden gelernt, und das passt auch in sein Bild der Kirche, die sich nicht abschotten darf, sondern in der

Welt wirken muss. Bei einem Treffen mit Schülern von Jesuitenschulen spricht Franziskus im Juni 2013 über seine Motivation, in den Orden einzutreten: »Was mir viel Kraft geschenkt hat, um Jesuit zu werden, ist der Missionsgeist: nach draußen gehen, in die Missionen gehen, um Jesus Christus zu verkündigen. Ich glaube, dass gerade das unsere Spiritualität ausmacht: nach draußen gehen, hinausgehen, immer hinausgehen, um Jesus Christus zu verkündigen, und nicht ein wenig in unseren Strukturen verschlossen bleiben, die oft vergängliche Strukturen sind. Das hat mich bewegt.« Eigentlich wollte der junge Jorge Mario Bergoglio nach Japan in die Mission. Doch Jesuitengeneral Pedro Arrupe, den Bergoglio sehr schätzt, lehnt das mit Verweis auf seine Lungenerkrankung ab. Kurz nach seinem Eintritt in das Noviziat des Jesuitenordens 1958 erkrankte Bergoglio schwer. Ein Teil seines rechten Lungenflügels musste entfernt werden. Trotz der Enttäuschung gibt Bergoglio sein Ziel, Jesuit zu werden, nicht auf.

Neben der philosophischen und theologischen Ausbildung prägt ihn auch die besondere Spiritualität der Jesuiten. Gute Bildung und strenge geistliche Übungen sind Kennzeichen des Ordens. Die Jesuiten gelten daher auch als Elite und Avantgarde des Katholizismus. Ein zentrales Element des spirituellen Lebens sind die ignatianischen Exerzitien. Sie dienen der inneren Reifung sowie der Festigung des Glaubens. Sie gehen auf Ignatius von Loyola selbst zurück, der auf dem Krankenbett seine geistlichen Erfahrungen in den »Geistlichen Übungen« aufgeschrieben hat. Die Exerzitien dauern vier Wochen. Ziel ist es, das eigene Leben vor dem Hintergrund der Berichte über das Leben Jesu in den Evangelien zu reflektieren, um so in eine radikale Nachfolge Jesu einzutreten sowie in eine immer größere Liebe Gottes. Mit dieser Form der Selbstreflexion vollzieht Ignatius von Loyola bereits im 16. Jahrhundert eine radikale Wende in der christlichen Spiritualitätsgeschichte durch die radikale Hinwendung zum Subjekt, dem einzelnen Glaubenden. Es geht um die ganz persönliche Gottesbeziehung. »Nur wenn man in Gott seinen Mittelpunkt hat, ist es möglich, auf die Randgebiete der Welt zuzugehen«, ist Papst Franziskus überzeugt.

Im Rahmen der Exerzitien wird das eigene Leben erforscht. Schwächen sollen erkannt, angenommen und gegebenenfalls behoben werden. Gleiches gilt für die Stärken und Charismen, die gefördert werden sollen. Wenn man sich einige Grundworte ignatianischer Spiritualität genauer ansieht, wirken sie wie eine Aufzählung zentraler Begriffe in der Verkündigung von Papst Franziskus oder Kennzeichen seines Handelns. Ignatianische Spiritualität ist »Weg«, ein Leben im Prozess, unterwegs sein. Papst Franziskus hat bei seinem ersten Auftritt nach dem Konklave auf der Loggia des Petersdoms von dem »gemeinsamen Weg« gesprochen, auf den er sich mit den Gläubigen zusammen machen möchte. In seinen Ansprachen finden sich ständig Verben der »Bewegung«. Bei der ersten Messe mit den Kardinälen am Tag nach der Wahl spricht er von »gehen, aufbauen, bekennen« als wichtigen Kategorien im Leben der Christen und der Kirche. Prozesshaftes Denken und Handeln ist typisch für Papst Franziskus. In der Spiritualität spielen Großmut und Dankbarkeit eine wichtige Rolle sowie die Indifferenz. Zugegeben, das ist ein schwieriger Begriff. Ignatius schreibt dazu: »Wahr dir in allen Dingen die Freiheit des Geistes. Schiele in nichts auf Menschenrücksicht, sondern halte deinen Geist innerlich so frei, dass du auch stets das Gegenteil tun könntest. Lass dich von keinem Hindernis abhalten, diese Geistesfreiheit zu hüten. Sie gib niemals auf!« Indifferenz ist also nicht Gleichgültigkeit, sondern ein inneres Gleichgewicht, das echte Freiheit erst ermöglicht. Um diese Indifferenz zu erreichen, hilft die »Unterscheidung der Geister«. Nach Ignatius gibt es Regungen und Gefühle, die »dauerhaft tröstlich« sind und daher von Gottes Geist kommen. Und es gibt solche, die »untröstlich« oder traurig machen und daher vom »Un-Geist« kommen. In diesem Sinn ist eine Auseinandersetzung mit dem Bösen, dem Versucher, dem Teufel, ein zentrales Thema bei den ignatianischen Exerzitien; denn es geht darum, das Richtige vom Falschen zu unterscheiden, das Gute vom Bösen. Für Franziskus ist es daher selbstverständlich, auch öffentlich vom Teufel zu sprechen.

Was für europäische Ohren ungewohnt klingt, ist für den Jesuiten Franziskus nichts Besonderes. Abgesehen davon, hat das Böse in der kirchlichen Verkündigung in Lateinamerika einen ganz normalen Platz. Das Denken ist stark von einem Dualismus geprägt. Gegensatzpaare wie »Gott und Teufel« klingen nicht ungewohnt. »Wer nicht zum Herrn betet, betet zum Teufel«, zitiert Franziskus Léon Bloy in seiner ersten Predigt nach der Wahl. Wie selbstverständlich warnt er daher auch im April 2014 bei der Morgenmesse in Santa Marta davor, die Rede vom Teufel als altmodisch abzutun. »Es gibt den Teufel auch im 21. Jahrhundert!« Der »Geist des Bösen« wolle ein christliches Leben verhindern.

Ein weiteres Kennzeichen der ignatianischen Spiritualität ist die Sehnsucht. »Ohne Sehnsucht bewegt man sich nicht vorwärts, und deshalb muss man die eigenen Sehnsüchte dem Herrn darbringen«, sagt Papst Franziskus. Eng damit verbunden ist das »magis – mehr«. Es geht Ignatius darum, ständig zu wachsen, in der Demut, in der Dankbarkeit, in der Liebe zu Gott. Der ganze Prozess des geistlichen Lebens bei Ignatius wird umfangen von der Vorstellung, Gott in allen Dingen zu finden. Er vertritt eine weltzugewandte Spiritualität, die der des Franz von Assisi sehr nahekommt.

Ein großes Vorbild für Papst Franziskus ist der Jesuit Peter Faber. Für ihn macht Bergoglio eine der wenigen Ausnahmen bei Heiligsprechungsverfahren. Ohne eine offizielle Feier wird Faber am 17. Dezember 2013 zum Heiligen erklärt. Bis Sommer 2014 spricht Franziskus bereits fünf Menschen sozusagen auf dem »Verwaltungsweg« heilig, darunter neben Faber noch einen zweiten Jesuiten: den Spanier José de Anchieta (1534–1597). Johannes Paul II. wählte dieses Sonderverfahren in seiner langen Amtszeit mit den unzähligen Selig- und Heiligsprechungen dreimal, Benedikt XVI. einmal im Falle der heiligen Hildegard von Bingen. Dieses Vorgehen wird meist dann angewendet, wenn es sich um Personen handelt, die vor langer Zeit lebten und im Ruf unangefochtener Heiligkeit stehen.

Peter Faber lebte in der ersten Hälfte des 16. Jahrhunderts. Er wird am 13. April 1506 in Le Villaret im heutigen Frankreich geboren. Mit 19 beginnt er sein Studium an der Sorbonne in Paris. Dort begegnet er dem vier Jahre jüngeren Basken Ignatius von Loyola. Im Kolleg Sankt Barbara teilen sie sich ein Zimmer. Faber feiert 1534 auf dem Montmarte in Paris die Messe, in der Ignatius und seine Gefährten die Gelübde ablegen und damit den Grundstein für den späteren Jesuitenorden legen. Magister Faber, wie er von seinen Zeitgenossen genannt wird, wirkt an unterschiedlichsten Orten. Er erteilt Kindern Katechismusunterricht, predigt an Höfen und ist ein gefragter geistlicher Begleiter. Bei seinen zahlreichen Reisen durch Europa, die ihn nach Frankreich, Italien, die Niederlande, Portugal und Spanien führen, kommt er 1540 als erster Jesuit nach Deutschland. Im Auftrag von Papst Paul III. begleitet er den kaiserlichen Gesandten Pedro Ortiz 1540 und 1541 zu den Reichstagen und Religionsgesprächen in Worms und Regensburg. 1543 wirkt er in den Bistümern Speyer, Mainz und Köln unter anderem als Exerzitienmeister. Der heilige Ignatius wird mit den Worten zitiert, dass »er der beste im Geben von

Exerzitien« sei. In Mainz lernt er Petrus Canisius kennen, den er für den Jesuitenorden gewinnt. Canisius, 1925 zum Kirchenlehrer erhoben, gilt zusammen mit Bonifatius als »Apostel Deutschlands«. Er schreibt in seiner Autobiographie über seinen Mitbruder Petrus Faber: »Ich habe nie einen Theologen gehört, der gebildeter und tiefer gewesen wäre, ein Mensch solcher beeindruckender und außergewöhnlicher Heiligkeit. (...) Jedes seiner Worte, sowohl in den Gesprächen als auch in den freundschaftlichen Treffen, auch bei Tisch war inspiriert vom Respekt gegenüber Gott und der Pietät. Er war nie langweilig für seine Zuhörer.« Faber habe eine große Zahl von Priestern und Ordensleuten, die in persönlichen Schwierigkeiten waren, durch seine Exhortationen und seine Hilfe zur Umkehr gebracht. 1544 gründet er die erste deutsche Jesuitenniederlassung in Köln.

In den Biographien des Jesuiten der ersten Stunde werden vor allem seine Freundlichkeit, Bescheidenheit und Sensibilität gewürdigt. Mit seinem Wirken will er eine innerkirchliche Erneuerung erreichen. So glaubt er, die Spaltung der Konfessionen, die mit der Reformation entstanden war, überwinden zu können. Im Umgang mit den Protestanten wirbt er für Milde und Toleranz. »Er hat im Gespräch mit Andersdenkenden und Andersgläubigen nie die Konfrontation gesucht. Dialog statt Verketzerung – das ist eine Ermutigung für alle, die sich für Einheit und Versöhnung in der Kirche engagieren.« Das erklärt der Provinzial der deutschen Jesuiten, Stefan Kiechle, aus Anlass der Heiligsprechung Fabers. Zum Wirken des Jesuiten schreibt die Historikerin der deutschen Provinz, Rita Haub: »Fabers Seelsorge ist gekennzeichnet durch den Mut, jeden ernst zu nehmen in seinem persönlichen Glauben und ihm authentische Glaubenserfahrung zuzutrauen.« Faber gilt, wie alle ersten Gefährten des Ignatius, als »Reformpriester«, dem es darum geht, den Glauben neu zu beleben. Dabei habe er, so

Haub, eine doppelte Reform im Sinn: zum einen des eigenen Lebens, zum anderen die der Gläubigen. Dies zeigt einen sehr personalen Ansatz. Dabei spielten die Exerzitien eine zentrale Rolle. Im Rahmen der geistlichen Übungen geht es um die Frage, was im eigenen Leben und Glauben geändert werden muss, um dem Evangelium gemäßer zu leben. Jesuitengeneral Nicolas schreibt aus Anlass der Heiligsprechung »Magister Fabers«: »Fabers Haltung zu Beginn der Gesellschaft drückt unsere heutige Berufung aus, an den Grenzen präsent zu sein und als Brücken der Versöhnung zu wirken.«

Parallelen zum Wirken des amtierenden Jesuitenpapstes sind unverkennbar. Im Interview mit den Jesuitenzeitschriften sagt Franziskus, was er an Faber so schätzt: »Der Dialog mit allen, auch mit den Fernstehenderen und Gegnern, die schlichte Frömmigkeit, vielleicht eine gewisse Naivität, die unmittelbare Verfügbarkeit, seine aufmerksame innere Unterscheidung, die Tatsache, dass er ein Mann großer und starker Entscheidungen und zugleich fähig war, so sanftmütig, so sanftmütig zu sein ...« Als Jesuitenprovinzial lässt Bergoglio in Argentinien eine kritische Ausgabe des Memoriale herausgeben, der zentralen Schrift Fabers. Darin schreibt der Heilige in der Sprache seiner Zeit: »Als Erstes muss, wer den Irrgläubigen unserer Zeit helfen will, zusehen, dass er ihnen viel Liebe entgegenbringt und dass er sie in Wahrheit liebt, indem er seinen Geist von allen Überlegungen freimacht, die der Achtung vor ihnen abträglich sein könnten. Als Zweites müssen wir ihre Gunst zu gewinnen suchen, dass sie uns lieben und uns einen guten Platz in ihrem Geiste geben. Das geschieht, wenn man sich mit ihnen freundschaftlich über Dinge unterhält, die ihnen und uns gemeinsam sind, und sich vor allen Streitgesprächen hütet, wo einer den anderen herabzusetzen sucht. Zuerst nämlich müssen wir mit ihnen in den Dingen Umgang pflegen, die uns einen, und nicht in den anderen, wo eine Verschiedenheit der Auffassungen zutage tritt.«

Ins 21. Jahrhundert übersetzt, erkennt man in diesen Worten Fabers viel von dem, wie Papst Franziskus heute Menschen begegnet. Es geht dabei nicht um eine Vorstellung von Ökumene im Sinne einer Rückkehrökumene, sondern um die Haltung, wie Faber im 16. Jahrhundert und Franziskus im 21. Jahrhundert Menschen begegnet. In seiner Predigt beim Dankgottesdienst für die Heiligsprechung von Peter Faber im Januar 2014 in der Jesuitenkirche Il Gesù in Rom fasst Papst Franziskus zusammen, was man von dem neuen Heiligen lernen kann: »Mir kommt die Versuchung in den Sinn, die wir vielleicht haben könnten und die viele haben, nämlich die Verkündigung des Evangeliums mit inquisitorischen, verurteilenden Stockhieben in Verbindung zu bringen. Nein, das Evangelium muss mit Sanftmut, mit Brüderlichkeit, mit Liebe verkündet werden. Seine Vertrautheit mit Gott führte ihn dazu, zu verstehen, dass die innere Erfahrung und das Leben des Apostolats stets miteinander einhergehen.« Mit der Heiligsprechung per Dekret am 17. Dezember 2013 macht sich Papst Franziskus wohl selbst das größte Geschenk zu seinem 77. Geburtstag, den er an diesem Tag feiert.

Kontinuität oder Bruch?
Zwei Päpste im Vatikan

Das war eine Bombe, gell!«, kommentierte Benedikt XVI. seine Rücktrittsankündigung bei einer Begegnung mit dem Münchner Erzbischof, Kardinal Reinhard Marx. In der Tat wird der 11. Februar 2013 für viele Menschen im Gedächtnis bleiben, besonders der Moment, als sie von der Ankündigung des Amtsverzichts von Benedikt XVI. erfahren haben. In Deutschland ist Rosenmontag. In den Karnevalshochburgen am Rhein sind die Menschen gerade auf dem Weg zu den Umzügen. Viele glauben an einen Karnevalsscherz, als kurz vor 12 Uhr die Nachrichtenagenturen mit Eilmeldungen verkünden: »Papst Benedikt XVI. will zurücktreten«. Joseph Ratzinger, der zwar Träger des Valentins-Ordens ist, denkt in diesem Moment nicht an die Karnevalisten in seiner Heimat. Er spricht mit ruhiger, aber gebrechlicher Stimme das aus, was bisher noch kein Papst gewagt hat: ein freiwilliger Amtsverzicht. Das Alter und die Strapazen des Amtes, die Skandale der letzten Jahre sowie die Herausforderungen, vor denen Kirche und Gesellschaft stehen, das alles lässt Benedikt XVI. zu dem Schluss kommen, dass er in Verantwortung vor Gott und den Menschen das Amt nicht mehr so ausüben kann, wie es gefordert wäre. Eigentlich wollte er schon knapp zwei Monate früher diesen Schritt bekanntgeben. Den traditionellen Weihnachtsempfang für die Kurie am 21. Dezember 2012 hatte Benedikt XVI. ursprünglich dafür vorgesehen. Doch seine engsten Mitarbeiter, darunter der damalige Kardinalstaatssekretär und Papstintimus Tarcisio Bertone und Papstsekretär Erzbischof Georg Gänswein, können ihn überzeugen, dass diese Nachricht so kurz vor Weihnachten unpassend wäre. Sie würde zu viel Unruhe in die katholische Kirche bringen. Also verschiebt Benedikt XVI. die Bekanntgabe seiner Entscheidung. Aber die beiden können den Papst nicht davon abbringen zurückzutreten.

Die Choreographie sieht nun vor, dass der Papst bei dem traditionell am Montag vor Aschermittwoch stattfindenden Konsistorium für einige Fälle bevorstehender Selig- und Heiligsprechungen seinen Amtsverzicht öffentlich machen wird. Der Zeitpunkt ist so gewählt, dass die Wahl des Nachfolgers in der Fastenzeit stattfinden kann und so für die Kar- und Osterfeierlichkeiten der neue Papst im Amt ist. Benedikt XVI. tritt nicht mit sofortiger Wirkung zurück, sondern kündigt seinen Rückzug für den 28. Februar an. Die Kirche bekommt dadurch etwas Zeit, den historischen Schritt zu verarbeiten und einen einigermaßen geordneten Übergang in dieser Sondersituation zu schaffen. Für die Kardinäle, die später den neuen Papst wählen müssen, schafft dieser Rückzug mit Vorlauf mehr Zeit, sich Gedanken über die Situation und die Zukunft der Kirche zu machen. Für Benedikt XVI. bietet er die Möglichkeit, weitgehend geordnet aus dem Amt zu scheiden, obwohl doch plötzlich alles ganz schnell geht. Zwei Tage nach der Ankündigung des Amtsverzichts zelebriert er bereits den letzten öffentlichen Gottesdienst. Sonntag nach der Ankündigung beginnen die einwöchigen Fastenexerzitien der Kurie. Während dieser Zeit gibt es keine öffentlichen Termine. Schließlich bleibt nur noch die Generalaudienz am 27. Februar, um sich von den Gläubigen und der Welt zu verabschieden. Am Tag des Amtsverzichts gibt es lediglich ein letztes Treffen mit den Kardinälen im Vatikan. Ohne große Abschiedszeremonie verlässt Benedikt XVI. gegen 17 Uhr den Apostolischen Palast im Vatikan und fliegt mit dem

Hubschrauber in die päpstliche Sommerresidenz nach Castelgandolfo rund 20 Kilometer südöstlich von Rom. Dort zeigt er sich gegen 17.40 Uhr noch einmal den Gläubigen, die sich auf dem Dorfplatz versammelt haben, und zieht sich dann zurück. Um 19.59 Uhr endet das Pontifikat von Benedikt XVI. nach knapp acht Jahren. Um 20 Uhr gibt es erstmals einen emeritierten Papst.

Gereift ist die Entscheidung schon lange. Spätestens nach der anstrengenden Reise nach Mexiko und Kuba im März 2012 kommt Benedikt XVI. zu der Erkenntnis, dass seine Kräfte nicht mehr ausreichen, um das Amt so zu führen, wie er es sich vorstellt. Vertraute, die ihn seit Jahrzehnten kennen, hören den Papst erstmals ernsthaft über die Last des Amtes und die schwindenden Kräfte klagen. Doch seit Anfang 2012 braut sich ein neuer Skandal über dem Vatikan zusammen: die Vatileaks-Affäre. Vertrauliche Dokumente vom Schreibtisch des Papstes oder konkreter seiner Sekretäre gelangen im großen Stil an die Öffentlichkeit. Im April 2012 beauftragt Benedikt XVI. eine dreiköpfige Kardinalskommission damit, die Hintergründe des Skandals zu untersuchen. Ende Mai wird der Kammerdiener des Papstes, Paolo Gabriele, verhaftet und im Oktober 2012 wegen »schweren Diebstahls« zu eineinhalb Jahren Haft verurteilt. Am 17. Dezember 2012 übergibt die Kardinalskommission dem Papst ihre Untersuchungsergebnisse. Wenige Tage später begnadigt Benedikt XVI. seinen ehemaligen Kammerdiener. Somit ist die Vatileaks-Affäre zu einem vorläufigen Ende gekommen. Benedikt XVI. wird die Unterlagen der Kardinäle seinem Nachfolger übergeben. Der soll daraus die Konsequenzen ziehen und im Vatikan aufräumen. Für Benedikt XVI. ist damit der Zeitpunkt gekommen, sich zurückzuziehen. Denn mehrfach hatte er in den vergangenen Jahren betont, dass er in einer schwierigen Situation nicht davonlaufen wolle. Weihnachten 2012 bedeutet für ihn in der Vatileaks-Affäre eine Zäsur: der Kammerdiener ist begnadigt, der Untersuchungsbericht der Kardinalskommission liegt vor. So kann Benedikt XVI. seinen lange vorbereiteten Schritt gehen. Aus einem Gespräch mit dem Ökumenischen Patriarchen Bartholomaios I. aus dem Jahr 2011 wird berichtet, der Patriarch habe Ende Oktober am Rande des Friedensgebets in Assisi Benedikt XVI. eine gemeinsame Pilgerfahrt ins Heilige Land im Jahr 2014 vorgeschlagen. Anlass sollte der 50. Jahrestag der historischen Begegnung von Papst Paul VI. und Patriarch Athenagoras 1964 in Jerusalem sein. Damals habe Benedikt XVI. geantwortet: »Da wird mein Nachfolger kommen!«

Dass Joseph Ratzinger sich einen Amtsverzicht vorstellen kann, daraus hat er nie einen Hehl gemacht. Trotzdem waren gerade seine treuesten Anhänger am meisten überrascht und auch entsetzt über die Entscheidung. Bis heute gibt es scharfe Kritiker des Amtsverzichts gerade im konservativen Lager der katholischen Kirche, die Benedikt XVI. immer gerne als einen der Ihren vereinnahmt haben. Er hat mit dem Schritt deutlich gemacht, dass er nicht am Amt klebt, dass er durchaus eine gewisse Distanz zwischen Amt und Person sieht und sich diese immer bewahrt hat. Das hat sich etwa auch bei seiner schriftstellerischen Tätigkeit gezeigt. Stets hat er während des Pontifikats seine privaten Bücher sowohl unter seinem Geburtsnamen Joseph Ratzinger als auch dem Papstnamen publiziert. Und in eben einem dieser Bücher, dem im November 2010 veröffentlichten Interviewband mit Peter Seewald, stellt Benedikt XVI. fest: »Wenn ein Papst zur klaren Erkenntnis kommt, dass er physisch, psychisch und geistig den Auftrag seines Amtes nicht mehr bewältigen kann, dann hat er ein Recht und unter Umständen auch eine Pflicht, zurückzutreten.« Fast wörtlich klingt die Formulierung am 11. Februar 2013 in der Rücktrittserklärung an: »Um das Schifflein Petri zu steuern und das Evangelium zu verkünden, ist sowohl die Kraft des Körpers als auch die Kraft des Geistes notwendig, eine Kraft, die in den vergangenen Monaten in mir derart abgenommen hat, dass ich mein Unvermögen erkennen muss, den mir anvertrauten Dienst weiter gut auszuführen.« Die Konsequenz für Benedikt XVI. lautet: Amtsverzicht. Zweimal war er übrigens auf den Spuren seines Vorgängers Coelestin V. gewandelt, jenem Papst, der 1294 von seinem Amt zurückgetreten ist. Im April 2009 besuchte er das Grab Coelestins in der Basilika Santa Maria di Collemaggio in L'Aquila, im Juli 2010 die Stadt Sulmona. In der Nähe der kleinen Stadt in den Abruzzen hatte Coelestin V. vor seiner Papstwahl als Einsiedler gelebt. Benedikt XVI. würdigt ihn damals als Vorbild für ein einfaches Leben in Stille und Dankbarkeit. Das führt Benedikt XVI. nach seinem Amtsverzicht im Kloster Mater Ecclesiae im Vatikan.

Der Vergleich mit dem Amtsverzicht von Coelestin V. hinkt etwas. Denn dieser ist 1294 nicht wirklich freiwillig zurückgetreten. Auch der Rücktritt Gregors XII. im Jahr 1415 kann nicht als Vergleich herangezogen werden. Der trat beim Konzil von Konstanz (1415–1417) zurück, um nach dem Abendländischen Schisma den Weg für einen von allen Seiten akzeptierten Petrusnachfolger frei zu machen. Damit ist der Schritt Benedikts XVI. als historisch zu bewerten, weil letztendlich einmalig. Dass er auch lange nach Vollzug noch nicht von allen akzeptiert wird, zeigt die Tatsache, dass Benedikt XVI. sich gezwungen sieht, zum Jahrestag des Amtsverzichts Ende Februar 2014 einer italienischen Tageszeitung zu schreiben: »An der Gültigkeit meines Rücktritts besteht nicht der geringste Zweifel.« Spekulationen darüber seien »schlicht absurd«. »Alleinige Bedingung für die Gültigkeit meines Amtsverzichts ist meine vollständige Entscheidungsfreiheit«, betont Benedikt XVI. Er reagiert damit auch auf Kritiker, die an der Gültigkeit seines Amtsverzichts unter anderem deshalb zweifeln, weil er ihn bei der Kardinalsversammlung nur mündlich vorgetragen habe. Allerdings sieht das Kirchenrecht im Canon 332 vor, dass der Amtsverzicht »frei geschieht und hinreichend kundgemacht, nicht jedoch, dass er von irgendwem angenommen wird«. Und das trifft zu, wie auch Benedikt XVI. noch einmal bestätigt. In dem Brief an die Tageszeitung weist er auch Spekulationen zurück, er sei in irgendeiner Form ein »Schattenpapst«. Dies hatten einige aus seiner Formulierung bei der letzten Generalaudienz am 27. Februar 2013 herausgelesen, er wolle »im engeren Bereich des heiligen Petrus« bleiben. Jetzt betont Benedikt XVI., es gebe keine »Diarchie«, also keine Doppelherrschaft, sondern nur einen amtierenden Papst und einen emeritierten Papst. Äußerlich macht Benedikt XVI. dies auch noch einmal deutlich beim ersten gemeinsamen öffentlichen Auftritt der beiden Päpste im Rahmen eines Gottesdienstes beim Konsistorium am 22. Februar 2014. Bei der Begrüßung der beiden Päpste nimmt Benedikt XVI. seinen Pileolus, das weiße Scheitelkäppchen, ab, um die hierarchischen Verhältnisse klar sichtbar zu machen. Dass er weiterhin in Weiß gekleidet ist und den Namen Benedikt XVI. behalten hat, begründet der emeritierte Papst in dem Schreiben an die Tageszeitung mit praktischen Gründen. »Im Moment des Amtsverzichts waren keine anderen Kleider zur Verfügung.« Er weist außerdem darauf hin, dass er sich in der weißen Kleidung unterscheide. Benedikt XVI. trägt seit seiner Emeritierung nur noch einen weißen Talar mit Brustkreuz. Der amtierende Papst trägt darüber hinaus eine weiße Mozzetta, den Schulterumhang und eine weiße Schärpe. Allerdings muss man zugeben, dass diese Unterscheidung nur den Kennern auffällt. Daher gibt es durchaus eine große Zahl von Kritikern, die zwar nicht den Amtsverzicht in Frage stellen, aber die Rahmenbedingungen. Dazu gehört die Frage, ob es am Ende eines Pontifikats eine Zeremonie geben sollte, in deren Rahmen der Papst seine Machtinsignien wie Fischerring und Pallium öffentlich ablegt, beispielsweise am Petrusgrab. Ungeklärt ist auch nach wie vor die Frage, wie es mit dem Amtsverzicht aussieht, wenn ein Papst durch Krankheit nicht mehr in der Lage ist, seinen Willen kundzutun.

Benedikt XVI. lebt seit Mai 2013 im Kloster Mater Ecclesiae im Vatikan. Das Gebäude steht unweit des geographischen Mittelpunkts des Vatikanstaats auf halber Höhe des vatikanischen Hügels. In dem rund 450 Quadratmeter großen Gebäude wohnt er zusammen mit seinem Privatsekretär, Erzbischof Georg Gänswein, sowie den vier Frauen der Gemeinschaft Comunione e Liberazione, die den Haushalt führen. Wie schon in seiner Zeit als Präfekt der Glaubenskongregation und als Papst kommt regelmäßig die Schönstattschwester Birgit Wansing, um Sekretariatsarbeiten zu erledigen. Sie gehört zu den wenigen, die die winzige und leicht krakelige Handschrift Joseph Ratzingers entziffern können. Der Tag des emeritierten Papstes ist klar strukturiert. Am Morgen feiert er mit den anderen Bewohnern die heilige Messe in der kleinen Kapelle. Nach dem Frühstück erledigt er Korrespondenz, liest Bücher oder empfängt Besucher. Nach dem Mittagessen macht er zusammen mit Erzbischof Gänswein einen kurzen Spaziergang in dem kleinen Wäldchen hinter dem Kloster. So ist er vor den neugierigen Blicken der Besucher der Kuppel des Petersdoms geschützt. Denn von dort oben hat man einen sehr guten Blick auf das Kloster. Nach einer Siesta folgt erneut ein kurzer Spaziergang im Wäldchen verbunden mit dem Rosenkranzgebet. Danach widmet sich Benedikt XVI. wieder der Post, die nach Aussage seines Sekretärs auch lange nach dem Amtsverzicht noch in großen Mengen eintrifft. Auch sei vieles während des Pontifikats liegengeblieben, das Benedikt XVI. als Pensionär nun abarbeite. Vereinzelt kommen am Nachmittag Besucher, darunter auch Gruppen aus der bayerischen Heimat, die heimische Spezialitäten oder einen musikalischen Gruß mitbringen. Nach dem Abendessen zieht sich Benedikt XVI. zurück, hört etwas Musik, besonders gern Mozart, Bach oder Beethoven, oder spielt selbst noch etwas Klavier. Vereinzelt gibt es auch nach dem Amtsverzicht von Benedikt XVI. noch kleinere Konzertaufführungen. Diese finden im Sendesaal von Radio Vatikan statt, der sich in unmittelbarer Nähe zum Kloster in einem alten Wehrturm befindet. Mit zunehmendem Alter fällt Benedikt XVI. das Gehen schwer, so dass die Spaziergänge seltener und kürzer werden. Mehrmals im Jahr kommt sein Bruder Georg aus Regensburg zu Besuch.

Benedikt XVI. bleibt Papst, aber eben als Emeritus. Wie er sich das konkret vorstellt, skizziert er bei seinen letzten Auftritten vor dem Amtsverzicht. Bei einer Begegnung mit Priestern drei Tage nach der überraschenden Ankündigung erklärt er, dass er »für die Welt verborgen« bleiben wolle. Vor diesem Hintergrund ist das zu verstehen, was er bei seiner letzten Generalaudienz am 27. Februar 2013 sagt: »Es gibt keine Rückkehr ins Private. Meine Entscheidung, auf die aktive Ausführung des Amtes zu verzichten, nimmt dies nicht zurück. Ich kehre nicht ins private Leben zurück – in ein Leben mit Reisen, Begegnungen, Empfängen, Vorträgen usw. Ich gehe nicht vom Kreuz weg, sondern bleibe auf neue Weise beim gekreuzigten Herrn. Ich trage nicht mehr die amtliche Vollmacht für die Leitung der Kirche, aber im Dienst des Gebetes bleibe ich sozusagen im engeren Bereich des heiligen Petrus.« Damit keine Missverständnisse auftauchen, präzisiert er am Tag danach bei der Verabschiedung von den Kardinälen: »Unter euch, im Kardinalskollegium, ist auch der zukünftige Papst, dem ich schon heute meine bedingungslose Ehrerbietung und meinen bedin-

gungslosen Gehorsam verspreche.« Mit diesen drei Eck-
pfeilern: verborgen von der Welt, Leben des Gebets und
bedingungsloser Gehorsam gegenüber dem Nachfolger eröffnet Benedikt XVI. den größtmöglichen Spielraum für die
Gestaltung des Platzes für einen emeritierten Papst in der
katholischen Kirche. Die Situation ist völlig neu. Dessen ist
sich Joseph Ratzinger bewusst. Er mutet der Kirche mit
dieser Entscheidung auch einiges zu. Bisher wurde vor einem Amtsverzicht des Papstes immer gewarnt. Das
Schreckgespenst eines Schismas wurde heraufbeschworen,
das ein Rücktritt auslösen könnte. »Ich habe diesen Schritt
im vollen Bewusstsein seines schwerwiegenden Ernstes und
seiner Neuheit, aber mit einer tiefen Seelenruhe getan. Die
Kirche zu lieben bedeutet auch, den Mut zu haben, schwierige, durchlittene Entscheidungen zu treffen und dabei immer das Wohl der Kirche und nicht sich selbst im Auge zu
haben«, so Benedikt XVI. kurz vor Ende seines Pontifikats.

Auch Benedikt XVI. ist unsicher, wie die Zukunft werden
wird. Deshalb eröffnet er den größtmöglichen Spielraum.
Wenn er seit seiner Rückkehr ins Kloster Mater Ecclesiae
im Vatikan wieder Besucher empfängt und seit Frühjahr
2014 gelegentlich öffentlich auftritt, auch zusammen mit
seinem Nachfolger, bedeutet das nicht, dass er seinen ursprünglich ausgegebenen Prinzipien untreu wird, wie einige
Kritiker anmerken. Es ist vielmehr Ausdruck des Suchens
nach dem Platz für einen emeritierten Papst in der katholischen Kirche. Das geschieht in enger Abstimmung mit
Papst Franziskus. Der macht von Anfang an deutlich, dass
er mit einem emeritierten Papst kein Problem hat. Franziskus sieht das eher als Chance und wünscht sich, dass es
zur Normalität wird. Schon wenige Monate nach der Wahl
erklärt er auf dem Rückflug vom Weltjugendtag im brasilianischen Rio de Janeiro: »Er wohnt jetzt im Vatikan, und
einige sagen mir: Aber wie geht das? Zwei Päpste im Vati-

kan! Steht er dir nicht im Weg? Schürt er nicht eine Revolution gegen dich?« Auf all das hat Papst Franziskus eine einzige Antwort: »Es ist, wie den Großvater im Hause zu haben – aber den weisen Großvater. Wenn es in einer Familie einen Großvater gibt, wird er geehrt, geliebt und auch gehört. Er ist ein so vorsichtiger, besonnener Mann! Er mischt sich nicht ein. Ich habe ihm viele Male gesagt: ›Heiligkeit, empfangen Sie [Besuche], leben Sie Ihr Leben, kommen Sie zu uns!‹« Die Beziehung zwischen beiden Päpsten ist unverkrampft. Neben den Begegnungen, die auch an die Öffentlichkeit kommuniziert werden, gibt es Kontakte über Telefon und schriftlich. Als Franziskus die ersten Exemplare seines Interviews mit den Jesuitenzeitschriften in Händen hält, gibt er dem Präfekten des Päpstlichen Hauses, Erzbischof Georg Gänswein, der ja zugleich Privatsekretär von Benedikt XVI. ist, ein Exemplar mit und bittet darum, dass der emeritierte Papst seine kritischen Anmerkungen zu dem Interview machen solle. Wenige Tage später hat Benedikt XVI. seine Hausaufgaben gemacht, und Erzbischof Gänswein kann Franziskus ein mehrseitiges Antwortschreiben übergeben.

In einem Interview zum Jahrestag der Wahl stellt Franziskus fest: »Der emeritierte Papst ist keine Statue in einem Museum. Er ist eine Institution. Wir waren das nicht gewohnt. Vor 60 oder 70 Jahren gab es auch noch keine emeritierten Bischöfe. Das kam nach dem Konzil, und heute ist es eine Institution. Dasselbe muss mit dem emeritierten Papst geschehen. Benedikt XVI. ist der erste und vielleicht wird es auch noch andere geben. Man weiß es nicht. Er ist diskret, demütig, will nicht stören.« Bei einer anderen Gelegenheit erklärt Franziskus auf die Frage, ob er denn selbst auch zurücktreten werde: »Ich werde das tun, was mir der Herr zu tun aufträgt: beten und den Willen Gottes erfragen. Aber ich glaube, dass Benedikt XVI. kein Einzelfall ist. [...]

Er hat eine Tür geöffnet, die Tür der emeritierten Päpste. Es wird weitere geben, oder nicht? Gott weiß es. Aber diese Tür ist offen: Ich glaube, dass ein Bischof von Rom, ein Papst, der spürt, dass seine Kräfte nachlassen – weil man jetzt auch länger lebt –, sich die gleichen Fragen stellen muss, die Papst Benedikt sich gestellt hat.«

Mit einem emeritierten Papst hat Franziskus kein Problem. Er weiß, dass er der amtierende Pontifex ist und das Sagen hat. Deshalb ist es für ihn auch selbstverständlich, dass beide gemeinsam in der Öffentlichkeit auftreten, wie das etwa beim Konsistorium zur Kreierung neuer Kardinäle im Februar 2014 und zwei Monate später bei der Heiligsprechung der beiden Päpste Johannes XXIII. und Johannes Paul II. der Fall ist. Allerdings gibt es auch Kritik, Franziskus würde Benedikt XVI. für seine Zwecke instrumentalisieren und ihn zu gemeinsamen öffentlichen Auftritten drängen. Was beim Konsistorium als wertschätzende Geste gegenüber den neuen Kardinälen gedacht ist, deuten Kritiker von Franziskus gegen den amtierenden Papst. Dieser brauche die Unterstützung von Benedikt XVI., damit der konservative Flügel in der katholischen Kirche besänftigt werde. Ähnliche Stimmen werden laut nach der Teilnahme von Benedikt XVI. an der Heiligsprechung Ende April. Es ist eine gewagte These. Doch es gibt keine Anzeichen dafür, dass sie zutrifft. In einem Brief an Hans Küng schreibt Benedikt XVI. im Januar 2014: »Ich bin dankbar, mit Papst Franziskus durch eine große Übereinstimmung der Sichtweisen und eine herzliche Freundschaft verbunden zu sein. Ich sehe es heute als meine einzige und letzte Aufgabe an, sein Pontifikat mit dem Gebet zu unterstützen.« Gegenüber einer italienischen Tageszeitung bestätigt Benedikt XVI. die Authentizität dieser Aussage. Der emeritierte Papst hält sich zurück. Jeden Versuch, sich von seinen Anhängern, denen der neue Papst nicht gefällt, gegen Franziskus in Position bringen zu lassen, lässt er ins Leere laufen. Strukturell sind beide Päpste dabei, einen Modus Vivendi zu finden, um die Institution eines emeritierten Papstes in der katholischen Kirche zu etablieren. Damit arbeiten beide in gewissem Sinne auch daran, das Papstamt zu entsakralisieren und mehr zu einem funktionalen Amt zu machen. Gerade für die Anhänger von Benedikt XVI., die sich vor allem im eher konservativen Lager der katholischen Kirche finden, ist das ein schwieriger Lernprozess. Die Geschichtsschreibung wird dereinst eine abschließende Bewertung des Wirkens von Joseph Ratzinger, Benedikt XVI., fällen müssen. Vielleicht ist er selbst gar nicht so konservativ, wie ihn viele seiner Anhänger immer machen wollten. Wurde er missverstanden?

Die Antwort auf diese Frage spielt auch eine Rolle bei der großen Diskussion, wie viel Kontinuität bei den beiden Päpsten vorhanden ist oder ob es doch eher einen klaren Bruch in Theologie und im Verständnis von Kirche, Welt sowie dem Papstamt gibt. Ein schwieriges Thema. Einerseits ist klar, jeder Papst hat seinen ganz eigenen Stil. Das sind zunächst einmal nur Äußerlichkeiten. Aber der Stil prägt auch die Inhalte. Wenn sich also der Stil stark verändert, wirkt sich das ebenso auf die Inhalte der Verkündigung und die Akzentuierungen in der Theologie aus. Andererseits ist aber auch klar, kein Papst kann die Tradition der katholischen Kirche von einem Tag auf den anderen über Bord werfen und völlig neue Akzente setzen. Er ist immer an die Tradition gebunden. Diese allerdings hat sich im Verlauf der Jahrhunderte durchaus entwickelt und ist nicht statisch geblieben. Das lässt jedem Papst wiederum einen Gestaltungsspielraum. Er ist nicht nur Verwalter eines vor knapp 2000 Jahren als monolithischem Block geschaffenen Lehrgebäudes, sondern er ist vielmehr in seiner Funktion als oberster Lehrautorität Teil dieser Tradition. Das sind die

Koordinaten, vor deren Hintergrund die Frage nach Bruch oder Kontinuität von Benedikt XVI. und Franziskus zu beantworten ist.

Franziskus pflegt einen eigenen Stil. Das wurde vom ersten Moment seines Pontifikats an deutlich. Die rote Mozzetta, die mit Brokat bestickte Stola, die roten Schuhe, alle diese Dinge, die Benedikt XVI. bei öffentlichen Auftritten getragen hat, schafft Franziskus ab. Ähnlich verhält es sich bei der liturgischen Kleidung im Gottesdienst. Franziskus verzichtet darauf, alte liturgische Accessoires seiner Vorgänger wie Mitren oder prunkvolle Messgewänder aus dem Archiv zu holen und aufzutragen. Meist nutzt er eine schlichte weiße Mitra und einfache liturgische Gewänder. Das geht bis in Details bei den liturgischen Geräten. Er verbannt die Kerzenleuchter auf dem Papstaltar, die unter Benedikt wie eine Mauer zwischen Papst und Gläubigen am vorderen Rand des Altars aufgebaut wurden, wieder dezent an die Seiten des Altartischs und verwendet statt des roten Throns mit vergoldeten Holzintarsien wieder einen schlichteren beigen Thronsessel. Im Stil könnte der Unterschied also kaum größer sein. Was allerdings nicht darüber hinwegtäuschen darf, dass auch Benedikt XVI. in seinem privaten Leben als Papst, wenn man das so sagen kann, in der päpstlichen Wohnung im Apostolischen Palast ein einfaches Leben führte. Wenn Franziskus immer wieder betont, dass Benedikt XVI. ein demütiger und bescheidener Mensch sei, dann ist das nicht nur dem Protokoll geschuldet. Hier gibt es durchaus einen Widerspruch bei Benedikt XVI., der einerseits eine sehr bescheidene Art hat, andererseits nach außen oft wie ein Renaissancepapst wirkte. Das hat natürlich auch Folgen für die Wahrnehmung des jeweiligen Papstes.

Während unter Benedikt XVI. die Romzentrierung der katholischen Kirche weiter zunimmt, scheint sich das unter Franziskus umzukehren. Allerdings ist sein Pontifikat noch zu jung, um hier eine klare Aussage treffen zu können. Auch verschieben sich die Akzentsetzungen bei den Themen: Mit Franziskus bekommen die sozialethischen Fragen wieder mehr Gewicht, während Benedikt XVI. als Theologieprofessor sich eher den Fragen von Theologie und Moral verschrieben hatte sowie dem Diskurs mit der zunehmend säkularer werdenden Welt und einem immer selbstbewusster auftretenden Atheismus vor allem in Europa. Dafür hatten ihn die Kardinäle 2005 auch gewählt. Vielen Konklaveteilnehmern ging es damals darum, einerseits eine Kontinuität zu Johannes Paul II. zu haben, andererseits aber auch einen Papst zu bekommen, der theologische Grundlagenarbeit leistet. Sie hatten den Eindruck, dass nach dem Pontifikat von Johannes Paul II. eine theologische Konsolidierung notwendig sei. Zwei Kriterien, die perfekt auf Joseph Ratzinger passten, der einer der engsten Mitarbeiter von Johannes Paul II. war und ein international anerkannter Theologe ist, der zudem bereits unter Johannes Paul II. den theologischen Kurs der katholischen Kirche entscheidend geprägt hat. Wollten die Kardinäle 2005 einen Theologen, so suchten sie beim Konklave 2013 einen Seelsorger und Organisator. Das sind zwei verschiedene Papstprofile und entsprechend auch zwei grundverschiedene Päpste und Pontifikate. Benedikt XVI. ist ein europäischer Theologe, Franziskus ein Papst von der südlichen Hemisphäre. Er kommt aus einer anderen Welt. Damit muss es zwangsläufig Unterschiede geben.

An einigen ganz entscheidenden Stellen setzt Franziskus fort, was Benedikt XVI. begonnen hat. Das gilt beispielsweise für die Aufarbeitung des Missbrauchsskandals, die damit verbundene Null-Toleranz-Politik im Umgang mit den Tätern sowie den Ausbau der Präventionsmaßnahmen. Kontinuität gibt es auch bei der Säuberungsaktion im Finanzbereich. Hier hatte Benedikt XVI. noch kurz vor Ende seiner Amtszeit den deutschen Wirtschaftsfachmann Ernst von Freyberg eingestellt, um bei der Vatikanbank IOR aufzuräumen. Wie steht es jetzt aber um die Theologie der beiden? Auffallend ist, dass eine ganze Reihe der Theologen, die Jorge Mario Bergoglios Denken geprägt haben, auch bei Benedikt XVI. hoch im Kurs stehen: Romano Guardini, Hans Urs von Balthasar oder Henry de Lubac. Die Theologie der beiden zuletzt Genannten wird in Rom in einer Studieneinrichtung erforscht, der Casa Balthasar, die Joseph Ratzinger sehr gefördert hat. Beiden gemeinsam ist auch eine große Wertschätzung der Vätertheologie, also der Theologen und Kirchenväter der ersten Jahrhunderte nach Christus. Wenn man sich die Fußnoten in der ersten großen eigenen Schrift von Franziskus, *Evangelii gaudium,* anschaut, findet man dort Verweise auf Johannes Chrysostomus, Ambrosius, Augustinus und andere der Frühen Kirche. Es gibt also durchaus gemeinsame theologische Wurzeln der beiden Päpste. Für Franziskus ist es auch kein Problem, die von Benedikt XVI. bereits vorbereitete, aber am Ende des Pontifikats noch nicht veröffentlichte Enzyklika über den Glauben unter seinem Namen zu veröffentlichen. *Lumen Fidei,* Licht des Glaubens, wird so zur ersten Enzyklika, die von zwei Päpsten verfasst ist, auch wenn sie selbstverständlich nur den Namen des bei der Publikation amtierenden Papstes trägt: Franziskus.

Beiden gemeinsam ist das Ziel, die Menschen zur Nachfolge Christi zu bewegen. Benedikt XVI. hat dies unter anderem mit seiner Buchtrilogie über Jesus von Nazareth versucht. Franziskus versucht es, indem er vorlebt und praktisch umsetzt, was für ihn Christusnachfolge heißt. Beide Päpste betonen in ihrer Verkündigung, dass der christliche Glaube etwas Schönes ist und der Freiheit des Menschen nicht entgegensteht, sie vielmehr erst zu ihrer vollen Entfaltung bringt. Im Fernsehinterview vor dem Bayernbesuch

2006 erklärt Benedikt XVI., dass es zunächst einmal darum gehen müsse, den Glauben als eine positive Option darzustellen, nicht als etwas, das nur Gebote und Verbote kennt. Auch darin sind sich beide Päpste einig. Zwei Zitate, zwei Päpste, ein und derselbe Gedanke: »Liebe Freunde, Christus achtet nicht so sehr darauf, wie oft wir im Leben straucheln, sondern wie oft wir mit seiner Hilfe wieder aufstehen. Er fordert keine Glanzleistungen, sondern möchte, dass Sein Licht in euch scheint.« Das zweite Zitat: »Es gibt Dunkelheit, es gibt Tage der Dunkelheit, auch Tage des Scheiterns, auch Tage, an denen man fällt … man fällt, fällt … Aber denkt immer daran: keine Angst zu haben vor dem Scheitern; keine Angst zu haben vor dem Fallen. In der Kunst des Gehens ist es nicht wichtig, nicht zu fallen, sondern nicht ›ein Gefallener zu bleiben‹. Bald, sofort wieder aufzustehen und weiterzugehen.« Das erste Zitat ist von Benedikt XVI. bei der Gebetsvigil mit Jugendlichen im September 2011 in Freiburg, das zweite von Franziskus beim Treffen mit Jugendlichen im Juni 2013 in Rom. Liest man die Ansprache Benedikts XVI. in Freiburg weiter, stößt man auf folgende Aussage: »Der Schaden der Kirche kommt nicht von ihren Gegnern, sondern von den lauen Christen. […] Fragen wir uns: Wie oft decken wir durch unsere Trägheit, durch unseren Eigensinn das Licht Gottes zu, so dass es nicht durch uns hindurch in die Welt hineinleuchten kann?« Diese Sätze hätten auch in einer der Predigten von Franziskus bei der Morgenmesse in Santa Marta fallen können, wo er sich regelmäßig gegen blasse Taufscheinchristen und ein weichgespültes Christentum ausspricht. Wer denkt nicht an die Entweltlichungsrede von Papst Benedikt XVI. im Konzerthaus in Freiburg im September 2011, wenn Franziskus immer wieder vor einer Verweltlichung der Kirche und des Glaubens warnt. Im bereits zitierten TV-Interview spricht Benedikt XVI. auch über das Papstamt, das er kollegialer führen möchte, schließlich sei der Papst ja »kein Monarch«: »Wir haben weitere Instrumente: die Synode, das Konsistorium, das ich jetzt regelmäßig halten werde und entwickeln möchte, wo man ohne große Tagesordnung anstehende Probleme miteinander bespricht und nach Lösungen sucht.« Benedikt XVI. sind die Herausforderungen klar vor Augen. Es gelingt ihm nicht, sie aufzugreifen und umzusetzen.

Hier liegt ein Unterschied zwischen den beiden Päpsten. Franziskus macht ernst und setzt die Dinge um. Er spricht nicht nur von mehr Kollegialität, sondern versucht sie durch neue Impulse und Reformen zu verwirklichen. Er spricht nicht nur gegen Karrierismus, was Benedikt XVI. auch immer wieder gemacht hat, sondern verfügt zumindest für den Vatikan erst einmal einen Beförderungsstopp und schafft Ehrentitel ab. Ein weiterer großer Unterschied zwischen beiden Päpsten scheint auch ihr Verhältnis zur Welt zu sein. Während bei Benedikt XVI. es eher eine Grundskepsis gibt, ist es bei Franziskus vielmehr ein Grundvertrauen, dass sich trotz aller Schwierigkeiten und Probleme in der Welt bei einem entsprechenden Einsatz der Christen für mehr Gerechtigkeit und ethischem Verhalten alles zum Guten wenden kann. Entsprechend sind auch die Kirchenbilder unterschiedlich. Benedikt XVI. spricht gerne von der kreativen Minderheit der Christen, die in der Gesellschaft wirken soll. In seiner Amtszeit ging es um eine Schärfung des katholischen Profils auf allen Ebenen und in allen Einrichtungen der katholischen Kirche, gerade auch im caritativen Bereich. Das sieht Franziskus anders. Er wünscht sich eine offene Kirche, die sich in die Welt einmischt und dabei durchaus auch Unschärfen haben kann, was das katholische Profil anbetrifft. Eine spannende Frage ist, wie der Streit um die Schwangerenkonfliktberatung in Deutschland ausgegangen wäre unter einem Papst Franziskus. Papst Johannes Paul II. hatte Ende der 1990er Jahre mit Unterstützung des damaligen Chefs der Glaubenskongregation, Kardinal Joseph Ratzinger, die katholische Kirche in Deutschland gegen den Willen der großen Mehrheit der deutschen Bischöfe zum Ausstieg aus dem staatlichen Schwangerenberatungssystem gezwungen. Die Begründung lautete damals, das Zeugnis des unbedingten Lebensschutzes werde dadurch verdunkelt, dass bei der Beratung ein Beratungsschein ausgestellt wird, der anschließend zu einem straffreien Schwangerschaftsabbruch berechtigt. Die deutschen Bischöfe hatten damals argumentiert, wenn sie den Beratungsschein nicht mehr ausstellen dürfen, würden Frauen in Konfliktsituationen nicht mehr in die kirchlichen Beratungsstellen kommen. Damit habe die Kirche auch keine Chance mehr, diesen Frauen Lösungen für ihre Konfliktsituation aufzuzeigen, um so eine Abtreibung zu verhindern.

Allein an den Zielen der Auslandsreisen von Benedikt XVI. wird deutlich, dass für Joseph Ratzinger Europa und die Neuevangelisierung des »Alten Kontinents« oberste Priorität hatte. 15 der 24 Auslandsreisen führten in europäische Städte und Wallfahrtsorte. Zu den wichtigsten Ansprachen von Benedikt XVI. zählen die »Septemberreden«, mit denen er eine Spur vom College Bernardin in Paris über die Wiener Hofburg, die Prager Burg, Westminster Hall in London und den Deutschen Bundestag in Berlin zog und sich Gedanken über das Verhältnis von Staat und Kirche sowie die christlichen Wurzeln Europas machte. Franziskus hingegen bereist die Weltkirche. Asien rückt in den Blickpunkt, das Benedikt XVI., zumindest bei den Reisen, völlig vernachlässigte. Im August 2014 besucht Franziskus Südkorea, im Januar 2015 stehen Sri Lanka und die Philippinen auf seiner Agenda. Beide Päpste haben sich die Evangelisierung auf die Fahnen geschrieben. Während Benedikt XVI. versuchte, diese vor allem über den Intellekt zu erreichen, den wissenschaftlichen Diskurs, setzt Franziskus bei den Gläubigen an. Er will die Neuevangelisierung, den Begriff verwendet er übrigens nicht, von unten her initiieren. Das zeigt sich am besten bei einem Blick auf das nachsynodale Schreiben *Evangelii gaudium*. Bei dem Dokument, das Papst Franziskus Ende November 2013 veröffentlicht, handelt es sich eigentlich um das nachsynodale Schreiben der XIII. Ordentlichen Bischofsversammlung zum Thema »Die neue Evangelisierung für die Weitergabe des christlichen Glaubens« vom Oktober 2012. Vergleicht man die Vorlage, die ein Redaktionsteam noch unter Benedikt XVI. erarbeitet hat, mit dem Papier, das Franziskus veröffentlicht, stellt man fest, dass kaum ein Stein auf dem anderen oder besser ein Buchstabe stehen geblieben ist. Zwar übernimmt Franziskus den Titel, doch er setzt völlig eigene Akzente, bricht das Papier, das vor allem als pastorales, innerkirchliches Dokument angelegt war, auf und nimmt auch die Gesellschaft, Wirtschaft und Politik in den Blick. Ein eher äußerliches Zeichen, das aber doch eine Idee des Unterschieds gibt, ist ein rein summarisches: Während in der benediktinischen Vorlage noch 150 Mal der Begriff Neuevangelisierung vorkommt, eines der zentralen Themen des Pontifikats von Benedikt XVI., ist im franziskanischen Schreiben am Ende nur rund ein Dutzend Mal die Formulierung »neue Evangelisierung« übrig geblieben. Beide wollen eine missionarische Kirche; doch der Ansatz ist grundverschieden.

Es finden sich viele gemeinsame Gedanken und Ideen bei den beiden Päpsten. Allerdings werden sie anders mit Leben gefüllt und bei Franziskus mehr noch als bei Benedikt XVI. durch das eigene Leben gedeckt. Dem langjährigen Seelsorger und Bischof Jorge Mario Bergoglio nehmen viele Menschen dieselben Inhalte eher ab als dem Professor Joseph Ratzinger, der einen Großteil seines Lebens in Studierstuben, auf Kongressen und in vatikanischen Büros verbracht hat. Franziskus wirkt auf sie authentischer als Benedikt XVI. Damit akzeptieren viele ohne große Probleme, wenn Franziskus wie selbstverständlich vom Teufel spricht oder in seiner Amtszeit im Juli 2014 eine internationale Vereinigung von Exorzisten vom Vatikan offiziell anerkannt wird. Bei Benedikt XVI. hätten viele sofort die Befürchtung geäußert, er wolle die katholische Kirche ins Mittelalter zurückführen. Papst Franziskus nimmt es kaum jemand übel, wenn er en passant das Frauenpriestertum ausschließt. Bei Benedikt XVI. hätten solche Äußerungen zu heftigen Diskussionen geführt. Die beiden Päpste sind unterschiedlich und werden entsprechend auch verschieden in der Öffentlichkeit wahrgenommen.

Der Widerstand gegen
Papst Franziskus

Papst Franziskus wird von den Gläubigen in Massen bejubelt und von Medien gefeiert. Seine Beliebtheitswerte machen Politiker in vielen Ländern neidisch. Beim Kurznachrichtendienst Twitter stellt er einen Rekord nach dem anderen auf. Im Juni 2014 übersteigt er die Grenze von 14 Millionen Followern. Trotz dieser großen Sympathie und der Unterstützung gibt es auch starken Widerstand gegen den Pontifex aus Argentinien. Der Gründer der römischen Laiengemeinschaft Sant'Egidio und Historiker Andrea Riccardi spricht zum Jahrestag der Wahl von Papst Franziskus Mitte März 2014 vom größten Widerstand gegen einen Papst seit rund einhundert Jahren. Dabei bezieht er sich in erster Linie auf interne Widerstände; dies unterscheide Franziskus von seinem Vorgänger Benedikt XVI. Der sei verstärkt in der öffentlichen Meinung, beim Volk auf Widerstand gestoßen. Nun sei es umgekehrt. Franziskus werde vom Volk getragen. Dafür gebe es von Kardinälen, Bischöfen und Klerus Widerstand. Dieser äußere sich nicht nur öffentlich, sondern auch im Schweigen. Es gebe diejenigen, die es nicht gut finden, dass Franziskus weniger zu ethischen Themen spreche. Andere fühlten sich zu stark angegriffen durch die Anfragen der Gläubigen an Entscheidungen und Lebensstil, weil sie an Franziskus gemessen werden. Bergoglio hat aus Sicht Riccardis seine Vorhaben in den ersten Monaten sehr klar benannt und nicht so tröpfchenweise, wie das Papst Paul VI. nach dem Konzil gemacht habe, indem er auch immer in verschiedene Richtungen Veränderungen angekündigt habe. Selbst das Schweigen sieht Riccardi als eine Form des Widerstands, wenn man so tue, als ob Franziskus nicht ein Modell bezeuge, dem man folgen müsse. Auch Aussagen, Franziskus sei kein Theologe, gehen nach Riccardi in diese Richtung. Aus seiner Sicht komme viel Widerstand gerade aus den Kreisen, die über Jahre die Notwendigkeit der Autorität des Papstes sowie den Gehorsam gegenüber dem Papst unterstrichen hätten. Vor allem in sehr konservativen und traditionalistischen Blogs und Internetportalen werde die Kritik an Franziskus befeuert.

Die Analyse von Andrea Riccardi zeigt, dass der Widerstand gegen Papst Franziskus vielschichtig ist. Er äußert sich in ganz unterschiedlichen Phänomenen und Strömungen. Zum Teil ist der Widerstand eine ganz natürliche Reaktion auf Veränderungen, was es allerdings für Franziskus nicht weniger leichtmacht, seine Reformen durchzusetzen. Ein anderer Teil besteht aber in einer ganz klaren Opposition zum Papst. Ein Problem bei der Frage nach Widerstand ist, dass selten konkrete Namen genannt werden oder Personen nicht zitiert werden möchten. So gibt es durchaus in der breiten Masse der Katholiken einige, die sich über die ständige Kritik des Papstes an der »Kultur der Gleichgültigkeit« gegenüber dem Schicksal der Armen ärgern. Denn viele Katholiken engagieren sich ja. Allein in Deutschland arbeiten Millionen Katholiken ehrenamtlich in Projekten der Caritas oder anderer Sozialverbände, in den Gemeinden und sonstigen Institutionen. Sie fühlen sich zu Unrecht kritisiert. Ähnlich geht es vielen Priestern, die sich durch die wiederholte Kritik des Papstes am Klerus in ihrer Arbeit nicht wertgeschätzt fühlen. Wenn Franziskus in *Evangelii gaudium* die Priester daran erinnert, »dass der Beichtstuhl keine Folterkammer sein darf, sondern ein Ort der Barmherzigkeit des Herrn, die uns anregt, das mögliche Gute zu tun«, sehen sich viele Priester in ein falsches Licht gerückt. Ebenso wenn er bei der Priesterweihe fordert: »Seid Hirten, nicht Funktionäre! Seid Mittler, nicht Zwischenhändler!« Die Priester selbst sehen sich persönlich nahe bei den Menschen, wollen Seelsorger sein und fühlen sich in diesem Wunsch oft behindert durch Strukturen, die sie in ein enges Korsett zwängen. Sie sehen nicht sich in der Pflicht, sondern vielmehr die Verantwortlichen in der Kirchenleitung, die Freiräume schaffen müssen, damit Priester wieder Seelsorger sein können. Andere haben den Eindruck, dass ihnen, wenn sie der Aufforderung des Papstes folgen, in konkreten Situationen Barmherzigkeit walten zu lassen, dann unter Umständen die Rückendeckung fehlt. Kommt ein Priester nach einem intensiven Gespräch mit einem Paar, bei dem ein oder beide Partner wiederverheiratete Geschiedene sind, zu dem Ergebnis, dass der Empfang des Sakraments der Kommunion möglich ist, und der Priester wird bei seinem Bischof denunziert, was passiert dann? Kann er sich auf Franziskus berufen? Wird der Bischof hinter ihm stehen? Hier fühlen sich Priester durch die unklaren, manchmal zweideutigen Aussagen von Papst Franziskus verunsichert und alleingelassen.

Für Unmut sorgt die kritische Haltung von Papst Franziskus auch bei vielen Kurialen. Wie die Priester und engagierten Laien fühlen sie sich zu Unrecht gerügt. Das motiviert nicht und führt auch zu Widerstand in der römischen Zentrale. Dieses psychologische Moment darf nicht unterschätzt werden. Im Gespräch mit Kurialen wird deutlich, dass Bergoglio ihnen das Gefühl vermittle, als traue er dem Apparat nicht und sehe ihn von Karrieristen und Klerikern durchsetzt, die von der pastoralen Praxis und den Nöten der Menschen vor Ort keine Ahnung hätten. Verbunden mit der Unsicherheit über die Zukunft der verschiedenen

Kurienbehörden angesichts der bevorstehenden Reform, führt das zu einer Lähmung des Apparats. An manchen Stellen macht sich eine fatalistische Stimmung breit. Und dabei handelt es sich bei den bisher genannten Gruppen noch nicht um die expliziten Gegner von Reformen im Allgemeinen und Franziskus im Besonderen. Es gibt eine Reihe von Kurialen, die die vatikanische Tugend des Aussitzens bestens beherrschen und so versuchen, jegliche Veränderung schon im Ansatz ins Leere laufen zu lassen. Neben diesen passiven Verweigerern gibt es eine zweite Gruppe, die aktiv Veränderungen zu verhindern sucht. Dieser Widerstand ist auf allen Ebenen und in allen Bereichen zu spüren. Das gilt beispielsweise für den Finanzsektor. Die Säuberung der Vatikanbank IOR ging nicht ohne Reibungsverluste vonstatten. An einigen Stellen konnte nur durch die direkte Intervention der Verantwortlichen beim Papst erreicht werden, dass Kunden ihre Daten und Motivationen für Transaktionen offenlegten oder Auskünfte über Vermögen gaben. Ein System, das über Jahrzehnte nach den Prinzipen von Freundschaften, Gefälligkeiten und abseits internationaler Standards arbeitete, innerhalb von nur knapp 16 Monate zu reformieren muss Reibungsverluste und Widerstand erzeugen. Das musste Franziskus beispielsweise bei der Schaffung des neuen Finanzministeriums erleben. Zwar lagen zwischen der Vorstellung des Plans für die Institution in der K9 und der Bekanntgabe der Einrichtung durch das Presseamt nur sechs Tage. Doch wurde der Papst in dieser Zeit massiv von Kardinälen bedrängt, die Bekanntgabe abzusagen und noch einmal über die Finanzstrukturen zu debattieren. Ähnliche Widerstände gibt es bei der Aufarbeitung der Missbrauchsfälle und nahezu jedem Reformprojekt, das Franziskus und die K9 in die Hand nehmen. Der Hang zur Besitzstandswahrung ist groß. Dazu kommt der geschilderte Unmut unter den Kurialen. Es fällt auf, dass

Franziskus neue Gremien oder Reformen bereits in einem Stadium bekanntgibt, in dem beispielsweise Zuständigkeiten oder Statuten längst nicht richtig ausgearbeitet sind. Das könnte damit zusammenhängen, dass er Pflöcke einrammen will, bevor das Projekt intern zerredet wird. Es entsteht allerdings so auch im Gesamten eine Gemengelage, die wiederum Nährboden für Intrigen, zumindest aber das von Franziskus so scharf verurteilte Geschwätz ist. Der ehemalige Vatikanbankchef Ernst von Freyberg stellte zum Abschluss seiner Arbeit als Aufräumer im Institut im Juli 2014 fest: »Manchmal hat man das Gefühl, dass sich gerade an der Kurie nicht nur die besten Köpfe, sondern auch große Intriganten tummeln.«

Dazu kommen ganz handfeste Sorgen der Kurialen. Im Februar 2014 schreibt Kardinalstaatssekretär Pietro Parolin einen Brief an alle Institutionen des Vatikans mit drei zentralen Vorgaben: Einstellungsstopp, Kostendeckelung und Verzicht auf Überstunden. Es sollten verstärkt Freiwillige eingesetzt werden, um Personalnot auszugleichen. Auch sollten Zeitverträge nicht verlängert werden. Nach Schätzungen gab es zum damaligen Zeitpunkt mindestens 300 Beschäftigte mit Zeitarbeitsverträgen in der Kurie, die vereinzelt über Zeiträume von bis zu 20 Jahren immer wieder verlängert wurden. Viele Betroffene sind Laien, die Familien ernähren müssen. Vatikansprecher Lombardi erklärt, dass es sicherlich nicht im Sinne von Papst Franziskus sei, Menschen nicht mehr zu beschäftigen, die dadurch mit ihren Familien in schwierige Situationen kämen. Daher werde es Ausnahmen geben. Der Unmut der Mitarbeiter hat verschiedene Ursachen: Zum einen können viele Behörden nicht auf die »Zeitverträgler« verzichten, weil sonst deren Arbeitsfähigkeit ernsthaft gefährdet wäre – etwa bei Radio Vatikan. Zum anderen wird die steigende Zahl an externen Beratungsfirmen kritisiert. Nicht nur, dass es für manchen

Kurialen schon beinahe einem Sakrileg gleichkommt, dass ein säkulares externes Unternehmen Einsicht in Belange des Vatikans bekommt. Sondern auch die Frage nach den Kosten sorgt für Diskussionen. Allein das Engagement der US-Wirtschaftsprüfungsfirma Promontory bei der Vatikanbank IOR kostete für das Jahr 2013 rund 8,3 Millionen Euro. Angesichts der verworrenen und undurchsichtigen Strukturen und der Einsicht, dass Reformen aus eigener Kraft in den letzten Jahren gescheitert sind, bleibt Franziskus wohl keine andere Wahl, als auf den Rat von externen Experten zu hören und die Beratungsfirmen einzukaufen. Die Kosten werden jetzt ihm angelastet und schwächen mitunter seine Position.

Der US-amerikanische Kardinal Raymond Burke, Chef des obersten Kassationsgerichts der katholischen Kirche, der Apostolischen Signatur, den Franziskus aus wichtigen Vatikangremien wie der Bischofskongregation abberufen hat, gehört zu den prominentesten Kritikern unter den Kardinälen. Er greift den Papst zwar nicht direkt an; doch lässt er immer wieder erkennen, dass er mit dessen Amtsführung unzufrieden ist. So schreibt Burke in einer Kolumne in der Vatikanzeitung *L'Osservatore Romano* im Februar 2014, dass der neue Ansatz von Papst Franziskus »nicht die Pflicht der Kirche und ihrer Hirten verändern könne, klar und beharrlich die grundlegenden moralischen Fragen unserer Zeit zu lehren«. Er spielt damit auf die Tatsache an, dass Franziskus in den ersten Monaten des Pontifikats Themen wie Abtreibung eher seltener angesprochen hat. Auch wenn Franziskus von einer »neuen Balance« in der Verkündigung der Kirche gesprochen habe, brauche niemand beim Thema Sexualmoral still zu sein. Diese Themen müssten zentral bleiben in der kirchlichen Botschaft. Ähnlich sieht das der Erzbischof von Philadelphia, Charles Chaput. Er gehört zu den Bischöfen, die Franziskus eher verhalten gegenüberstehen. In Interviews ließ es der Kapuziner nicht an Spitzen gegen den Pontifex fehlen. So äußerte er sich am Rande des Weltjugendtags im Juli 2013 in Rio de Janeiro nicht nur kritisch darüber, dass Franziskus nicht ausreichend auf seine Sicherheitsleute höre. Er erklärte auch, dass der rechte Flügel der katholischen Kirche »generell nicht sehr erfreut gewesen« sei über einige Aspekte der ersten Monate des Pontifikats. Chaput zeigte sich überzeugt, dass Franziskus einen Weg finden müsse, »sich auch um diese [den rechten Flügel] zu kümmern«. Zwar verteidigte er den Pontifex gegen Angriffe aus dem rechten Lager, er spreche zu wenig über Abtreibung, Homo-Ehe und Euthanasie mit den Worten: »Ich kann mir nicht vorstellen, dass er weniger Pro-Life und für die traditionelle Ehe ist als alle anderen Päpste.« Zugleich stellte Chaput aber fest: Der Bischof von Rom »muss über solche Dinge sprechen«.

Die Akzentverschiebung von Papst Franziskus bei den Themen irritiert die Konservativen in der katholischen Kirche nachhaltig. Zwar hat er mittlerweile durch klare Aussagen zum Thema Lebensschutz auch öffentlich gezeigt, dass er nicht von der traditionellen Linie der katholischen Kirche abweicht, also Abtreibung ebenso scharf verurteilt wie jede Form der aktiven Sterbehilfe, doch ein gewisser Vorbehalt des rechten Lagers bleibt bestehen. Einhundert Prozent trauen sie dem Papst dann doch nicht über den Weg. Zumal diese Akzentverschiebung gerade für die US-Katholiken eine Herausforderung ist, haben sie sich doch in ihrem Kampf gegen die US-Regierung vor allem über die Themen Abtreibung und Homosexualität definiert. Das geht nun nicht mehr so leicht. Obwohl die Äußerung von Franziskus zum Thema Homosexualität beim Rückflug vom Weltjugendtag in Rio keine Veränderung der katholischen Sexualmoral bedeutet, so hat doch seine Formulierung »Wer bin ich, ihn [den Homosexuellen, der den Herrn sucht und guten Willen hat,] zu verurteilen!« zu einer anhaltenden Verunsicherung geführt. Man befindet sich in einer Art Habtachtstellung, weil man in ständiger Sorge lebt, Franziskus könnte doch katholische Prinzipien über Bord werfen. Das führt zu einer eher abwartenden, passiven Haltung gegenüber dem Pontifex.

Das gilt auch für die Kritik an den wirtschaftspolitischen Positionen des Papstes. Die Vorbehalte aus den USA wurden bereits an anderer Stelle erwähnt. Es gibt aber auch innerhalb der Kurie und des Episkopats Stimmen, die eine stärkere politische Profilierung der Kirche und des Papstamts verhindern wollen. Das sind die Vertreter, die in Papst Franziskus einen verkappten Befreiungstheologen sehen und Angst haben, die Kirche könne sich durch zu starkes politisches Engagement, das auch immer die Bereitschaft zu Kompromissen voraussetzt, kompromittieren. Aus diesen Kreisen kommen jene, die angesichts der Einladung des Papstes an die Präsidenten Israels und der Palästinenser zum Nahostfriedensgebet in den Vatikan zuerst an die Gefahr von Synkretismus denken, also einer Vermischung von Religionen, statt an die Chancen der Begegnung für den Friedensprozess und damit für die Menschen in der Region. Überhaupt ist manchen Kreisen die Unbefangenheit, mit der Papst Franziskus etwa das Gespräch mit Juden oder Evangelikalen pflegt, etwas suspekt. Kurz nach dem Konklave 2005 erscheint in rechtskatholischen Internetforen ein Foto, das Kardinal Bergoglio zeigt, wie er kniet und von protestantischen und evangelikalen Geistlichen die Hände aufgelegt bekommt. Der Kommentar lautete sinngemäß: »Gott sei Dank ist dieser Synkretist nicht Papst geworden!« Seit März 2013 ist der Erzbischof von Buenos Aires nun doch Papst. Allerdings ist er weit davon entfernt, Synkretismus zu betreiben.

Bisher einflussreiche Kardinäle wie Angelo Sodano, Tarcisio Bertone oder Leonardo Sandri sehen ihre Machtsphären angegriffen. Andere sind eher in Deckung gegangen wie die Kardinäle Gianfranco Ravasi, Angelo Amato und Fernando Filoni. Seit Papst Franziskus im Amt ist, hört man wenig von den Dikasterienchefs. Es sind eher Kardinäle und Bischöfe aus der Weltkirche, die sich über die Medien zu Wort melden und streiten. Allerdings schweigen auch viele Bischöfe, sowohl was die Kritik aber auch was die Unterstützung des Papstes anbetrifft. Kardinal Walter Kasper stellte wiederholt fest, der Papst scheine mehr Rückhalt bei den Gläubigen zu haben als im Episkopat. Er würde sich mehr offene Unterstützung für Franziskus aus den Reihen der Bischöfe und Kardinäle wünschen. Woher kommt diese Zurückhaltung? In Gesprächen mit Bischöfen wird deutlich, dass viele Franziskus sehr gut finden, dann aber doch an der einen oder anderen Stelle einen Kritikpunkt sehen, der sie zögern lässt, ihn öffentlich stärker zu unterstützen. So hört man etwa die Sorge, dass Franziskus seine Verkündigung zu wenig theologisch untermauere. »Wenn er da nicht sauber argumentiert, wird er schnell Schiffbruch erleiden«, heißt es etwa zu den Reformen im Bereich Ehe und Familie. Vieles sei zu unausgegoren, was er von sich gebe.

Damit kommt man in eine Ecke, aus der von Anfang an Kritik tönt: Franziskus sei ja kein Theologe. *Evangelii gaudium* sei ein »nettes« Papier, dem jeglicher theologische und systematische Unterbau fehle. Kardinal Gianfranco Ravasi, Präsident des Päpstlichen Kulturrats, erklärte in einem Interview der Internetseite *VaticanInsider,* Papst Franziskus habe einen großen Einfluss auf die einfachen Menschen, die eine einfache Sprache erwarteten und eine Nähe zum Alltäglichen. »Aber vielleicht werden die Intellektuellen anfangen, Vorbehalte zu haben.« Wer so denkt, verkenne die breite Bildung Bergoglios in vielen Bereichen, erklärt der Papstvertraute und argentinische Theologe Carlos Maria

Galli. Sie lägen einem theoretischen und einem praktischen Irrtum auf. »Der theoretische Irrtum ist, zu glauben, dass alles Populäre auch populistisch ist. Der praktische Irrtum besteht darin, zu glauben, dass Bergoglio die Gesten der pastoralen Zuwendung nur macht, um in der Öffentlichkeit gut dazustehen. Das ist aber nicht der Fall, weil er schon immer so gehandelt hat.« Galli spricht einen weiteren Vorwurf gegen Franziskus an, seine Herzlichkeit und Offenheit sei nur Show. Sicherlich ist sich Bergoglio der Macht von Bildern bewusst. Aber er plant seine Gesten nicht explizit für die Medien. Bei Gesprächen mit Weggefährten in Buenos Aires wird deutlich, Franziskus ist Jorge Mario Bergoglio, und der suchte immer schon die Nähe zu den Menschen – in Wort und Tat.

Im Vatikan drückt sich dieser Vorwurf der Oberflächlichkeit und Inszenierung in einem der Spitznamen aus, die für den Papst in Umlauf sind: »Mike Bongiorno«. Mike Bongiorno (1924–2009) war einer, wenn nicht sogar der bekannteste der Fernsehmoderatoren Italiens. Eines seiner Markenzeichen war der Ausruf »Allegria« (Freude). Umberto Eco schrieb in den 1960er Jahren über den Moderator: »Dieser Mann verdankt seinen Erfolg der Tatsache, dass aus jeder Handlung und jedem Wort eine absolute Mittelmäßigkeit spricht. Der Zuschauer sieht in ihm das Abbild seiner eigenen Beschränktheit glorifiziert.« Böse Zungen, die darin auch Papst Franziskus charakterisiert sehen. Es gibt noch zwei weitere Spitznamen, die auch nicht viel schmeichelhafter sind: »el Argentinito« ist der kleine Argentinier. Gegner, die ihn so nennen, hoffen, dass seine Amtszeit nicht zu lange dauern wird, und sind überzeugt, dass sie auch einige Jahre aussitzen können, um anschließend das Rad wieder zurückzudrehen. In seinen Jahren als Jesuit in Argentinien hatte Jorge Mario Bergoglio den Spitznamen »Mona Lisa« aufgrund seines gewinnenden Lächelns, mit dem er Menschen begegne, das aber nichts über seine eigentlichen Absichten verrate. Deshalb nennen ihn andere im Vatikan jetzt auch »La Gioconda«, die Heitere. Das ist die italienische Bezeichnung der »Mona Lisa«, des Gemäldes von Leonardo da Vinci, benannt nach der abgebildeten Kaufmannsgattin und Florentinerin Lisa del Giocondo.

Neben den Kritikern innerhalb der Kirche gibt es auch Widerstand von außen. Einige italienische Medien versuchen sich in Opposition zu Papst Franziskus zu profilieren, allen voran die Tageszeitung *Il Foglio*. Bereits gut einen Monat nach der Wahl von Bergoglio ist dort von einer »Beschädigung des Papstamts« zu lesen und von einem »Vatikanischen Grillismus« in Anspielung auf Beppe Grillo, der mit seiner Bewegung »5 stelle« seit einigen Jahren in der italienischen Innenpolitik für Chaos sorgt. In dem Mitterechts-Blatt *Il Foglio* greift schon einmal der Chef persönlich, der ehemalige Kommunist und spätere Berlusconi-Pressesprecher Giuliano Ferrara, den Papst an. In einem offenen Brief an Franziskus schreibt er: »Vater, ich habe Angst vor der Zärtlichkeit.« Er spielt damit an auf die Predigt des Papstes bei seiner Amtseinführung, wo dieser gleichsam programmatisch betonte: »Wir dürfen keine Angst haben vor der Güte, ja, nicht einmal vor der Zärtlichkeit!« Darauf entgegnet Ferrara, er gehöre zu den wenigen, die »als Teil der Zärtlichkeit Gottes auch das Gericht und die Ausübung von Autorität« ansähen. »Guten Appetit« sei keine Theologie, so Ferrara in Anspielung auf die Worte, mit denen sich Franziskus am Sonntag nach dem Mittagsgebet bei den Gläubigen auf dem Petersplatz verabschiedet. Es scheint, als greife der Papst für manche nicht richtig durch. »Dieser Papst gefällt uns nicht«, ist im Oktober 2013 auf der Titelseite der Zeitung zu lesen. Seine Interviews und Gesten seien eine Anhäufung von moralischem und religiösem Relativismus. Das Interesse der Medien richte sich auf die Person Bergoglios und nicht auf Petrus, lautet ein anderer Vorwurf. *Il Foglio* bietet neben eigenen kritischen Artikeln über Bergoglio und seine Aktivitäten gerne papstkritischen Geistern eine Plattform. Dazu gehören der Erzbischof von Bologna, Kardinal Carlo Caffarra, sowie sein Vorgänger, Kardinal Giacomo Biffi. Auch der deutsche Kurienkardinal Walter Brandmüller weiß *Il Foglio* zu schätzen. Dabei spielen die Kirchenmänner gerne über Bande. Seit Papst Franziskus den deutschen Kurienkardinal Walter Kasper aufgefordert hatte, beim Treffen der Kardinäle im Februar 2014 das Impulsreferat zum Thema »Ehe und Familie« zu halten und Kasper darin eine Änderung der bisherigen Praxis für wiederverheiratete Geschiedene vorgeschlagen hat, wird die Kritik am Papst hinter einer Kritik an Kaspers Positionen versteckt. Franziskus hatte sich nämlich beim Kardinalstreffen offen hinter Kaspers Vortrag gestellt. Kardinal Caffarra warnte in der Zeitung davor, Barmherzigkeit mit »Heuchelei« zu verwechseln. Er wirft Kardinal Kasper vor, mit seiner Argumentation die traditionelle Lehre der katholischen Kirche zu Ehe und Familie über Bord zu werfen. Dabei war es unter anderem Caffarra, der unter Papst Johannes Paul II. an der Formulierung dessen Theologie zum Thema mitgewirkt hatte. Caffarra möchte mit seiner Kritik an Kasper also nicht nur die Position Johannes Pauls II. retten, sondern letztendlich seine eigene. Kardinal Brandmüller beklagte Ende März 2014 in *Il Foglio* ein »Chaos« in der katholischen Kirche. Als Zeitungen wenige Monate später berichten, Papst Franziskus habe beim Thema Zölibat gesagt, dieser sei erst 900 Jahre nach Jesus eingeführt worden, sieht sich Kardinal Brandmüller bemüßigt, in *Il Foglio* ausführlich daran zu erinnern, dass der Zölibat seinen Ursprung bereits in der Zeit Jesu und der Apostel habe.

Ähnlich wie *Il Foglio* verhält es sich mit dem Vatikanisten der liberalen Wochenzeitung *L'Espresso,* Sandro Magister. Er gehört zu den am besten informierten Vatikanjournalisten in Italien. Es fällt auf, dass er sowohl in seinen Artikeln in der Wochenausgabe als auch in seinen Internetblogs vor allem Kritikern von Papst Franziskus und dessen Positionen ein Forum bietet. Das Vorgehen ist dabei ähnlich wie bei *Il Foglio.* Magister lässt seit Februar 2014 mit Vorliebe Theologen, Missionare und Kardinäle zu Wort kommen, die den Vortrag Kaspers zu Ehe und Familie kritisieren und vor einer Veränderung der kirchlichen Position zu wiederverheirateten Geschiedenen warnen. Für Magister zeigt sich etwa in der Tatsache, dass es 2014 keine offizielle Übergabe des Päpstlichen Jahrbuchs an den Papst gab, dass dieser sich nicht wirklich »für die großen und kleinen Bräuche der Kurie interessiere«. Angesichts der Forderung von Papst Franziskus in *Evangelii gaudium,* den Bischofskonferenzen mehr Kompetenzen zu übertragen, spricht Magister schnell von der »föderalistischen Option des Bischofs von Rom«. Die Versetzung eines argentinischen Bischofs, in dessen Diözese es Unregelmäßigkeiten gegeben hat, wird für Magister Mitte Mai 2014 zur »Absetzung eines Bergoglio-Gegners«, denn der betreffende Bischof José Luis Mollaghan war in der Tat kein Freund Bergoglios. Allerdings hatte die Bischofskongregation Ende 2013 bereits einen »brüderlichen Besuch« in der Diözese durchführen lassen, um Vorwürfe wegen Unregelmäßigkeiten bei der Aufarbeitung von Missbrauchsvorwürfen sowie im Bereich der Finanzen zu prüfen. Bei Sandro Magister spürt man eine Skepsis in Bezug auf Bergoglio, die über die normale journalistische Distanz gegenüber dem Berichtsobjekt hinausgeht, während er im Pontifikat von Benedikt XVI. eher eine neutral erklärende Rolle eingenommen hatte. Immer wieder führt Magister Texte von Benedikt XVI. ins Feld, um gleichsam auf Entwicklungen im Pontifikat von Franziskus zu antworten. Magister ist es auch, der im Frühsommer 2013 als Erster über angebliche homosexuelle Kontakte des neuen Prälaten bei der Vatikanbank IOR, Battista Mario Salvatore Ricca, berichtet. Die Angelegenheit war deshalb heikel, weil Ricca zum Kreis der Vertrauenspersonen von Papst Franziskus gehört. Die Geschichten, die Magister anführt, liegen alle bereits länger zurück und waren aus der Zeit, als Ricca noch im diplomatischen Dienst des Vatikans gewesen war. Einige Medien greifen den Fall auf und sehen bereits nach wenigen Monaten den ersten großen Skandal auf Franziskus zukommen. Doch der lässt sich nicht beirren. Ricca bleibt im Amt. Bei der Pressekonferenz auf dem Rückweg vom Weltjugendtag Ende Juli 2013 antwortet Franziskus ohne Scheu auf die Frage nach Ricca. Er habe eine Untersuchung durchführen lassen, wie es das Kirchenrecht vorsehe. Dabei hätten sich die Vorwürfe nicht bestätigt. Dann fügt er hinzu: »Ich sehe, dass man häufig in der Kirche – außerhalb dieses Falles und auch in diesem Fall – zum Beispiel nach ›Jugendsünden‹ sucht und das dann veröffentlicht. Nicht nach Straftaten, die Straftaten sind eine andere Sache – der Missbrauch von Minderjährigen ist eine Straftat. Nein, nach Sünden. Aber wenn ein Mensch – Laie, Priester oder Schwester – eine Sünde begangen und sich dann bekehrt hat, vergibt sie der Herr, und wenn der Herr vergibt, dann vergisst er, und das ist für unser Leben wichtig. Wenn wir zum Beichten gehen und wirklich sagen: ›Darin habe ich gesündigt‹, dann vergisst der Herr, und wir haben nicht das Recht, nicht zu vergessen, denn dann laufen wir Gefahr, dass der Herr seinerseits unsere [Sünden] nicht vergisst.«

»Die Jagd auf die Konservativen ist eröffnet«, titelt der Vatikanist Marco Tossati Ende Juni 2014 in der italienischen Tageszeitung *La Stampa*. Er bringt damit ein Gefühl zum

Ausdruck, das eine Reihe von Vatikanisten, die mit dem Kurs von Papst Franziskus Probleme zu haben scheinen, seit längerer Zeit in ihren Medien bedienen. Zu einer Art Nagelprobe wird für Tossati und seine Kollegen die Frage, wie hält es Franziskus mit dem außerordentlichen Ritus der Messe, also der Form, die gemeinhin als die Tridentinische Messe bezeichnet wird. Die Feier war nach der Liturgiereform in der Folge des II. Vatikanischen Konzils weitestgehend verboten worden. Papst Benedikt XVI. hatte 2007 die Bestimmungen gelockert, was damals zu heftigen Diskussionen in der katholischen Kirche geführt hatte. Im Interview mit den Jesuitenzeitschriften bezeichnet Franziskus im September 2013 die Entscheidung seines Vorgängers in dieser Sache als »klug abwägend […] als Hilfe für einige Personen, die diese besondere Sensibilität haben«. Zugleich warnt er davor, er »finde aber das Risiko einer Ideologisierung des *Vetus Ordo,* seine Instrumentalisierung, sehr gefährlich«. Franziskus hat erkannt, dass vor allem für konservative Kreise seit 2007 die Haltung in Bezug auf die Tridentinische Messe geradezu zu einem Nachweis für die echte Katholizität einer Person geworden ist, genauso wie die Einstellung zu bestimmten Fragen der Sexualmoral. Die Konservativen sind in Alarmstimmung, spätestens seit Erzbischof Jan Graubner im Februar 2014 aus einer Begegnung mit Franziskus im Rahmen des Ad-Limina-Besuchs der tschechischen Bischöfe berichtete, dass der Papst gesagt habe, dass es sich bei der Tridentinischen Messe wohl eher um »eine Mode« handle, der man deshalb weiter keine große Bedeutung beimessen müsse. Er könne verstehen, wenn die älteren Generationen gerne zu dem zurückkehren wollten, was sie einmal gelebt hätten. Doch er verstehe die jüngere Generation nicht, die den Tridentinischen Ritus wolle. Der Papst habe weiter gesagt, man müsse nur ein wenig Geduld und Freundlichkeit mit diesen Menschen zeigen, die dieser Mode anhingen. Für konservative Kreise war nach diesen Aussagen klar, Franziskus fehle völlig ein »wirkliches Verständnis für die überlieferte Liturgie«. Dass der Vatikan auch noch einem kleinen Franziskanerorden in Italien das Feiern der Messe im Außerordentlichen Ritus untersagt, ist für die Gegner von Papst Franziskus ein weiterer Beweis für dessen Abkehr vom Kurs seines Vorgängers und der Tradition der Kirche. Allerdings hängen die vatikanischen Maßnahmen gegen die Franziskanerbrüder der Unbefleckten Empfängnis, einen kleinen, aber wachsenden Orden aus mehreren hundert Priestern, Brüdern, Seminaristen und Ordensfrauen, vor allem mit internen Streitigkeiten sowie Unterschlagungsvorwürfen zusammen. Bereits unter Benedikt XVI. wurden Untersuchungen eingeleitet, die unter Franziskus jetzt zu ersten Maßnahmen führten. Dazu gehört auch, dass der Papst die Feier der Tridentinischen Messe untersagte, wenn diese dafür keine ausdrückliche Genehmigung dafür eingeholt hätten. Außerdem fordert er von den Franziskanern die grundsätzliche Anerkennung der Liturgiereform, auch wenn sie dann nicht nach dem neuen, sondern dem alten Ritus ihre Gottesdienste feiern. In dieser Linie stimmt er ganz mit Benedikt XVI. überein. Im Juni 2014 trifft sich Franziskus mit einer Gruppe der Franziskaner in Santa Marta. Dabei macht er seine Position noch einmal deutlich. Eine Anerkennung der Reformen des II. Vatikanischen Konzils ist die Grundvoraussetzung, um in Ausnahmefällen auch nach dem außerordentlichen Ritus die Messe feiern zu können. Eigentlich keine neue Linie; auch wenn die Entscheidung von den Konservativen anders gedeutet wird.

Von außerhalb der katholischen Kirche kommt übrigens scharfe Kritik von der traditionalistischen Piusbruderschaft. Ihre Vertreter sprechen angesichts des Apostolischen Schreibens *Evangelii gaudium* in einer Analyse von einem

Dolor fidelium, vom »Leid und Schmerz der Gläubigen«, weil das Papier »nichts anderes als die Fortentwicklung des Zweiten Vatikanischen Konzils in dessen unannehmbarsten Aussagen« sei. Zwar gibt es im ersten Amtsjahr von Papst Franziskus informelle Kontakte zwischen dem Vatikan und der Piusbruderschaft. Im Dezember 2013 kommt es sogar zu einer zufälligen Begegnung zwischen dem Oberen der Bruderschaft, Bischof Bernard Fellay, und Franziskus im Speisesaal von Santa Marta im Vatikan. Doch eine Annäherung scheint im gegenwärtigen Pontifikat ferner denn je. Fellay hatte sich zu Gesprächen mit Vertretern der für den Kontakt zur Piusbruderschaft zuständigen Kommission *Ecclesia Dei* im Vatikan aufgehalten und war anschließend von diesen zum Mittagessen ins Gästehaus eingeladen worden. Es kam zu einem kurzen Smalltalk mit dem Papst.

Doch längst sind es nicht nur die erzkonservativen Traditionalisten von außerhalb der katholischen Kirche, die vom Leiden angesichts der Amtsführung von Papst Franziskus sprechen. Auch innerhalb gibt es eine große Zahl von konservativen Aktivisten, die sich über das Internet vernetzen und dort ihren Unmut kundtun. Da gibt es Gebetsaufrufe, »dass wir möglichst bald einen neuen, rechtgläubigen, die Kirche verteidigenden und sie nicht an die Wölfe ausliefernden Papst haben«, denn »das meiste, was Herr Bergoglio sagt und tut, ist auch schlecht und schadet der Kirche«. Forderungen nach einer Untersuchung des »geistigen Zustands« von Papst Franziskus werden laut. Diese Gruppen sehen in der Amtsführung von Franziskus eine nachhaltige Beschädigung des Papstamts. Sie kritisieren Äußerlichkeiten, aber auch Inhalte seiner Verkündigung. Der einfache Lebensstil führe zu einer Entsakralisierung des Papstamts. Die Tatsache, dass Franziskus bei öffentlichen Auftritten nicht die rote Mozzetta mit Hermelinbesatz trägt, auf die roten Schuhe verzichtet und noch immer sein silbernes Bischofskreuz trägt, schade der Würde des Amtes. Schließlich sei der Papst Stellvertreter Christi auf Erden. Außerdem werde dadurch die Autorität des Papstes zusehends untergraben. Dieser Effekt verstärke sich noch dadurch, dass Franziskus immer wieder von sich selbst als Sünder spreche, der Fehler begehe und Glaubenszweifel habe. Die Tatsache, dass Franziskus wenige Tage nach seiner Wahl am Gründonnerstag 2013 mit der Tradition bricht und den Gottesdienst zur Erinnerung an das Letzte Abendmahl Jesu nicht in seiner Bischofskirche San Giovanni im Lateran feiert, sondern in einem Jugendgefängnis, verursacht Unruhe in konservativen Kreisen; erst recht, als Franziskus im Rahmen dieser Liturgie auch noch Frauen und Muslimen die Füße wäscht im Gedenken daran, dass Jesus seinen Jüngern die Füße gewaschen hat. Nach Kritik konservativer Kreise, weil die Jünger ja nur Männer gewesen seien, muss Vatikansprecher Federico Lombardi dem Papst zur Seite springen und erklären, Franziskus habe aus »pastoralen Gründen« so gehandelt. Die Fußwaschung sei zwar ein wichtiger Ritus, aber kein Sakrament, und es gebe keine Regeln dafür. Franziskus lässt sich von den Kritikern nicht beirren. Gründonnerstag 2014 feiert er den Gottesdienst in einem Pflegeheim für Senioren und Menschen mit Behinderung. Auch dieses Mal wäscht er wieder Frauen sowie einem Muslim die Füße.

Ein Thema soll hier noch kurz angesprochen werden, das von Kritikern Bergoglios ebenfalls immer wieder genannt wird. Das ist die Rolle Jorge Mario Bergoglios während der Militärdiktatur in Argentinien von 1976 bis 1983. In dieser Zeit war Bergoglio zunächst Provinzial der Jesuiten bis 1980, anschließend Rektor des Colegio Máximo San José von San Miguel am Rande von Buenos Aires. Immer wieder werden Vorwürfe laut, das Verhalten Bergoglios in dieser Zeit betreffend. Dabei geht es unter anderem um das Schicksal zweier Jesuiten, die 1976 von den Militärs verschleppt und gefoltert worden waren, Orlando Yorio und Franz Jalics. Nach fünf Monaten kommen sie wieder frei. Sie fühlen sich verraten und alleingelassen. In ersten Reaktionen richtet sich ihre Enttäuschung gegen den Jesuitenoberen Bergoglio. Der weist die Anschuldigungen zurück. Er habe sich vielmehr vehement für die Freilassung der beiden Ordensbrüder eingesetzt. Auch ein Treffen mit Junta-Chef General Jorge Rafael Vidal habe in diesem Kontext gestanden. Orlando Yorio stirbt im August 2000. Er war nach seiner Freilassung nicht wieder in den Jesuitenorden zurückgekehrt. Franz Jalics hingegen bleibt Jesuit. 1978 siedelt er nach Deutschland über. Nach der Wahl Bergoglios zum Papst erklärt Jalics, er habe sich im Jahr 2000 mit seinem Mitbruder Bergoglio, damals Erzbischof von Buenos Aires, getroffen. Sie hätten sich ausgesprochen, einander umarmt und miteinander die Messe gefeiert. Anfang Oktober 2013 treffen sich Jalics und Papst Franziskus im Vatikan. Jalics betont, Bergoglio habe mit seiner Verschleppung nichts zu tun gehabt. Neben dem Fall der beiden Jesuiten geht es in Bezug auf Bergoglio und die Diktaturzeit auch um die Frage, was der Jesuit vom Kinderraub in der Juntazeit wusste und wie er sich dazu verhalten hatte, der systematischen Wegnahme der Neugeborenen von Regimegegnerinnen, die in der Haft niedergekommen waren.

Bereits kurz vor dem Konklave 2005 erschienen Medienberichte, wonach Jorge Mario Bergoglio mit den Militärmachthabern zusammengearbeitet habe. Nach der Wahl Bergoglios zum Papst bringt der argentinische Journalist Horacio Verbitsky diese Vorwürfe wieder vor. Verbitsky, Mitarbeiter der regierungsnahen Tageszeitung *Pagina 12*, beschäftigt sich seit Jahren mit der Rolle der Kirche während der Junta-Zeit. Schon in seinem 2005 veröffentlichten Buch »Das Schweigen« warf er Bergoglio vor, die beiden

Jesuiten den Militärs letztlich ausgeliefert zu haben. Bergoglio bestritt dies schon damals. Die Vorwürfe gegen Papst Franziskus verstummten nach kurzer Zeit. Im Herbst 2013 erscheint in Italien ein Buch mit dem Titel »Bergoglios Liste«. Darin berichten Zeitzeugen darüber, wie der damalige Jesuitenprovinzial und Rektor von San Miguel politisch Verfolgte in Häusern der Jesuiten versteckte oder half, sie außer Landes zu bringen. Auch der argentinische Friedensnobelpreisträger Adolfo Pérez Esquivel verteidigt Bergoglio. Der Bürgerrechtler Esquivel war selbst während der Militärdiktatur 14 Monate in Haft und gefoltert worden. Nach einem Treffen mit Papst Franziskus im März 2013 erklärt er: »Er war weder ein Komplize der Diktatur, noch gehörte er zu jenen Bischöfen, die sich am meisten für die Menschenrechte einsetzten.« Der Jesuit habe in seiner damaligen Rolle »auf stille Diplomatie gesetzt, um nach Verhafteten und Verschleppten zu forschen«. Bei ihrer Begegnung, so Esquivel, habe der Papst zugesichert, »die Wahrheit, die Gerechtigkeit und die Wiedergutmachung der durch die Diktatur erlittenen Schäden« voranzubringen. Auch der Sprecherin der »Großmütter der Plaza de Mayo« sichert Franziskus Unterstützung zu. »Zählt auf mich, ich stehe zu eurer Verfügung«, sagt er Estela de Carlotto, der Sprecherin der Organisation, die sich um die Aufklärung des Schicksals ihrer Töchter und Enkel kümmern, die während der Diktaturzeit verschwunden sind. Die Aufarbeitung dieser dunklen Jahre der argentinischen Geschichte steckt noch in den Kinderschuhen. Auch die katholische Kirche hat ihre Rolle in dieser Zeit noch nicht aufgearbeitet. Im Prozess um die Ermordung des oppositionellen Bischofs Enrique Angelelli stellt Papst Franziskus erstmals Beweismaterial aus den vatikanischen Archiven zur Aufarbeitung der Vorfälle während der Diktaturzeit zur Verfügung. Der Vorgang sorgte deshalb für Aufsehen, weil der frühere Nuntius in Argentinien, Pio Laghi, die Existenz dieser Papiere, die die Militärs belasten, bestritten hatte. Der Vorgang könnte ein Zeichen dafür sein, dass Franziskus an einer wirklichen Aufarbeitung gelegen ist, auch wenn dabei Schatten auf die Kirche fallen. Streng genommen ist es die einzige Chance für Franziskus, wenn er seine Glaubwürdigkeit und das große Vertrauen, das viele Menschen in ihn setzen, nicht verspielen will. Gerade in seinem Heimatland erwarten viele Menschen, dass er die katholische Kirche zur Aufarbeitung drängen und diesen Prozess ohne Vorbehalte mit dem im Vatikan vorhandenen Archivmaterial unterstützen werde. Damit könnte er seinen Kritikern an dieser Stelle den Wind aus den Segeln nehmen und für Klarheit sorgen.

MANN DES DIALOGS
Die Ökumene und die Religionen

Franziskus begeistert die Menschen weit über die katholische Kirche hinaus. Zugleich weckt er auch bei den Vertretern anderer christlicher Kirchen und anderer Religionen große Hoffnungen in Bezug auf die Ökumene und den interreligiösen Dialog. Dass ihm beides wichtig ist, hat er bereits am Tag nach seiner Amtseinführung Mitte März 2013 beim Empfang für die entsprechenden Delegationen betont. Er versicherte den Anwesenden, dass er die ökumenischen Gespräche sowie den interreligiösen Dialog »auf der Linie seiner Vorgänger« fortsetzen möchte. In den ersten eineinhalb Jahren gab es zahlreiche Begegnungen mit Vertretern anderer christlicher Kirchen sowie dem Judentum. Der Kontakt mit dem Islam war weniger intensiv; aber die Verbesserung der Beziehungen, die einige Zeit nach dem »Schock« der Regensburger Rede von Papst Benedikt XVI. vom September 2006 begann, setzte sich fort. Symbolischer Höhepunkt der ganzen Dialogbemühungen war die Papstreise ins Heilige Land im Mai 2014. Erstmals beteten Christen verschiedener Konfessionen gemeinsam in der Grabeskirche in Jerusalem das Vaterunser, darunter die Oberhäupter der römisch-katholischen und verschiedener orthodoxer Kirchen – ein historisches Ereignis. Ebenfalls zum ersten Mal sind sowohl ein Jude als auch ein Muslim Mitglied in der offiziellen Reise-Delegation des Papstes. Die guten persönlichen Beziehungen von Franziskus zu Rabbiner Abraham Skorka und dem Islamgelehrten Omar Abboud aus seiner Zeit als Erzbischof von Buenos Aires machen das möglich. Der Dialog, sei es nun das Gespräch unter den christlichen Kirchen oder den Religionen, steht bei Franziskus unter dem Vorzeichen des gegenseitigen Lernens, das auch Selbstkritik mit einschließt, und der gegenseitigen Bereicherung.

»Für mich hat die Ökumene Priorität.« Einfach und klar ist diese Aussage von Papst Franziskus in seinem Interview mit der italienischen Tageszeitung *Corriere della Sera* im Dezember 2013. Dies erstaunt ein wenig, denn konkrete und große ökumenische Akzente hat Franziskus in den ersten 15 Monaten seines Pontifikats nicht gesetzt, sieht man von der Heilig-Land-Reise im Mai 2014 ab. Da setzte er starke Zeichen vor allem in Richtung der orthodoxen Kirchen. Auf der Seite der protestantischen Kirchen fehlen selbst solche symbolischen Akte, auch wenn es auf der Arbeitsebene durchaus interessante Entwicklungen gibt. Ungeachtet dessen, gab es zahlreiche Audienzen und Begegnungen mit ökumenischen Delegationen verschiedenster Denominationen. Ungewöhnlich war sicherlich das Treffen zweier amtierender Päpste im Vatikan am 10. Mai 2013. Das Oberhaupt der koptisch-orthodoxen Kirche, Tawadros II., war zu Gast. Er trägt ebenfalls den Titel Papst.

Für Franziskus gibt es verschiedene Ebenen der Ökumene, die auch schon in den vorherigen Pontifikaten zu unterscheiden waren: Da ist der theologische Dialog und die Frage nach dem Weg zur sichtbaren Einheit der christlichen Kirchen. Daneben stellt sich die Frage der konkreten Zusammenarbeit im politischen, sozialen und sicherlich auch pastoralen Bereich. Schließlich betonen die Päpste seit vielen Jahren die Bedeutung der »geistlichen Ökumene«, des Gebets. Auf allen drei Ebenen ist seit dem Amtsantritt von Jorge Mario Bergoglio als Papst im März 2013 einiges passiert, was allerdings noch einer Konkretisierung harrt. Dabei ist es hilfreich, die verschiedenen christlichen Traditionsstränge – orthodox, protestantisch, anglikanisch und evangelikal – jeweils gesondert zu betrachten.

Die Protestanten können sich der Begeisterung vieler Menschen für Papst Franziskus nicht entziehen. In seinem Bericht bei der EKD-Synode im November 2013 in Düsseldorf erklärt der damalige EKD-Ratsvorsitzende Nikolaus Schneider: »Papst Franziskus hat in den letzten Monaten eine geistliche Melodie angeschlagen und einen theologischen Ton getroffen, in denen wir uns auch als evangelische Christinnen und Christen von Gottes Wort angesprochen wissen. [...] Papst Franziskus ermutigt alle, die Barmherzigkeit Gottes und die Menschennähe Jesu Christi in die Mitte der Verkündigung in Zeugnis und Dienst zu stellen.« Auf protestantischer Seite wächst aus der Zugewandtheit des Papstes zu den Menschen die Hoffnung, dass er bestimmte Themen und Probleme aus pastoralen Gründen forciert. So nennt Schneider bereits nach seiner Begegnung mit Franziskus im April 2013 den Kommunionempfang bei konfessionsverschiedenen Ehepaaren als ein Beispiel. Hier hoffe er auf pastorale Lösungen zugunsten der betroffenen Paare. Aber auch auf anderen Gebieten sehen die Protestanten gute Anknüpfungspunkte. Zu Weihnachten 2013 bezeichnet der ehemalige EKD-Ratsvorsitzende Nikolaus Schneider in einem Gastbeitrag für die *Frankfurter Allgemeine Zeitung* Franziskus als einen »prophetischen Papst«. »Franziskus' Kritik eines zügellosen Kapitalismus, der Menschen tötet, steht in dieser prophetischen Tradition. Hier geht es darum, Menschen aufzurütteln, und nicht darum, zu beschwichtigen.« Der Generalsekretär des Weltrats der Kirchen, Olav Fykse Tveit, sieht im Gespräch mit dem Evangelischen Pressedienst zu Weihnachten 2013 eine große Einigkeit der Protestanten mit dem Papst in der Kritik an wirtschaftlicher Ungerechtigkeit und Ausbeutung welt-

weit. Franziskus zeige in der Art, wie er das Papstamt aus-
übe, dass die Macht des Amtes darin liege, andere Menschen
in ihrem Kampf für eine bessere Welt zu bestärken. Zudem
sieht Tveit, der den Papst im März 2014 im Vatikan getroffen hat, bei Franziskus positive Ansätze im Verhältnis der
Kirchen untereinander. Die von Franziskus geforderte Dezentralisierung der katholischen Kirche eröffne Möglichkeiten des Dialogs und der Kooperation mit den anderen
christlichen Kirchen. Dadurch werde die Einheit der Christen gestärkt, ist Tveit überzeugt. Der ehemalige EKD-Ratsvorsitzende Schneider spricht in seinem *FAZ*-Beitrag von
»den drei großen ›D‹ des bisherigen Pontifikats des Franziskus – Demut, Dialog, Dezentralität«. Diese sieht er als
»geeignete Leitbilder« für eine strukturelle Kirchenreform
der katholischen Kirche, die sich schließlich positiv auf die
Ökumene und die anderen christlichen Kirchen auswirken
werde.

Der langjährige Catholica-Beauftragte der Vereinigten
Evangelisch-Lutherischen Kirche Deutschlands (VELKD)
und ehemalige Braunschweiger Landesbischof Friedrich
Weber bezeichnet das Apostolische Schreiben *Evangelii
gaudium* in einer Bewertung für den Fachdienst *Ökumenische Nachrichten* als eine »evangelische Schrift«. Und dies
dürfte im doppelten Sinn gemeint sein; denn einerseits sieht
Weber eine am Evangelium orientierte missionarische Neu-
ausrichtung der Kirche bei Franziskus; andererseits gebe es
Positionen des Papstes, die Protestanten aufmerken ließen.
Wenn Papst Franziskus beispielsweise von der Begrenzung
des Papstamts spreche oder von einer heilsamen Dezentralisierung oder wenn er seine Kirche auffordere, die Freiheit
des Wortes Gottes zu akzeptieren. Bereits das erste große
Lehrschreiben von Papst Franziskus, die Enzyklika *Lumen
Fidei,* hatte Weber in seinem Bericht an die 11. VELKD-Ge-
neralsynode im November 2013 als »zentrales Dokument

für den ökumenischen Dialog« bezeichnet. »Mit ihrer Konzentration auf den Begriff und das Verständnis des Glaubens führt die Enzyklika unmittelbar in das Zentrum der Fragen, die vor 500 Jahren den Ausgangspunkt kontroverstheologischer Auseinandersetzungen bildeten.« Der Text mache deutlich, »wo und wie die verbindenden und divergierenden Linien theologisch verlaufen«. Verbindend dürfte mit Sicherheit der klare Akzent auf Rechtfertigung des Glaubenden allein durch die Gnade Gottes sein, die Franziskus im ersten Teil der Enzyklika (LF 19) anspricht und dabei Paulus mit seinem Brief an die Epheser zitiert: »Denn aus Gnade seid ihr durch den Glauben gerettet, nicht aus eigener Kraft – Gott hat es geschenkt.« (Eph 2,8) Bauchschmerzen bereite dagegen die starke Betonung des Lehramts für die Einheit und die Weitergabe des Glaubens.

Blickt man auf die ersten 15 Monate des Pontifikats von Franziskus zurück, sind es weniger die großen ökumenischen Gesten und Aktionen, die Wirkung zeigen, als vielmehr die Art und Weise, wie er sein Amt ausübt und in welcher Richtung er die katholische Kirche verändern will. Dazu gehört das stärkere synodale Element, das er mit dem Kardinalsrat oder dem synodalen Prozess beim Thema Ehe und Familie eingeschlagen hat. Sein Ziel, die Bischofssynode zu einem ständigen Beratungsgremium zu entwickeln, wird sowohl bei den protestantischen Kirchen als auch bei den orthodoxen Kirchen aufmerksam verfolgt. Hier sieht Franziskus gegenüber den Schwesterkirchen Nachholbedarf in seiner Kirche: »Im Dialog mit den orthodoxen Brüdern haben wir Katholiken die Möglichkeit, etwas mehr über die Bedeutung der bischöflichen Kollegialität und über ihre Erfahrung der Synodalität zu lernen.« (EG 246) Gleichzeitig schafft die starke Ausrichtung der Kirche auf Christus, die Betonung, dass Christus vor der Kirche kommt, Anknüpfungspunkte für das ökumenische

Gespräch. Gerade von protestantischer Seite wurde in der Vergangenheit kritisiert, dass die katholische Kirche zu sehr die Institution selbst in den Mittelpunkt stelle, dass Strukturen und Personen wie der Papst bisweilen wichtiger erschienen als der Glaube an Gott. Dieser Vorwurf greift unter Franziskus immer weniger. Denn Jorge Mario Bergoglio ist gerade angetreten, um als Papst die katholische Kirche aus ihrer Autoreferenzialität herauszureißen und wieder auf ihre zentrale Aufgabe hin auszurichten: das Zeugnis für Christus und die Verkündigung der christlichen Botschaft.

Mit dieser radikalen Orientierung an Christus will Franziskus eine »evangelische Reform« der katholischen Kirche. Er möchte zurück zu den Ursprüngen des Christentums. Diese Form der Reformation der katholischen Kirche wirkt sich mittelbar positiv auf das Miteinander der christlichen Kirchen aus. Denn indem der Papst Ballast abwirft, der sich im Laufe der 2000-jährigen Kirchengeschichte absichtlich oder unbeabsichtigt, bewusst oder unbewusst angehäuft hat, bieten sich neue Chancen des Miteinanders der Konfessionen. Franziskus sieht sich in erster Linie als »Bischof von Rom«, der den Vorsitz in der Liebe führt. Das macht er von seinem ersten öffentlichen Auftritt am 13. März 2013 an deutlich. Das bedeutet nicht, dass er damit auf den Primatsanspruch des Papstes verzichtet. Darauf hat er eigens in einem der zahlreichen Interviews hingewiesen. Dennoch nimmt er sich zurück. Seine Worte in *Evangelii gaudium* über die Selbstbeschränkung des Papstes und die Dezentralisierung waren zwar in erster Linie innerkatholisch gemeint, wurden aber auch von den anderen christlichen Kirchen aufmerksam wahrgenommen: »Ich glaube auch nicht, dass man vom päpstlichen Lehramt eine endgültige oder vollständige Aussage zu allen Fragen erwarten muss, welche die Kirche und die Welt betreffen.« (EG 17)

Franziskus sieht wie seine Vorgänger, dass angesichts der

zunehmenden Säkularisierung in vielen Ländern einerseits sowie der Bedrängung und Diskriminierung der Christen beispielsweise in kommunistischen Ländern wie China und Vietnam oder mehrheitlich muslimischen Ländern wie im Nahen Osten oder im Norden Nigerias andererseits, es immer wichtiger wird, dass die Christen mit einer Stimme sprechen. Eine geteilte Christenheit schwächt die Position der Christen. Daher ist für ihn eine engere Zusammenarbeit der Kirchen unabdingbar. In seiner Botschaft zum orthodoxen Andreasfest am 30. November 2013 an den Ökumenischen Patriarchen Bartholomaios I. schreibt er: »Es besteht auch die dringende Notwendigkeit einer wirksamen und engagierten Zusammenarbeit aller Christen, damit das Recht auf öffentliche Glaubensäußerung überall gewahrt wird und die Christen eine gerechte Behandlung erfahren.« Dazu müssen weitere Anstrengungen der Kirchen auf dem Weg zur sichtbaren Einheit unternommen werden. Ökumene bedeutet dabei für Franziskus allerdings nicht die Suche nach dem kleinsten gemeinsamen Nenner. Das macht er bei der Begegnung mit einer Delegation des ökumenischen Patriarchats aus Istanbul deutlich, die zum Fest Peter und Paul am 29. Juni 2013 in den Vatikan gekommen war. »Es tröstet mich, zu wissen, dass Katholiken und Orthodoxe dieselbe Ansicht hinsichtlich des Dialogs teilen, der keinen theologischen Minimalismus sucht, über den man einen Kompromiss erreichen könnte, sondern der sich vielmehr auf die Vertiefung der einzigen Wahrheit stützt, die Christus seiner Kirche geschenkt hat und die wir, geleitet vom Heiligen Geist, nie aufhören, besser zu verstehen. Daher dürfen wir keine Angst haben vor der Begegnung und dem wahren Dialog. Er entfernt uns nicht von der Wahrheit; vielmehr führt er uns durch den Austausch der Gaben unter der Leitung des Geistes der Wahrheit zur ganzen Wahrheit (vgl. Joh 16,13).«

Franziskus schwebt ein ganz bestimmtes Modell d
Ökumene vor. Schon als Erzbischof von Buenos Aires
spricht er immer wieder von einer »versöhnten Verschiedenheit«. In dem autobiographischen Interviewbuch *El Je-
suita* betont er: »Ich halte nichts davon, dass man heute in
den Kategorien der Einheitlichkeit oder der vollständigen
Einheit denkt; vielmehr geht es um eine versöhnte Verschiedenheit, zu der gehört, dass man gemeinsam unterwegs ist,
gemeinsam betet und arbeitet und miteinander die Begegnung mit der Wahrheit sucht.« (S. 181) Beim Gottesdienst
zum Abschluss der Gebetswoche für die Einheit der Christen im Januar 2014 in der Basilika Sankt Paul vor den Mau-
ern greift Franziskus diesen Gedanken wieder auf: »Wir alle
haben durch die Spaltungen Schaden erlitten. Wir alle wollen nicht zum Ärgernis werden. Gehen wir darum alle gemeinsam brüderlich den Weg zur Einheit, auch indem wir
unterwegs Einheit stiften, jene Einheit, die vom Heiligen
Geist kommt und die uns eine ganz eigene Besonderheit
bringt, die nur der Heilige Geist verwirklichen kann: die
versöhnte Verschiedenheit.« In seinem gemeinsamen Buch
mit dem Rabbiner Abraham Skorka führt Bergoglio aus,
dass er diese Vorstellung in Anlehnung an den deutschen
lutherischen Theologen Oscar Cullmann verstanden wissen
möchte. Mit ihm geht Franziskus zurück in die Zeit der
Evangelien, um eine Idee von Einheit zu entwickeln. Denn
Oscar Cullmann (1902–1999) war Professor für Neues Testament und Geschichte der Alten Kirche in Basel und Paris.
Er nahm als ökumenischer Beobachter am II. Vatikanischen
Konzil (1962–1965) teil und pflegte eine enge Freundschaft
zu Papst Paul VI. In seinem 1986 erschienenen Büchlein
»Einheit durch Vielfalt« fasst er die Idee dieses ökumeni-
schen Modells zusammen. Bereits im Vorwort beschreibt
Cullmann einen wesentlichen Grundgedanken, der seine
Arbeit durchzieht: »nämlich dass jede christliche Konfes-

sion eine unverlierbare Geistesgabe, ein Charisma hat, das sie behalten, pflegen, reinigen und vertiefen, und nicht einer Gleichschaltung zuliebe entleeren soll«. (S. 8) In den Worten von Papst Franziskus klingt das im Interview mit den Jesuitenzeitschriften so an: »In den ökumenischen Beziehungen ist dies wichtig: das, was der Geist in den anderen gesät hat, nicht nur besser zu kennen, sondern vor allem auch besser anzuerkennen als ein Geschenk auch an uns.« Wenige Zeilen später kommt Franziskus zu dem Schluss: »Wir müssen vereint in den Unterschieden vorangehen. Es gibt keinen anderen Weg, um eins zu werden. Das ist der Weg Jesu.«

Interessant ist, dass Cullmann auch eine breite Rezeption beim Theologen Joseph Ratzinger, Benedikt XVI., findet. Seine Ausführungen, die sich unter anderem im achten Band der »Joseph Ratzinger, Gesammelte Schriften« finden, können helfen, die Idee Cullmanns noch einmal besser zu verstehen. In einem Brief an die Theologische Quartalsschrift unter dem Titel »Zum Fortgang der Ökumene« schreibt Ratzinger 1986 angesichts der Grenzen einer »Verhandlungsökumene«, dass für ihn das Stichwort Oscar Cullmanns hilfreich sei: Einheit *durch* Vielfalt bzw. durch Verschiedenheit. »Gewiss, Spaltung ist von Übel, vor allem dann, wenn sie zur Feindschaft und Verarmung des christlichen Zeugnisses führt. Wenn aber der Spaltung langsam das Gift der Feindseligkeit gezogen wird und wenn im gegenseitigen Sich-Annehmen aus der Verschiedenheit nicht mehr bloß Verarmung, sondern neuer Reichtum des Hörens und Verstehens kommt, dann kann sie auf dem Übergang zum felix culpa sein, auch schon bevor sie ganz geheilt wird.« (JRGS, 8.2, S. 734). Der Idee Cullmanns folgend, so Ratzinger, solle zunächst versucht werden, durch Verschiedenheit Einheit zu finden: »in den Spaltungen das Fruchtbare anzunehmen, sie zu entgiften und gerade durch die

Verschiedenheit Positives zu empfangen – natürlich in der Hoffnung, dass am Ende die Spaltung überhaupt aufhört, Spaltung zu sein, und nur noch ›Polarität‹ ohne Widerspruch ist« (ebd. S. 735).

Das Modell der »Einheit durch Vielfalt«, wie Cullmann es entwickelt und wie es auch der lutherische Theologe und Ökumeniker Harding Meyer immer wieder propagiert hat, ist ein zutiefst biblischer Ansatz. Cullmann spricht vom »diversifizierenden Wirken des Heiligen Geistes durch die von ihm jeder Konfession verliehenen Gaben, die Charismen«. Diese Vorstellung, kombiniert mit der »im Lichte der vom Neuen Testament gebotenen Rangabstufung der von jeder Konfession verkündeten Glaubensaussagen, also der sogenannten ›Hierarchie der Wahrheiten‹«, ermöglicht ein Modell der Einheit, die nicht trotz Diversität, sondern gerade durch Diversität entsteht. Die zentrale Stelle im Neuen Testament ist die Rede des Paulus im ersten Brief an die Korinther von dem einen Geist und den vielen Gaben (1. Kor 12,4–31). »Wer den Reichtum der Fülle des Heiligen Geistes nicht respektiert und Uniformität will, sündigt gegen den Heiligen Geist«, schreibt Cullmann. Im Ökumenedekret des II. Vatikanischen Konzils *Unitatis redintegratio* anerkennt auch die katholische Kirche, »dass einige, ja sogar viele und bedeutende Elemente oder Güter, aus denen insgesamt die Kirche erbaut wird und ihr Leben gewinnt, auch außerhalb der sichtbaren Grenzen der katholischen Kirche existieren können« (UR 3). Es ist ferner von einer »Rangordnung oder ›Hierarchie‹ der Wahrheiten innerhalb der katholischen Lehre« die Rede. Papst Franziskus greift den Gedanken in seinem Schreiben *Evangelii gaudium* wieder in seinen, für die ökumenischen Partner bedauerlich kurzen, expliziten Ausführungen über die Ökumene auf: »Wenn wir uns auf die Überzeugungen konzentrieren, die uns verbinden, und uns an das Prinzip der Hierarchie der

Wahrheiten erinnern, werden wir rasch auf gemeinsame Formen der Verkündigung, des Dienstes und des Zeugnisses zugehen können.« (EG 247)

Für Franziskus bedeutet dies allerdings nicht ein billiges Übertünchen der noch bestehenden Unterschiede. Der Vorwurf des »Irenismus« greift hier nicht. Denn Franziskus sieht durchaus die bestehenden Unterschiede und hält auch den theologischen Dialog nicht für überflüssig. Doch wie auch in anderen Zusammenhängen steht für den Pontifex das Verbindende im Vordergrund, die Gemeinsamkeiten. Ökumene, wie übrigens auch der interreligiöse Dialog, sind für ihn prozesshafte Vorgänge. Es geht ihm um Begegnungen, Gespräche und gemeinsames Handeln. Der gemeinsame Weg ist zunächst das Ziel, gepaart mit Realismus und dem Vertrauen auf die Führung Gottes. »Angesichts der Gewichtigkeit, die das Negativ-Zeugnis der Spaltung unter den Christen besonders in Asien und Afrika hat, wird die Suche nach Wegen zur Einheit dringend. Die Missionare in jenen Kontinenten sprechen immer wieder von den Kritiken, Klagen und dem Spott, der ihnen aufgrund des Skandals der Spaltungen unter den Christen begegnet. [...] Die Zeichen der Spaltung unter Christen in Ländern, die bereits von der Gewalt zerrissen sind, fügen weiteren Konfliktstoff von Seiten derer hinzu, die ein aktives Ferment des Friedens sein müssten. So zahlreich und so kostbar sind die Dinge, die uns verbinden! Und wenn wir wirklich an das freie und großherzige Handeln des Geistes glauben, wie viele Dinge können wir voneinander lernen!« (EG 247)

Franziskus möchte die theologischen Dialoge fortsetzen. Das gilt sowohl für die Gespräche mit den Orthodoxen über das Papstamt. Das gilt aber auch für den Dialog mit den Protestanten. Hier zeigen sich gerade in den letzten Jahren neue Spannungsfelder vor allem im ethischen Bereich, die es früher nicht gab. Dazu gehören etwa die Bewertung der Homosexualität oder der Sterbehilfe. Allerdings gibt es auch Fortschritte. Wenig Beachtung fand ein gemeinsames Dokument des Lutherischen Weltbunds und der katholischen Kirche, in dem beide Seiten gemeinsam die Geschichte der Reformation mit Blick auf das Jahr 2017 aufarbeiten. Das 100 Seiten umfassende Papier mit dem Titel »Vom Konflikt zur Gemeinschaft« wurde im Juni 2013 in Genf vorgestellt. Das Papier wird, so betont der vatikanische Ökumeneminister Kardinal Kurt Koch, sowohl von Benedikt XVI. als auch von Papst Franziskus unterstützt, auch wenn es sich nicht um ein offizielles lehramtliches Dokument der katholischen Kirche handle. Es mündet in fünf »ökumenische Imperative«, die beide Seiten darauf verpflichten, dass sie »immer von der Perspektive der Einheit und nicht von der Perspektive der Spaltung ausgehen, um das zu stärken, was sie gemeinsam haben, auch wenn es leichter ist, die Unterschiede zu sehen und zu erfahren« – ein zutiefst franziskanischer Imperativ. Beim Treffen mit den Spitzen des Lutherischen Weltbunds im Oktober 2013 im Vatikan würdigte der Pontifex das Papier ausdrücklich und stellte mit Blick auf das 500-Jahr-Gedenken der Reformation im Jahr 2017 fest: »Ich glaube, dass es für alle wirklich wichtig ist, die Anstrengung zu unternehmen, sich im Dialog mit der historischen Wirklichkeit der Reformation, mit ihren Konsequenzen und den Reaktionen, die sie hervorrief, auseinanderzusetzen. Sowohl Katholiken als auch Lutheraner können für den Schaden, den sie einander zugefügt haben, und für die Schuld, die sie vor Gott auf sich geladen haben, um Verzeihung bitten und sich gemeinsam freuen über die Sehnsucht nach der Einheit, die der Herr in unseren Herzen erweckt hat und die uns hoffnungsvoll in die Zukunft schauen lässt.«

Zu den orthodoxen Kirchen bestehen weiterhin gute Kontakte. Das zeigt nicht zuletzt die herzliche Begegnung der verschiedenen Kirchenführer in Jerusalem. Schwierig ist nach wie vor das Verhältnis des Vatikans zur russisch-orthodoxen Kirche in Moskau. Zu Beginn des Pontifikats kamen sehr positive Töne aus der russischen Hauptstadt. Von einer engen Zusammenarbeit der beiden Kirchen zur »Bewahrung des christlichen Europas« war die Rede. Wiederholt wurde über ein mögliches Treffen des Patriarchen Kyrill I. und Papst Franziskus spekuliert. Doch auf russisch-orthodoxer Seite sieht man die Entwicklung vor allem der mit Rom unierten griechisch-katholischen Kirche in der Ukraine kritisch. Zuletzt belastete die Errichtung einer neuen Eparchie das Verhältnis. Im April 2014 hatte Franziskus der Gründung eines Erzbischöflichen Exarchats in Charkow im Osten des Landes zugestimmt, das durch die Teilung des bestehenden Exarchats Donezk-Charkow entstand. Schon 2005 hatte die Errichtung neuer Exarchate für schwere Verstimmungen mit dem Patriarchat von Moskau geführt. Jetzt heißt es aus dem Umfeld von Patriarch Kyrill I., der Papst sei schlecht beraten gewesen. Die neuerliche Provokation bedeute einen Rückschritt bei den Bemühungen um eine Begegnung der beiden Kirchenoberhäupter. Moskau kritisiert zudem den theologischen Dialog zwischen Katholiken und Orthodoxen. Dort würden »Unterschiede eingeseift« und der Eindruck erweckt, es gebe keine Differenzen mehr. Stattdessen müssten diese neu interpretiert werden, so der Außenamtschef der russisch-orthodoxen Kirche Metropolit Hilarion gegenüber der Presse. Es bleibt also schwierig in den Beziehungen zwischen Moskau und Rom. Vielleicht könnte ja eine Begegnung der beiden Kirchenoberhäupter die Vertrauensbasis schaffen, um die Probleme aus dem Weg zu räumen. Die russisch-orthodoxe Seite möchte erst die Probleme gelöst sehen und dann ein Treffen organisieren. Papst Franziskus kann sich sicherlich auch eine umgekehrte Reihenfolge vorstellen.

Aufsehen erregte Franziskus Anfang 2014 mit einer Grußbotschaft an das Treffen von Evangelikalen in den USA. Ungewöhnlich war zum einen die Art des Zustandekommens der Grußbotschaft, zum anderen aber auch der Inhalt. Franziskus hatte sich privat mit dem evangelikalen Bischof Tony Palmer getroffen. Die beiden kennen sich aus Argentinien. Palmer bat den Papst spontan um eine Grußbotschaft für die im Februar in Texas stattfindende »Christian Leadership Convention« der Pfingstkirchen. Kurzerhand filmte Palmer das sieben Minuten dauernde Grußwort des Papstes mit seinem Smartphone. Ungewöhnlich für viele katholische Ohren war schließlich die Botschaft des Papstes an die Evangelikalen. Er sprach von »Brüdern und Schwestern«, von seinem »Bischofsbruder Tony Palmer«, von der Freude, die ihn erfülle, angesichts des Treffens der Evangelikalen, um Gott zu loben. Es sei ein Zeichen dafür, dass Gott in der ganzen Welt arbeite. Sünde und Fehler hätten die Christen entzweit. An dieser Situation hätten alle Schuld, denn alle seien Sünder. Er spreche zu ihnen als Bruder, bete für sie und bitte sie umgekehrt um das Gebet für ihn. Franziskus betonte mehrfach, dass er die große Sehnsucht der Einheit habe. Ein derart unbefangener Umgang mit Evangelikalen ist ungewöhnlich. Noch immer werden sie im Sprachgebrauch vieler katholischer Führungsfiguren als »Sekte« bezeichnet. Ende Juli 2014 besuchte Franziskus als erster Papst eine evangelikale Gemeinschaft im italienischen Caserta. Bei dem vom Vatikan als privat deklarierten Besuch bat er die Evangelikalen und Pfingstkirchler um Vergebung für Übergriffe und Verunglimpfungen durch Katholiken in der Zeit des Faschismus in Italien. Franziskus hatte schon als Erzbischof von Buenos Aires keine Berührungsängste mit den Pfingstkirchen. Er ging regelmäßig zu ökumenischen Treffen, an denen auch die Pentekostalen teilnahmen, und ließ sich von deren Geistlichen segnen.

Dies brachte ihm von konservativen katholischen Gruppen den Vorwurf ein, er sei vom Glauben abgefallen. Doch Bergoglio ficht das nicht an. Er sieht kein Problem darin, wenn jeder nach seiner Tradition betet. Das ist kein Synkretismus. Franziskus geht positiv mit dem Faktischen um. Die Evangelikalen gehören zu den am schnellsten wachsenden christlichen Gruppierungen weltweit. Vor allen Dingen in den USA, aber auch in Lateinamerika, Afrika und Asien nimmt die Zahl der Anhänger stark zu. Der Präsident des Päpstlichen Ökumenerats, Kardinal Kurt Koch, spricht angesichts dieser Entwicklung von einer »Pentekostalisierung des Christentums«. Schätzungen gehen von weltweit rund 400 Millionen Mitgliedern der verschiedenen evangelikalen Gruppierungen aus. Zum Vergleich: Weltweit gibt es neben 1,2 Milliarden Katholiken rund 400 Millionen orthodoxe Christen, 600 Millionen Protestanten und 77 Millionen Anglikaner. Bei der 10. Vollversammlung des Ökumenischen Rats der Kirchen im November 2013 im südkoreanischen Busan sprach zum ersten Mal ein Vertreter der Evangelikalen ein Grußwort. Dies wurde als deutliches Zeichen dafür gewertet, dass diese Form des Christentums zu einer ernstzunehmenden Größe geworden ist. Das ökumenische Gespräch mit den Pentekostalen gestaltet sich schwierig, da sie nicht in der Form organisiert sind, wie das bei den traditionellen christlichen Kirchen der Fall ist. Für Franziskus zählt vor allem eines, wie er in der Videobotschaft an die Pentekostalen erklärt: die Sprache des Herzens. »Die Grammatik ist einfach. Zwei Regeln: Liebe Gott über alles. Und liebe deinen Nächsten, denn es ist dein Bruder oder deine Schwester. Mit diesen beiden Dingen kommen wir voran.«

Diese beiden Imperative sind auch bestimmend in Franziskus' Verhältnis zu den Religionen. Hier profitiert der Papst von seinem guten Verhältnis zu den Religionen in

Buenos Aires. Über Jahre pflegte er dort mit Juden und Muslimen nicht nur jeweils gute bilaterale Beziehungen, sondern es gab einen Trialog. Unzählige gemeinsame Sozialprojekte der drei Religionen festigten das Miteinander im Alltag, so dass Ereignisse wie der Anschlag auf das jüdische Gemeindezentrum in Buenos Aires 1994 oder die Anschläge vom 11. September 2001 in New York die Beziehungen nicht trüben konnten. Im Februar 2014 reiste eine interreligiöse Pilgergruppe aus Argentinien ins Heilige Land, je 15 Muslime, Juden und Katholiken. Auf dem Rückweg machten sie im Vatikan Station bei einem alten Weggefährten des Trialogs: Franziskus. Als Folge dieser besonderen Beziehungen Bergoglios zu den anderen Religionen gehörten bei der Papstreise ins Heilige Land im Mai 2014 erstmals ein Jude und ein Muslim zur offiziellen Delegation des Heiligen Stuhls. Für Franziskus ist dieser interreligiöse Dialog ganz praktisch. In *Evangelii gaudium* schreibt er dazu: »Eine Haltung der Offenheit in der Wahrheit und in der Liebe muss den interreligiösen Dialog mit den Angehörigen der nicht christlichen Religionen kennzeichnen, trotz der verschiedenen Hindernisse und Schwierigkeiten, besonders der Fundamentalismen auf beiden Seiten. Dieser interreligiöse Dialog ist eine notwendige Bedingung für den Frieden in der Welt und darum eine Pflicht für die Christen wie auch für die anderen Religionsgemeinschaften. Dieser Dialog ist zuallererst ein Dialog des Lebens.« (EG 250) Es gehe um die gemeinsame Verpflichtung, der Gerechtigkeit und dem Frieden zu dienen. Bei diesem Dialog gehe es aber nicht darum, den eigenen Glauben zu verleugnen, betont Franziskus und stellt sich in die Tradition seiner Vorgänger. »Die wahre Offenheit schließt ein, mit einer klaren und frohen Identität in den eigenen tiefsten Überzeugungen fest zu stehen, aber ›offen [zu] sein, um die des anderen zu verstehen‹, ›im Wissen darum, dass der Dialog jeden bereichern kann‹. Eine diplomatische Offenheit, die zu allem ja sagt, um Probleme zu vermeiden, nützt uns nicht, da dies eine Art und Weise wäre, den anderen zu täuschen und ihm das Gut vorzuenthalten, das man als Gabe empfangen hat, um es großzügig zu teilen. Die Evangelisierung und der interreligiöse Dialog sind weit davon entfernt, einander entgegengesetzt zu sein, vielmehr unterstützen und nähren sie einander.« (EG 251) Franziskus zitiert hier die Enzyklika *Redemptoris missio* – über die fortdauernde Gültigkeit des missionarischen Auftrags – von Johannes Paul II. aus dem Jahr 1990. Gewalt im Namen der Religion lehnt Franziskus wie seine Vorgänger strikt ab.

Eine besondere Rolle kommt auch für Franziskus den Beziehungen zum Judentum zu. Jorge Mario Bergoglio pflegte als Erzbischof von Buenos Aires sehr enge Kontakte zu den Juden in seiner Stadt, auch auf institutioneller Ebene beispielsweise zum Latin American Congress und dessen Generalsekretär Claudio Epelman. Bergoglio besuchte die Synagogen der Stadt und predigte dort immer wieder. Weltweit bekannt ist mittlerweile seine besondere Beziehung zu Rabbiner Abraham Skorka, mit dem er früher regelmäßig gemeinsam in einer TV-Sendung auftrat. Ein Teil der Dialoge aus der Sendung ist unter dem Titel »Über Himmel und Erde« als Buch erschienen. Skorka besucht Franziskus seit dessen Wahl zum Papst regelmäßig im Vatikan. Gegenüber Journalisten berichtete er von einem Ereignis im September 2013, als er einige Tage zu Gast war in Santa Marta im Vatikan, und das charakteristisch ist für den ungezwungenen Umgang von Franziskus mit seinen jüdischen Freunden. Wie üblich habe er, Skorka, in diesen Tagen am Tisch des Papstes gegessen. Der habe sich persönlich darum gekümmert, dass für ihn koschere Speisen zur Verfügung stünden. An einem Abend habe er dem Papst dann erklärt, dass er das Kiddusch sprechen müsse, den Segensspruch über einem Becher Wein, mit dem der Sabbat oder ein jüdischer Feiertag eingeleitet wird. Franziskus habe ihm gesagt, er solle tun, was er tun müsse. Er, Skorka, sei aufgestanden, der Papst mit ihm, und er habe auf Hebräisch das Gebet gesprochen und es anschließend auf Spanisch zusammengefasst für die anderen Personen am Tisch. Franziskus habe anschließend die Speisen mit einem Kreuzzeichen gesegnet. Das sei ihr Modell interreligiösen Gebets, so Skorka, in dem die Selbstverständlichkeit eines langen interreligiösen Dialogs und ihrer Freundschaft zum Ausdruck kämen. Für Franziskus ist das kein Synkretismus, also kein Vermischen von Religionen. Fest im katholischen Glauben verwurzelt, ist es für ihn kein Problem, wenn Vertreter verschiedener Religionen im Beisein der anderen je nach ihrer Tradition beten.

Die Mahlzeiten mit jüdischen Freunden in Santa Marta sind mittlerweile schon legendär. Dabei wird viel gelacht. Es werden Witze erzählt und Lieder gesungen. Beim Treffen mit dem Internationalen Jüdischen Komitee für die interreligiösen Beziehungen im Juni 2013 fasste Papst Franziskus die Bedeutung dieser persönlichen Beziehungen zusammen: »Wir haben oft über unsere jeweilige religiöse Identität gesprochen, über das Menschenbild in den Heiligen Schriften und darüber, wie man ein Bewusstsein für Gott lebendig erhalten kann in einer Welt, die jetzt in vielerlei Weise säkularisiert ist. Ich habe mich bei verschiedenen Gelegenheiten mit ihnen getroffen, um über die Herausforderungen zu sprechen, denen sowohl Juden als auch Christen gegenüberstehen. Aber vor allem haben wir es genossen, als Freunde beisammen zu sein. Wir wurden alle durch die Begegnung und den Dialog bereichert und haben einander angenommen, und das hat uns allen geholfen, als Menschen und als Gläubige zu wachsen. Dies geschah auch in vielen anderen Teilen der Welt, und diese freundschaftlichen Beziehungen sind in gewisser Weise die Grundlage für die Entwicklung des offiziellen Dialogs.« Wie schon Johannes Paul II. spricht Franziskus von den Juden als den »älteren Brüdern und Schwestern«. »Die Kirche, die mit dem Judentum einen wichtigen Teil der Heiligen Schrift gemeinsam hat, betrachtet das Volk des Bundes und seinen Glauben als eine heilige Wurzel der eigenen christlichen Identität (vgl. Röm 11,16–18).« (EG 247) Franziskus lehnt die Judenmission ab und verurteilt jegliche Form des Antisemitismus. »Aufgrund unserer gemeinsamen Wurzeln kann ein Christ nicht antisemitisch sein!« Er sieht Juden und Christen Seite an Seite im Einsatz für die Würde jedes Menschen, geschaffen als Abbild Gottes, und für die Religionsfreiheit.

Die ist für Franziskus auch ein Thema im Dialog mit dem Islam. Muslime müssten in den mehrheitlich christlichen Ländern mit »Zuneigung und Achtung« aufgenommen werden, so der Papst in *Evangelii gaudium* und er pocht auf Gegenseitigkeit. »Ich ersuche diese Länder [islamischer Tradition] demütig darum, in Anbetracht der Freiheit, welche die Angehörigen des Islam in den westlichen Ländern genießen, den Christen Freiheit zu gewährleisten, damit sie ihren Gottesdienst feiern und ihren Glauben leben können. Angesichts der Zwischenfälle eines gewalttätigen Fundamentalismus muss die Zuneigung zu den authentischen Anhängern des Islam uns dazu führen, gehässige Verallgemeinerungen zu vermeiden, denn der wahre Islam und eine angemessene Interpretation des Korans stehen jeder Gewalt entgegen.« (EG 253) Franziskus schlägt in Bezug auf die Muslime wertschätzende Töne an, die von den auf Dialog ausgerichteten Muslimen wahrgenommen werden. Er würdigt die Muslime als Menschen des Gebets. »Zugleich sind viele von ihnen tief davon überzeugt, dass das eigene Leben in seiner Gesamtheit von Gott kommt und für Gott ist. Ebenso sehen sie die Notwendigkeit, ihm mit ethischem

Einsatz und mit Barmherzigkeit gegenüber den Ärmsten zu antworten.« (EG 252) Damit spricht Franziskus gleichsam einen zentralen Kern des Islam an und macht deutlich, dass er gerade im Engagement für Gerechtigkeit und für die Armen auf das Miteinander der beiden Religionen zählt. Auch bei seinem Einsatz für Flüchtlinge, die in großer Zahl Muslime sind, zeigt Franziskus, dass es ihm um den Menschen geht und er nicht entlang von Rassen, Religionen oder Nationen urteilt und handelt. Ähnliches gilt für das große Friedensgebet für Syrien, zu dem Papst Franziskus zum 7. September 2013 aufgerufen hatte und dem sich nicht nur Katholiken weltweit, sondern auch zahlreiche muslimische Geistliche angeschlossen hatten. Damit baut Franziskus Brücken. Selbstverständlich finden sich entsprechende positive Aussagen über die gemeinsamen Wurzeln der drei monotheistischen und abrahamitischen Religionen auch schon in den Dokumenten des II. Vatikanischen Konzils. Doch seit der Jahrtausendwende, beginnend mit dem Dokument »Dominus Iesus – über die Einzigkeit und die Heilsuniversalität Jesu Christi und der Kirche« im Sommer 2000, hatte sich in den Dialog ein anderer Zungenschlag eingeschlichen, der vielleicht in der Regensburger Rede zum Verhältnis von Vernunft und Gewalt im Islam von Papst Benedikt XVI. im September 2006 seinen Höhepunkt fand.

Unter Papst Franziskus scheinen sich die Beziehungen wieder zu verbessern. Ein Zeichen dafür ist die vorsichtige Wiederannäherung des Vatikans und der Al-Azhar-Universität in Kairo, einer der wichtigsten Lehreinrichtungen der Sunniten. Sie hatte die Beziehungen Anfang 2011 eingefroren, nachdem Benedikt XVI. nach einem schweren Anschlag auf eine koptische Kirche öffentlich einen besseren Schutz der christlichen Minderheit in Ägypten gefordert hatte. Schon gleich nach der Wahl von Franziskus im März 2013 erklärte ein hochrangiger Vertreter der Al-Azhar, dass man den Dialog wiederaufnehmen wolle, da man kein Problem mit dem Vatikan gehabt habe, sondern mit der Person Benedikt XVI. Der Großscheich der Universität, Ahmed al-Tayyeb, hatte Franziskus in einem Gratulationsschreiben zur Wahl »volle Zusammenarbeit und Liebe« angeboten. Allerdings kam der Dialog dann nur stockend voran; denn nicht Franziskus antwortete dem Großscheich, sondern sein Dialogminister, Kardinal Jean-Louis Tauran. Das fand die muslimische Seite nicht angemessen, und der Gesprächsfaden drohte wieder zu reißen. Selbst als Franziskus höchstpersönlich die Botschaft zum Ende des islamischen Fastenmonats Ramadan im Juli 2013 verfasste, in den Jahren davor machte das stets der Dialogminister, war das Eis noch nicht gebrochen. Schließlich schrieb Franziskus dem Großscheich persönlich eine Botschaft, die im September 2013 öffentlich wurde. Darin bekundete der Papst »den Respekt des Vatikans vor dem Islam und den Muslimen« und versicherte, dass er auf dem Weg des Dialogs und der Förderung des gegenseitigen Respekts fortfahren möchte. Als Zeichen der Annäherung darf sicher die Zusammenarbeit des Vatikans mit der Al-Azhar-Universität bei der Initiative »Globales Netzwerk für die Freiheit« (Global Freedom Network) gelten. Dieses wurde im März 2014 im Vatikan vorgestellt. Das Bündnis, an dem auch die anglikanische Kirche beteiligt ist, engagiert sich gegen Menschenhandel und moderne Sklaverei. Beides sind zentrale Anliegen von Papst Franziskus.

Mit der Reise ins Heilige Land im Mai 2014 zeigte Franziskus, dass es ihm um eine Kultur der Begegnung geht. Die Umarmung mit Rabbiner Skorka und dem Islamgelehrten Abboud an der Klagemauer war für den Papst mehr als nur eine Momentaufnahme. Er möchte Menschen unterschiedlicher Kulturen, Konfessionen und Religionen zusammenbringen. Er sieht sich als Papst in der Pflicht, Zeugnis davon abzulegen, dass Religion und Glaube zusammenführt und nicht trennt, trotz theologischer Differenzen. Hoffen gegen alle Hoffnung lautet seine Devise. Deshalb lud er die Präsidenten Israels und der Palästinenser, Schimon Peres und Mahmoud Abbas, zum gemeinsamen Gebet für den Frieden in den Vatikan ein. Wenige Wochen später stand das Heilige Land nach der Ermordung von drei israelischen und einem palästinensischen Jugendlichen in schweren Kämpfen um den Gazastreifen. War das Treffen von Peres und Abbas im Vatikan also umsonst?

Wie selbstverständlich war übrigens bei der Begegnung im Vatikan auch der ökumenische Patriarch von Konstantinopel, Bartholomaios I., anwesend. Auch das ist ein Ausdruck der Kultur des Dialogs und der Begegnung von Papst Franziskus. Beim gemeinsamen Gebet in der Grabeskirche in Jerusalem im Rahmen der Heilig-Land-Reise hatte er erklärt: »Jedes Mal, wenn wir einander um Vergebung bitten für die gegen andere Christen begangenen Sünden, und jedes Mal, wenn wir den Mut haben, diese Vergebung zu gewähren und zu empfangen, machen wir eine Erfahrung der Auferstehung! Jedes Mal, wenn wir nach der Überwindung alter Vorurteile den Mut haben, neue brüderliche Beziehungen zu fördern, bekennen wir, dass Christus wahrhaft auferstanden ist. Jedes Mal, wenn wir die Zukunft der Kirche von ihrer Berufung zur Einheit her bedenken, erstrahlt das Licht des Ostermorgens! Diesbezüglich möchte ich den bereits von meinen Vorgängern ausgedrückten Wunsch erneuern, einen Dialog mit allen Brüdern in Christus zu führen, um für den besonderen Dienst des Bischofs von Rom eine Form der Ausübung zu finden, die sich seiner Sendung entsprechend einer neuen Situation öffnet und im heutigen Kontext ein von allen anerkannter Dienst der Liebe und der Gemeinschaft sein kann.«

Im Franziskusmodus?
Die Kirche in Deutschland und Papst Franziskus

Immer wieder wird vom Franziskuseffekt gesprochen. In den USA haben nach einer Umfrage im Auftrag der Bischofskonferenz ein Viertel der Katholiken 2013 mehr Geld gespendet als im Jahr davor. 77 Prozent von ihnen geben an, dass sie Papst Franziskus mit seiner Botschaft von Hoffnung, Liebe und Solidarität dazu inspiriert habe. Vor allem unter den Hispanoamerikanern ist demnach die Spendenbereitschaft gewachsen. 85 Prozent erklären, dass der Papst Einfluss auf ihr Spendenverhalten habe. Der italienische Religionssoziologe Massimo Introvigne ist überzeugt, dass es in Italien einen nachhaltigen Franziskuseffekt gibt. Eine Umfrage sechs Monate nach der Wahl unter Priestern habe ergeben, dass die Hälfte von ihnen auch noch lange nach der Wahl von einer höheren Nachfrage nach Messen und Beichte berichteten. Für Introvigne ein Zeichen, dass es sich bei der Begeisterung um mehr als nur ein anfängliches Strohfeuer handelt. In Norditalien kündigte der Bischof von Cesena-Sarsina, Douglas Regattieri, zu Ostern 2014 an, dass in kirchlichen Räumen in unmittelbarer Nachbarschaft zu seinem Bischofshaus, die bisher als Büroräume genutzt wurden, eine Unterkunft für Eltern und Kinder eingerichtet werden soll. Die Verwaltung ziehe in ein leerstehendes Kloster um. In Österreich gibt es an katholischen Schulen sogenannte »Franziskusplätze«. In jedem Jahrgang sollen in den Klassen Plätze freigehalten werden für begabte Kinder von Eltern, die das Schulgeld nicht bezahlen können. In Frankreich hat nach einer Umfrage des Meinungsforschungsinstituts Ifop die Zahl der Freiwilligendienste im Vergleich zu 2010 um 32 Prozent zugenommen. Dies ist nach Ansicht der Jugendbeauftragten der Französischen Bischofskonferenz Nathalie Becquart ein Beleg für einen »großen Durst der Jugend nach Spiritualität«. Zwar bestehe der Trend schon seit einigen Jahren. Doch sei er durch den Aufruf von Papst Franziskus, an die Ränder der Gesellschaft zu gehen, noch weiter verstärkt worden.

Und in Deutschland? Zeigt sich dort auch ein solcher Franziskuseffekt? Sind die Gläubigen und die Kirchenleitung auch schon im Franziskusmodus?

Die Deutschen sehen Papst Franziskus im Vergleich zu seinem Vorgänger zu einem großen Teil zwar positiver. Allerdings sind viele der Meinung, dass er noch immer zu langsam handelt. Das ergab eine Umfrage im Auftrag der Nachrichtenagentur DPA zum Jahrestag der Wahl von Franziskus im März 2014. Danach sind 41 Prozent der Deutschen mit der Arbeit von Franziskus zufriedener als mit der seines Vorgängers. 18 Prozent sehen das umgekehrt. 41 Prozent sind unentschieden. Kann man daraus eine große Indifferenz gegenüber dem Thema ablesen? 37 Prozent waren der Überzeugung, dass Franziskus seine Kirche zu langsam reformiert. 29 Prozent finden, dass er mit dem richtigen Tempo an die Sache geht, und wiederum waren es 34 Prozent, die keine Meinung dazu hatten. Seiner Popularität tut das allerdings keinen Abbruch, auch über die Grenzen der katholischen Kirche hinaus. Selbst die Linken-Politikerin Sahra Wagenknecht empfahl im Deutschen Bundestag ihren Parlamentskollegen die Lektüre von *Evangelii gaudium*. Bundeskanzlerin Angela Merkel schwärmte von ihrer Begegnung mit dem Pontifex im Vatikan und zeigte sich beeindruckt von seiner Warmherzigkeit und seinem

Humor sowie davon, wie er durch »einfache, berührende Worte« die Menschen erreicht.

Der Vorsitzende der deutschen Bischofskonferenz, Kardinal Reinhard Marx, ist überzeugt, dass es auch in Deutschland einen »Franziskuseffekt« gibt. Nach dem 99. Deutschen Katholikentag im Mai 2014 in Regensburg erklärte Marx, der Papst und seine Initiativen seien bei zahlreichen Foren und Gesprächen Thema gewesen. Der Kirchenmann macht einen »Rückenwind aus Rom« aus. Besonders beeindruckt zeigt er sich davon, dass Franziskus nicht nur von Katholiken positiv gesehen werde, sondern auch von vielen Nichtkatholiken. Ähnlich äußerte sich nach dem Katholikentreffen der oberste Laienvertreter, Alois Glück, Präsident des Zentralkomitees der deutschen Katholiken: »Wir spüren den Franziskuseffekt«, stellte er fest und wiederholte, was er schon nach wenigen Wochen Pontifikat als einen der wichtigsten Effekte ausgemacht hatte: »Der Papst ist ein Wegbereiter für eine angstfreie Kommunikation.«

Gerade auf diesen Aspekt wird nachher noch näher einzugehen sein. Allerdings wird gerade bei diesem Papst deutlich, dass Worte eine Sache sind, konkrete Taten und Veränderungen eine andere. Denn Franziskus wünscht sich eine Haltungsänderung in der katholischen Kirche. Sie soll weniger um sich selbst kreisen und sich wieder mehr um die Menschen kümmern. In diesem Sinn gibt es durchaus selbstkritische Töne in der deutschen Kirche. Der Münsteraner Bischof Felix Genn sieht noch großen Nachholbedarf bei der Konkretisierung dessen, was der Papst sagt und vorlebt. »Was heißt es, als Kirche in Deutschland zum Beispiel Armut zu leben und zu den Menschen an den Rändern zu gehen?«

Viele sehen schon die Beschäftigung mit dieser Frage als einen positiven Effekt. Doch Franziskus und auch vielen Gläubigen ist das zu wenig. Der Papst vom anderen Ende der Welt rüttelt auch am Selbstverständnis der katholischen Kirche in Deutschland. Er irritiert auf allen Ebenen und über alle Stände hinweg: Laien, Kleriker, Ordensleute, alle sind angefragt. Das führt zum einen zu den bereits erwähnten Diskussionen. Das führt aber auch zu hohen Erwartungen und zu Verunsicherung. Franziskus wünscht sich eine Kirche, die an die Ränder der Gesellschaft geht, die sich um Menschen kümmert, die in Notsituationen sind. Eigentlich dürfte das die katholische Kirche in Deutschland gar nicht beunruhigen. Schließlich hat sie mit dem Caritasverband doch einen der weltweit effektivsten und besten Sozialdienstleister. Es gibt kaum eine soziale Notsituation, für die die Caritas nicht professionelle Hilfe anbietet. Kinder- und Jugendhilfe, Schuldnerberatung, Betreuung von Flüchtlingen sowie Einrichtungen der Gesundheits- und Altenhilfe gehören zum breiten Angebotsspektrum. Mit rund 500 000 Mitarbeitern ist der Deutsche Caritasverband einer der größten privaten Arbeitgeber in Deutschland. Noch einmal mehr als eine halbe Million Menschen unterstützen die Arbeit ehrenamtlich. Doch jede Medaille hat zwei Seiten. Auf der einen Seite hat die katholische Kirche mit der professionalisierten Caritas ein Angebot von unschätzbarem Wert für die Gesellschaft. Auf der anderen Seite stellt sich die Frage, ob durch die Professionalisierung der Nächstenliebe die soziale Dimension des Christlichen in den Gemeinden vor Ort verlorengegangen ist oder zumindest vernachlässigt wurde.

Soziales Engagement gehört zum Leben eines jeden Christen dazu, so Franziskus. Jeder Einzelne soll sich berühren lassen von den Armen. In seiner Zeit als Erzbischof von Buenos Aires pflegte Bergoglio die Gewohnheit, beim Beichtgespräch sein Gegenüber konkret zu fragen, wie es um seinen sozialen Dienst stehe. Wenn dieser dann geantwortet habe, dass er immer wieder Almosen gebe, habe er gefragt, ob er dem Armen dabei auch in die Augen gesehen habe. Einfach nur einen Euro in die Kasse des Bettlers zu werfen, das genügt Bergoglio nicht. In diesem Sinn ist jeder Gläubige aufgefordert, Rechenschaft darüber abzulegen, wo er diese Dimension seines Christseins lebt. Das gilt auch für Gemeinden. Allerdings ist dort festzustellen, dass schon vor dem Amtsantritt von Franziskus in vielen Kirchengemeinden in Deutschland die Frage nach den sozialen Diensten wieder neu diskutiert wurde. Besuchsdienste für Alte und Kranke, Hilfsinitiativen für sozial Schwache und Solidaritätsaktionen zugunsten von Menschen in den Ländern Afrikas, Lateinamerikas und Asiens nehmen bereits seit einigen Jahren wieder zu. Papst Franziskus unterstützt diese Bewegung und fordert die Gemeinden heraus, die noch nicht auf diesem Gebiet aktiv geworden sind. Dabei stellt sich auch die Frage, die übrigens schon Papst Benedikt XVI. immer wieder an die Kirche in Deutschland gestellt hat: Bleibt angesichts der Vielzahl an Strukturen noch Zeit und Kraft für den sozialen Dienst am Nächsten? Für Franziskus hat ganz klar der Mensch Vorrang vor der Struktur und rechtlichen Normen. Das ist für den deutschen Gremien- und Verbandskatholizismus eine Provokation. Seine Thesen, vor allem auch *Evangelii gaudium*, werden heftig auf allen Ebenen diskutiert.

Es zeigen sich daneben aber auch erste praktische Konsequenzen. Kardinal Karl Lehmann berichtet etwa, dass im Bistum Mainz die Caritasstellen eine große Nachfrage von Menschen verspüren, die sich gerne ehrenamtlich engagieren wollen. Einer der Schwerpunkte sei dabei die Arbeit mit Flüchtlingen. Nicht nur kirchengebundene Menschen meldeten sich und fragten nach, wo sie helfen können. Im Bereich der Flüchtlingsarbeit ist vielleicht am konkretesten ein Franziskuseffekt auch in der Kirche in Deutschland festzustellen. Nachdem Franziskus das Thema zur Chefsache gemacht und beim Besuch einer römischen Einrichtung für Flüchtlinge erklärt hatte, dass leerstehende Gebäude nicht in Hotelbetriebe umgewidmet werden sollten, wie das vor allem in Rom die Ordensgemeinschaften gerne machen, sondern als Unterkünfte für Flüchtlinge und andere Hilfesuchende eingesetzt werden sollten, sind auch die deutschen Bistümer aktiv geworden. Die Bischöfe forderten die Gemeinden und Institutionen auf, leerstehende Immobilien dahingehend zu prüfen, ob sie zur Unterbringung von Flüchtlingen geeignet sind. Das Bistum Rottenburg-Stuttgart baute das Kloster Weingarten für rund 100 000 Euro um, so dass seit Frühjahr 2014 dort 40 Flüchtlinge untergebracht werden können. Bischof Gebhard Fürst berief eigens einen »Beauftragten für Flüchtlingsfragen«, der die Hilfsangebote des Bistums koordiniert. Das Erzbistum Freiburg stellte unter anderem Räume in einem ehemaligen Kloster in Breisach, in einem ehemaligen Internat in Sasbach sowie ein Haus mit rund 370 Quadratmetern in Freiburg als Unterkünfte zur Verfügung. Ähnliches gilt für die anderen deutschen Bistümer. In München gibt es ein Jugendhaus der Caritas, in dem 50 minderjährige Flüchtlinge unterkommen können. Im Erzbistum Berlin soll ein ehemaliges Altenheim als Unterkunft für rund 80 Flüchtlinge genutzt werden. Allerdings gibt es bei vielen leerstehenden kirchlichen Immobilien das Problem, dass sie aufwendig renoviert werden müssen, um die Brandschutzvorschriften zu erfüllen.

Die Kirchen sind zudem bemüht, neben der reinen Unterkunft auch eine Betreuung der Flüchtlinge zu organisieren. Das ist die Stelle, an der die Ehrenamtlichen zum Einsatz kommen. Das geht von der Versorgung mit Lebensmitteln und Kleidung über Hilfe bei Behördengängen bis zur Freizeitbeschäftigung der Flüchtlinge. Die Zahlen in den einzelnen Unterkünften sind gering, und das Potenzial ist sicherlich noch lange nicht ausgeschöpft, doch es ist hier durch Papst Franziskus und sein Insistieren auf diesem Thema etwas in Bewegung gekommen, dem sich die Bischöfe, aber auch die Gläubigen nicht entziehen können. Allerdings haben die Verantwortlichen in den Diözesen nicht nur mit organisatorischen Problemen zu kämpfen, sondern auch mit psychologischen. Leerstehende Pfarrhäuser und Kirchengebäude, so sie überhaupt noch vorhanden sind und nicht in den letzten Jahren angesichts knapper werdender Kassen verkauft wurden, stehen meist an zentralen Orten innerhalb der Städte und Gemeinden. Die Unterbringung von Flüchtlingsfamilien oder anderen Menschen in Not stößt daher oft auf Widerstände der Bevölkerung, berichtete der Vertreter einer Diözese aus Süddeutschland. Es bedürfe oft intensiver Überzeugungsarbeit, um baulich geeignete Objekte am Ende wirklich nutzen zu können im Sinne des geschilderten ganzheitlichen Ansatzes der Betreuung der Flüchtlinge.

Für die katholischen Hilfswerke ist Papst Franziskus ein Glücksfall. Nicht nur, dass Menschen sich wieder mehr engagieren wollen oder dass die Spendeneinnahmen steigen. Die Hilfswerke spüren auch den Klimawandel, den der Papst aus Argentinien in der katholischen Kirche bewirkt hat. In den letzten Jahren des Pontifikats von Johannes Paul II. und dann verstärkt unter Benedikt XVI. pochte Rom darauf, das katholische Profil der Werke zu stärken und die Kontrolle durch die Bischöfe oder gar direkt durch den Vatikan auszubauen. Mitarbeiter sollten genauer auf ihre katholische Linientreue in Haltung und Leben überprüft werden, und auch bei den Projekten wurde eine stärkere Berücksichtigung katholischer Prinzipien eingefordert. Benedikt XVI. rügte die Hilfswerke bei seinem Besuch in Bayern im September 2006 sogar öffentlich beim Gottesdienst in München, indem er zunächst Aussagen afrikanischer Bischöfe zitierte: »Wenn ich in Deutschland soziale Projekte vorlege, finde ich sofort offene Türen. Aber wenn ich mit einem Evangelisierungsprojekt komme, stoße ich eher auf Zurückhaltung.« Und dann mahnte er: »Offenbar herrscht da bei manchen die Meinung, die sozialen Projekte müsse man mit höchster Dringlichkeit voranbringen; die Dinge mit Gott oder gar mit dem katholischen Glauben seien doch eher partikulär und nicht so vordringlich.« Das dürfe nicht sein, so Benedikt XVI. Teilweise kamen die Vorgaben aus Rom einer Gängelung der Hilfswerke gleich. Die Hilfswerke fühlen sich jetzt wieder in ihrer traditionellen Ausrichtung durch den Papst gestärkt und verspüren Rückenwind. Franziskus, der zu kreativen pastoralen Lösungen je nach den Herausforderungen der jeweiligen Situation aufruft und sich auch eine verbeulte Kirche vorstellen kann, die sich die Hände schmutzig macht, gibt den Hilfswerken wieder die Möglichkeit, sich stärker an den Gegebenheiten und der Situation der Menschen zu orientieren, die Hilfe brauchen, als auf Biegen und Brechen versuchen zu müssen, katholische Prinzipien und kirchenrechtliche Bestimmungen bis ins letzte Detail einzuhalten.

Das wird auch an einer anderen Stelle in der Kirche in Deutschland deutlich. Seit Jahren drängen die Menschen auf eine Änderung der Haltung der katholischen Kirche in Moralfragen. Dabei geht es nicht nur um den Sakramentenempfang für wiederverheiratete Geschiedene, sondern auch um die Bewertung gleichgeschlechtlicher Partnerschaften und die Auswirkungen des gesellschaftlichen Wandels auf das kirchliche Arbeitsrecht. Was ist mit dem geschiedenen wiederverheirateten Oberarzt in einem katholischen Klinikum oder dem in einer eingetragenen Partnerschaft lebenden Organisten? Nach traditioneller katholischer Lehre müssten beide gehen. Doch selbst die Bischöfe haben vor Jahren erkannt, dass angesichts der gesellschaftlichen Entwicklungen das kirchliche Arbeitsrecht revidiert werden muss. Die Not war so groß, dass sie sich schon unter Benedikt XVI. an dieses schwierige Thema gewagt haben; unter Franziskus fällt die Arbeit der entsprechenden bischöflichen Kommission jetzt leichter. Aus Gegenwind wurde Rückenwind, auch wenn die Bischöfe sich nach wie vor schwertun mit der Revision. Doch schon jetzt wirkt sich der Klimawandel auf die eine oder andere konkrete Situation in Pfarreien oder katholischen Einrichtungen aus, wo die kirchlichen Oberen auch kirchlich »ungeregelte Verhältnisse« von Mitarbeitern dulden. Allerdings ist das für die betroffenen Mitarbeiter oft eine schwierige Situation, denn sie sind von der »Gnade« der Vorgesetzten abhängig. Hier wird sich zeigen, wie mutig die Bischöfe am Ende sein werden, Regeln aufzustellen, die die Menschen in den Mittelpunkt stellen und nicht nur kirchenrechtliche Bestimmungen und Dogmen.

Das trifft auch für das heißdiskutierte Thema des Sakramentenempfangs für wiederverheiratete Geschiedene zu. Auch hier fordern die Gläubigen seit langer Zeit Veränderungen. In vielen Gemeinden wird zudem betroffenen Paaren entgegen den kirchenrechtlichen Vorgaben schon längst die Kommunion gereicht. Unter dem großen Druck haben die Bischöfe auch an dieser Stelle eine Arbeitsgruppe eingesetzt, die nach pastoralen Lösungen suchen soll. Im Sommer 2013 preschte das Erzbistum Freiburg vor und veröffentlichte eine Handreichung zum Thema. Darin werden Wege aufgezeigt, wie ein Kommunionempfang für Betroffene möglich sein kann, und Vorschläge für ein gemeinsames Gebet und die Segnung der neuen Verbindung werden gemacht.

Die Reaktionen hätten unterschiedlicher kaum sein können: Aufatmen bei vielen Gläubigen, dass die Kirche sich endlich bewegt und pastorale Lösungen anbietet. Aufschreien bei einigen Bischöfen, weil Freiburg vorgeprescht ist, obwohl es doch eine bischöfliche Kommission in Deutschland gibt und der Papst das Thema auf Synoden jeweils im Herbst 2014 und 2015 behandeln möchte. Der Freiburger Erzbischof Robert Zollitsch, der seine Mitarbeiter im Regen stehen lässt und von der Veröffentlichung nichts gewusst haben will, obwohl er sich sonst pingelig genau über Vorgänge in seiner Diözesanverwaltung hat informieren lassen. Und schließlich eine rüde Aufforderung des Präfekten der Glaubenskongregation, Gerhard Ludwig Müller, Freiburg möge das Papier umgehend zurückziehen. Begleitet vom Urteil des Vatikansprechers Federico Lombardi, es handle sich um einen Einzelvorstoß, der das Risiko berge, »Verwirrung zu stiften«.

Angesichts der Tatsache, dass die Freiburger das aufgegriffen haben, was Bistümer wie Straßburg, Luxemburg und selbst die Erzdiözese Wien seit längerem praktizieren und auch im Internet für jeden zugänglich publiziert haben, inklusive einer Segensfeier, mutet der Sturm der Entrüstung vor allem aus Rom seltsam an. Besonders die Konfrontation zwischen dem Präfekten der Glaubenskongregation Müller und Erzbischof Zollitsch ist ungewöhnlich hart. Sie weitet sich im Verlauf der Diskussion um das Thema wiederverheiratete Geschiedene aus auf einen Schlagabtausch zwischen dem Papstberater und Münchner Erzbischof Kardinal Reinhard Marx und dem Präfekten der Glaubenskongregation. Auch der eher konservative deutsche Kurienkardinal Walter Brandmüller mischt sich ein. Teilweise wirkt es auf außenstehende Beobachter so, als würden sich die deutschen Kardinäle, Müller, Meisner, Brandmüller und Cordes auf der einen Seite, Marx, Kasper, Lehmann und Woelki auf der anderen Seite, einen erbitterten Richtungskampf um die Deutungshoheit des Pontifikats von Papst Franziskus liefern. Bis hinein in die Beratungen des Konsistoriums der Kardinäle im Februar 2014 soll dies zu spüren gewesen sein, berichten Teilnehmer. Dabei fällt auf: Papst Franziskus beruft Kardinal Reinhard Marx in sein Beratergremium, die K9. Er lobt Kardinal Walter Kasper gleich beim ersten Mittagsgebet am Sonntag nach seiner Wahl für dessen Buch über Barmherzigkeit und vertraut ihm den Vortrag über Ehe und Familie beim Kardinalstreffen im Vatikan an. Kardinal Rainer Maria Woelki traut er zu, eines der bedeutendsten Bistümer der katholischen Kirche zu leiten, und beruft ihn im Juli 2014 zum Erzbischof von Köln. Die Präferenzen scheinen klar verteilt zu sein. Denn auch bei Kardinal Gerhard Ludwig Müller findet der Papst ja eine starke Option für seine sozialethischen Themen.

Unabhängig von der kirchenpolitischen Farbenlehre wird deutlich, dass mit den Kardinälen Marx, Kasper und Müller gleich drei deutsche Kardinäle zum engeren Kreis der Berater von Papst Franziskus gehören. Gerade die Position von Marx, der auch Koordinator des neuen Wirtschaftsrats ist, der über den gesamten Finanz- und Wirtschaftsbereich des Vatikans wacht, darf nicht unterschätzt werden. Damit sind die Deutschen an sehr prominenter Stelle im neuen Pontifikat vertreten und haben einen direkten Draht zum Papst. Der Bedeutungsverlust ist also nicht so schlimm, wie manche nach dem Amtsverzicht von Benedikt XVI. befürchteten, auch wenn sich die Deutschen erst an die neue Situation gewöhnen mussten. Im Vatikan lässt man Fremde schnell spüren, wer das Sagen hat und wer nicht. Mit dem Amtsverzicht des deutschen Pontifex endete auch schnell so manche Höflichkeit. Natürlich macht es einen Unterschied, ob ein Deutscher Papst ist oder nicht, auch wenn Benedikt XVI. immer sehr darauf geachtet hat, keine besonderen Präferenzen für sein Heimatland zu zeigen. Deutschland tritt zurück ins Glied der rund 110 katholischen Bischofskonferenzen, die es weltweit gibt, sowie der rund 180 Staaten, die mit dem Heiligen Stuhl diplomatische Beziehungen pflegen.

Und dennoch bleiben es besondere Beziehungen zwischen dem Vatikan und Deutschland. Zum einen schon allein aus Respekt vor dem emeritierten Papst. Zum anderen braucht der Vatikan Deutschland und die Kirche dort als wichtige Bündnispartner, nicht zu vergessen die theologische Expertise, die durch die Kardinäle Kasper und Lehmann (noch) vorhanden ist. Will Franziskus mit seinen sozialethischen Themen und Vorstellungen in Europa Erfolg haben, sind gute und enge Beziehungen zu Deutschland als einem der wichtigsten EU-Länder notwendig. Und selbst auf der Weltbühne misst man dem Land von vatikanischer Seite große Bedeutung bei. Vor diesem Hintergrund ist zu verstehen, dass Papst Franziskus sich bereits zwei Monate nach seiner Wahl mit Bundeskanzlerin Angela Merkel trifft, obwohl diese im Mai 2013 schon fast im Wahlkampf für die Bundestagswahl im September 2013 steht und der Papst Politiker im Wahlkampf normalerweise nicht empfängt. Nach dem Treffen erklärte Merkel: »Die Wirtschaft ist dazu da, dass sie den Menschen dient. Und das ist in den vergangenen Jahren längst nicht überall der Fall gewesen.« Die Finanzkrise der letzten Jahre sei aus einem Mangel an sozialer Marktwirtschaft und wegen fehlender Leitplanken im Finanzsektor entstanden. Mit diesem Ansatz ist Deutschland ein wichtiger Partner für Franziskus. Das gilt auch beim Einsatz für Religionsfreiheit und die Rechte der Christen in den Regionen der Welt, in denen diese immer mehr in Bedrängnis geraten wie im Nahen Osten und einigen mehrheitlich islamischen Staaten, sowie im schwierigen Dialog mit China.

Die Kirche in Deutschland ist angesichts ihrer zahlreichen Hilfswerke und der großen Spendenbereitschaft der Menschen wichtig. Das weiß auch Papst Franziskus, der aus seiner Zeit in Buenos Aires die Hilfswerke der Deutschen Bischofskonferenz wie Adveniat und Misereor kennt, die seit Jahrzehnten Projekte im sozialen und pastoralen Bereich unterstützen. Jährlich belaufen sich die Einnahmen nur aus Spenden für die katholischen deutschen Hilfswerke, die Projekte im Ausland unterstützen, auf rund 500 Millionen Euro. Dazu kommen unzählige direkte Partnerschaften von Bistümern und Pfarreien. Nach den USA gehört Deutschland zu den wichtigsten Spendern. Dessen ist man sich auch im Vatikan bewusst, Amtsverzicht des deutschen Papstes hin oder her.

Die Frage ist allerdings, wer berät den argentinischen Papst bei Entscheidungen, die deutsche Kirche betreffend. Benedikt XVI. kannte die Situation in seinem Heimatland gut und hatte jede Menge Kontakte, um sich zu informieren. Bei Franziskus sieht das natürlich anders aus. Der kennt sich bestens in Argentinien aus und ist über die Situation in Lateinamerika gut informiert. Dann wird es schon schwieriger. Mitte der 1980er Jahre war Jorge Mario Bergoglio zweimal in Deutschland gewesen. In dieser Zeit konnte er ein wenig die kirchliche Situation eines Landes kennenlernen, das so stark wie wohl kaum ein anderes von den Folgen der Reformation geprägt ist. Deutschland ist je zur Hälfte in Katholiken und Protestanten gespalten, die in der damaligen Zeit jeweils auch noch tief in den konfessionellen Milieus verwurzelt sind und sich gegeneinander abgrenzen. Deutschland ist aber auch ein politisch geteiltes Land. Eine Mauer trennt die Menschen und Familien. Bergoglio hält sich unter anderem in Frankfurt und Augsburg auf. Bereits nach wenigen Monaten beendet Bergoglio seinen Studienaufenthalt und kehrt nach Argentinien zurück. Freundschaftliche Bande bleiben unter anderem mit dem Jesuiten Michael Sievernich, der in Frankfurt-Sankt Georgen und Mainz als Theologieprofessor lehrt, aber auch in den 90er

Jahren Lehraufträge in Lateinamerika, darunter Buenos Aires, wahrnimmt. Sievernich spricht mit Bergoglio in Sankt Georgen über das mögliche Promotionsprojekt, das der Argentinier dann allerdings nicht weiter verfolgt.

Einfluss auf päpstliche Entscheidungen in Deutschland hat sicherlich der Münchner Kardinal Reinhard Marx. Auch die Kardinäle Kasper und Müller wird der Papst um Einschätzungen bitten. Der ehemalige Erzbischof von Santiago de Chile, Kardinal Francisco Javier Errázuriz Ossa, der ebenfalls Mitglied der K9 ist, kennt Deutschland aus der Zeit, in der er als Generaloberer der Schönstattbewegung mehrere Jahre hier lebte. Selbst der Moderator der K9, Kardinal Óscar Rodríguez Maradiaga, einer der engsten Vertrauten von Franziskus, hat viele Beziehungen nach Deutschland und steht in engem Kontakt mit seinen Freunden hier. Maradiaga hat unter anderem in Innsbruck studiert, spricht daher Deutsch. Er ist Mitglied des Kuratoriums einer Salesianer-NGO mit Sitz in Bonn. Schließlich gibt es noch Erzbischof Georg Gänswein und den emeritierten Papst. Letzterer dürfte wohl noch eher in den Prozess von Entscheidungsfindungen einbezogen sein als der Präfekt des Päpstlichen Hauses.

Eine der schwierigsten Entscheidungen Deutschland betreffend war in den ersten Monaten des Pontifikats die Affäre um Bischof Franz-Peter Tebartz-van Elst. Der ehemalige Limburger Bischof geriet wegen der explodierenden Baukosten für seinen Bischofssitz auf dem Limburger Domberg in die Kritik. Im Hintergrund spielten auch unterschiedliche Vorstellungen über den Kurs der katholischen Kirche im Bistum eine Rolle. Es kam zum offenen Protest von Laien und Klerus gegen den Oberhirten. Die Situation spitzte sich zu, als im Spätsommer 2013 bekannt wird, dass die Baukosten auf über 30 Millionen Euro gestiegen sind. Angesichts des Stils der Bescheidenheit und dem

Aufruf zu mehr Engagement für die Armen durch Papst Franziskus bekommt die Affäre um Bischof Tebartz-van Elst eine besondere Brisanz. Die Protektoren und langjährigen Förderer von Tebartz-van Elst, der Kölner Kardinal Joachim Meisner und Papst Benedikt XVI., haben an Einfluss in Rom verloren oder sind nicht mehr im Amt. Forderungen nach einem schnellen Handeln des Vatikans werden laut. Franziskus soll den Bischof sofort abberufen. Doch der Pontifex lässt sich mit seiner Entscheidung Zeit. Er verordnet dem Bischof Mitte Oktober 2013 eine Auszeit und wünscht eine sorgfältige Prüfung der undurchsichtigen Vorgänge rund um das Bauprojekt durch eine Kommission der Bischofskonferenz. Zudem führt er Gespräche mit deutschen Kardinälen, dem damaligen Vorsitzenden der Bischofskonferenz Zollitsch und Bischof Tebartz-van Elst selbst. Erst nachdem aus päpstlicher Sicht ausreichend Fakten auf dem Tisch liegen, um die Situation zu beurteilen, fällt er Ende März 2014 eine endgültige Entscheidung: Der Bischof muss gehen. In der Begründung heißt es: Im Bistum Limburg sei es zu einer Situation gekommen, »die eine fruchtbare Ausübung des bischöflichen Amtes durch Bischof Franz-Peter Tebartz-van Elst verhindert«. Dem Bischof wird »zu gegebener Zeit« eine neue Aufgabe in Aussicht gestellt. Schuldzuweisungen gibt es von Seiten des Vatikans keine. Das ist auch nicht die Art von Papst Franziskus. Doch die Handlungsmaxime des Papstes wird auch an diesem Fall deutlich: keine Vorverurteilung, keine Schnellschüsse, Untersuchung der Vorfälle, Gespräche und dann eine klare Entscheidung.

Für die katholische Kirche in Deutschland war die Causa Limburg eine schwere Belastung. Wie schon rund um den Missbrauchsskandal im Jahr 2010 wurde erneut viel Vertrauen in die Institution verspielt, vor allem weil viele Menschen bis zum Schluss den Eindruck haben, dass der ehemalige Limburger Bischof keine Einsicht, geschweige denn Reue zeigt. Die Kirchenaustrittszahlen schnellen ab Jahresmitte 2013 erneut in die Höhe und liegen am Ende sogar noch über denen des Jahres 2010. Hilfswerke wie die Caritas fürchten um Einbußen bei den Spenden, weil plötzlich die katholische Kirche im Ruch von Prunksucht und Geldverschwendung steht.

Einmal mehr sind die deutschen Bischöfe, wie schon bei der Aufarbeitung des Missbrauchsskandals, eher Getriebene denn selbst Handelnde. Sie geloben, Transparenz bei den kirchlichen Finanzen herzustellen, und verweisen darauf, dass bereits heute in den Diözesen Kirchensteuerparlamente oder -räte, in denen auch Laien vertreten sind, über die Verwendung der Finanzmittel mitentscheiden. Doch angesichts des neuen Windes, der aus Rom weht, wollen die Menschen nicht nur Transparenz, sondern fordern auch entsprechende Konsequenzen beim Einsatz der Mittel und dem Lebensstil der Bischöfe und des Klerus. Bischofspalais, Bauprojekte und Investitionen werden kritisch unter die Lupe genommen. In Freiburg stoppt das Kirchensteuerparlament den Wiederaufbau eines im Zweiten Weltkrieg zerstörten Gebäudes, das auch Platz für eine Bischofswohnung bieten sollte. Zumindest wurde bei der ersten Präsentation des Projekts im April 2012 noch von der Möglichkeit gesprochen, das Gebäude einmal als Bischofshaus zu nutzen. Angesichts der Diskussionen um Limburg war ab Anfang 2013 nur noch von einem Multifunktionshaus die Rede, und im November 2013 wurde das Projekt dann ganz gestoppt. Da waren statt der ursprünglich geplanten 3,8 Millionen Euro Kosten schon 4,9 Millionen veranschlagt worden. Das war den Verantwortlichen dann doch zu heiß.

Während die Causa Limburg für die Kirche in Deutschland eine schwere Belastung ist, schadet sie dem guten Image des Papstes in Deutschland nicht. Im Gegenteil: Seine Worte und Gesten werden umso stärker als Maßstab für das Handeln der Bischöfe in Deutschland herangezogen. Es ist schwierig zu beurteilen, ob alle deutschen Bischöfe bereits im Franziskusmodus angekommen sind. Angesichts von jährlichen Dienstwegen von mehreren zehntausend Kilometern ist der Vergleich der großen Dienstwagen deutscher Bischöfe, die sich bis auf wenige Ausnahmen im Luxusbereich befinden, mit dem Ford Focus des Papstes, der im Vatikan und in Rom nur wenige Kilometer mit dem Auto zurücklegen muss, schwierig. Dennoch sind Veränderungen in Ansätzen zu erkennen. Dienstwagenflotten werden mit kleineren Modellen ausgestattet. Das Erzbistum Köln kauft beispielsweise seit einiger Zeit Modelle eines tschechischen Herstellers.

Es bewegt sich also etwas in der katholischen Kirche in Deutschland. Bischöfe und Laien diskutieren über die Strukturen, über die Schwerpunkte von Seelsorge und Pastoral. Viele Pressekollegen im Ausland sind überzeugt, dass die katholische Kirche in Deutschland den Franziskusmodus gefunden hat. Das entscheidende Zeichen ist für sie, dass die Bischöfe bei ihrer Frühjahrsvollversammlung Mitte März 2014 in Münster Kardinal Reinhard Marx zu ihrem Vorsitzenden gewählt haben. Der Münchner Erzbischof sei ein Mann von Franziskus, schließlich habe ihn der Papst ja in die K9 berufen. Wenn die deutschen Bischöfe ihn also zum Vorsitzenden wählen, sei das der Beweis dafür, dass sie mehrheitlich die Franziskuslinie befürworten und dieser auch folgen. »Deutschland: Bischöfe wählen Papstvertrauten als neuen Chef«, titelt die *New York Times*. Marx selbst reagiert zurückhaltend, wenn man ihn mit Forderungen nach einer Reform kirchlicher Strukturen nach lateinamerikanischem Vorbild anspricht. Denn offensichtlich gibt es ja eine große Differenz zwischen den Vorstellungen des Papstes, die Kirche müsse im Nahbereich Zentren und Gottesdienste anbieten, und der Tendenz der immer größer werdenden Seelsorgeeinheiten in Deutschland. Marx warnt in solchen Fällen immer davor, man könne Lateinamerika nicht einfach mit Europa vergleichen. Die einen sehen das als Abwehr gegen ein vielleicht notwendiges Umdenken in Europa, andere stimmen Marx zu und führen alte Aussagen von Kardinal Bergoglio ins Feld, wonach die Kirche lernen müsse, je nach regionalen Gegebenheiten und Herausforderungen unterschiedliche Wege zuzulassen und zu gehen.

Franziskus' provokative Art führt zu einem Haltungswandel in der katholischen Kirche in Deutschland. Die Bischöfe lernen, dass sie Rechenschaft ablegen müssen über ihr Handeln. Die Gläubigen fordern das auch vermehrt ein. Auch wenn sich der Klimawandel in der katholischen Kirche in Deutschland bemerkbar macht, zeigt sich an vielen Stellen nach wie vor, dass Diskussionen ängstlich geführt werden, bei Diözesanforen und -versammlungen versucht wird, bloß keine allzu kritischen Stimmen aufkommen zu lassen und Themen, »die eh nur Rom ändern kann«, wie den Pflichtzölibat oder wiederverheiratete Geschiedene, möglichst auszuklammern. Trotzdem wagen sich vermehrt auch Bischöfe, Tabuthemen anzusprechen, selbst wenn sie dafür von konservativen Kreisen Prügel einstecken müssen. Als der Trierer Bischof Stephan Ackermann im Februar 2014 einen Veränderungsbedarf bei der Moral und Sexualethik der Kirche ausmacht und erklärt, das Verantwortungsbewusstsein des Einzelnen müsse gestärkt und Gewissensentscheidungen respektiert werden, muss er sich vom emeritierten Kurienkardinal Walter Brandmüller vorwerfen lassen, er sei im Unrecht, falls er gesagt haben wollte, dass die katholische Lehre nicht mehr zeitgemäß sei. Ackermann lässt sich von der Kritik, die er auch von einigen seiner deutschen Amtskollegen zu hören bekommt, nicht beirren und verteidigt seine Position. Bereits im Oktober 2013 hatte der Essener Bischof Franz-Joseph Over-beck für Aufsehen gesorgt mit seiner Forderung, bei den Themen Zölibat und Homosexualität dürfe die Kirche nicht weiter die Augen vor der Realität verschließen. Es gelte »anzuerkennen, dass es sie gibt, und zwar häufiger, als viele es zugeben oder sich vorstellen wollen«, so Overbeck zum Thema homosexuelle Priester. Alleine diese Feststellungen wären noch ein Jahr früher schwer vorstellbar gewesen. In diesem Sinn ist die katholische Kirche im Franziskusmodus angekommen. Das zeigt auch die Tatsache, dass die deut-schen Bischöfe als eine der wenigen Bischofskonferenzen die nationalen Ergebnisse der Umfrage des Vatikans zur Vorbereitung auf die Bischofssynode zum Thema »Ehe und Familie« im Februar 2014 veröffentlichen. Es wird deutlich, der Wille, die Situation der Kirche in Deutschland realis-tisch wahrzunehmen, ist da. Der Versuch, mit mehr Trans-parenz verlorengegangenes Vertrauen zurückzugewinnen, ebenfalls. Auf den Spuren von Papst Franziskus und mit dem Rückenwind aus Rom versuchen die deutschen Bi-schöfe, das Gesicht der katholischen Kirche in Deutschland zu verändern, von einer Kirche der Strukturen und Büro-kratie, so wird sie zumindest bei vielen wahrgenommen, hin zu einer Kirche an der Seite der Armen.

Der Weg ist noch weit. Die Unterstützung der Mehrzahl der Gläubigen haben sie dafür. Die sind auch bereit mitzu-gestalten.

VON ABTREIBUNG ÜBER FAMILIE BIS ZÖLIBAT
Papst Franziskus und die »heißen Eisen«

Papst Franziskus hat bei vielen Menschen große Hoffnung geweckt, dass er nicht nur im Vatikan Reformen durchsetzen wird, sondern auch in der Theologie und bei der Haltung der katholischen Kirche in einer ganzen Reihe von Fragen, bei denen die Menschen, Katholiken wie Nichtkatholiken, die katholische Kirche als rückständig oder auch unbarmherzig und damit gegen die Botschaft des Jesus von Nazareth handeln sehen. Diese Erwartungen gründen unter anderem in der starken Betonung der »Barmherzigkeit« bei Papst Franziskus und seiner Forderung, die Kirche müsse nahe bei den Menschen sein, kreativ in der Pastoral und sich dabei durchaus auch, im übertragenen Sinne, die Hände schmutzig machen.

Bereits beim ersten Angelus, dem Mittagsgebet, nach seiner Wahl am 17. März 2013 stellte Franziskus die Barmherzigkeit ins Zentrum seiner kurzen Ansprache. Mit Verweis auf ein Buch über Barmherzigkeit als »Grundbegriff des Evangeliums« und »Schlüssel christlichen Lebens« von Kardinal Walter Kasper, das der deutsche Kardinal ihm kurz vor dem Konklave geschenkt hatte und das Jorge Mario Bergoglio just in den Tagen las, in denen sein Leben mit der Wahl zum Papst eine grundlegende Wende nehmen sollte, stellte Franziskus fest: »Gott vergibt alles! [...] Er ist der liebende Vater, der immer vergibt, der dieses Herz der Barmherzigkeit für uns alle hat, und auch wir wollen lernen, mit allen barmherzig zu sein.« Was bedeutet das für die Menschen, deren Lebensentwurf gescheitert ist wie zum Beispiel wiederverheiratete Geschiedene? Was bedeutet das für Menschen, deren Beziehung nicht der traditionellen katholischen Norm entspricht wie gleichgeschlechtliche Partnerschaften?

Franziskus spricht davon, dass ein »neues Gleichgewicht« gefunden werden müsse, wenn es um die kirchliche Verkündigung und die kirchliche Lehre gehe. »Wir können uns nicht nur mit der Frage um die Abtreibung befassen, mit homosexuellen Ehen, mit Verhütungsmethoden«, sagte er im Interview mit den Jesuitenzeitschriften. Ist Franziskus deshalb der Lebensschutz weniger wichtig? Wenn Franziskus in einer für einen Papst beispiellosen Klarheit feststellt, dass der Zölibat »kein Glaubensdogma« sei, wird er dann in seiner Amtszeit den Pflichtzölibat abschaffen? Wenn er eine stärkere Präsenz von Frauen in Entscheidungspositionen der Kirche fordert, wird er dann das Priesteramt der Frau einführen?

Der Wunsch nach Reformen ist da. Allerdings stellt sich die Frage, welche Reformen in der weltweiten katholischen Kirche konkret gemacht werden sollen. Weltweit betrachtet, sind die Vorstellungen der Katholiken höchst unterschiedlich. Ein *ZDF-Politbarometer extra* zeigte im Februar 2013, dass die Katholiken in Deutschland sich Reformen bei einigen fundamentalen Positionen ihrer Kirche wünschen. Nach der repräsentativen Umfrage wünschten sich 84 Prozent der deutschen Katholiken, dass Priester heiraten dürfen. Damit sind es nur knapp weniger als in der Gesamtbevölkerung mit 88 Prozent. Ähnlich sieht es bei der Frage aus, ob es möglich sein sollte, dass Geschiedene wieder kirchlich heiraten dürfen. Dafür sprachen sich 79 Prozent der Katholiken aus und 81 Prozent der Gesamtbevölkerung. Etwas größer ist der Unterschied bei der Öffnung des Priesteramts für die Frau. In der Gesamtbevölkerung waren 83 Prozent dafür, während es unter den Katholiken »nur« 75 Prozent waren.

Im Februar 2014 ließ der spanischsprachige US-Fernsehsender *Univison* eine weltweite Umfrage zu Reformthemen durchführen. Dazu wurden in zwölf katholisch geprägten Ländern mehr als 12 000 Katholiken befragt. 70 Prozent von diesen bezeichneten sich nach Angaben des TV-Senders als regelmäßige Kirchgänger.

Befragt wurden Katholiken in den Vereinigten Staaten, Mexiko, Kolumbien, Brasilien, Argentinien, Uganda, in der Demokratischen Republik Kongo, Italien, Spanien, Frankreich, Polen und auf den Philippinen. Für die kirchliche Position, dass wiederverheiratete Geschiedene in Sünde leben und deshalb keine Kommunion empfangen dürfen, war nur in den beiden afrikanischen Ländern die Zustimmung größer als die Ablehnung.

Ähnlich sah es beim Zölibat aus. Nur in vier der zwölf Länder stand die Mehrheit der Katholiken hinter dem Pflichtzölibat: in Mexiko, den Philippinen und den beiden afrikanischen Ländern. In den genannten Ländern wurde auch mehrheitlich das Frauenpriestertum abgelehnt sowie zusätzlich noch in Kolumbien und Polen. Künstliche Empfängnisregelung wurde nur in der Demokratischen Republik Kongo und in Uganda mehrheitlich abgelehnt, während es in den anderen Ländern zum Teil große Zustimmung unter den Katholiken gab. Diese lag etwa in Argentinien, Brasilien, Frankreich und Spanien bei 90 Prozent oder noch darüber. Ganz anders sah es bei der Frage nach der Ehe für Homosexuelle aus. Diese wurde mit Ausnahme der USA und Spanien in allen anderen zehn Ländern unter den Katholiken mehrheitlich abgelehnt.

Auch wenn die weltweite Erhebung zeigte, dass es in vielen kritischen Fragen große Übereinstimmungen unter den Katholiken gibt, so blieben doch Unterschiede in der Beurteilung einzelner Fragen bestehen.

Dazu kommt, dass die Herausforderungen für die katholische Kirche und ihre Gläubigen je nach Kontinent sehr verschieden sind. Das zeigte auch die Umfrage, die der Vatikan im Rahmen des synodalen Prozesses zu »Ehe und Familie« im Herbst 2013 weltweit durchgeführt hat. Neben der Tatsache, dass es eine große Kluft zwischen kirchlicher Lehre und der Lebensrealität der Menschen gibt, zeigte die Umfrage und in ihrer Folge auch die Diskussion bei der Außerordentlichen Bischofssynode im Oktober 2014, dass die Probleme zum Teil so unterschiedlich und spezifisch sind, dass es schwierig sein wird, generelle Lösungen zu finden. Das Thema wiederverheiratete Geschiedene ist zwar nicht, wie konservative Kräfte gerne glauben machen möchten, ein rein deutsches Problem. Aber in großen Teilen Afrikas, Asiens und Ozeaniens stehen die Menschen vor anderen Herausforderungen und suchen dringlicher nach Antworten zu Problemen wie Polygamie, Armut, Gewalt und den Druck auf die Menschen und ihre Familien durch die globalen wirtschaftlichen Entwicklungen. Die Erwartungen an Papst Franziskus sind auf der ganzen Welt hoch, aber eben auch sehr unterschiedlich. Die große Frage ist, ob es für alle Themen weltweit einheitliche Lösungen geben wird und muss oder ob auch regionale Lösungen vorstellbar sind.

Vor seiner Wahl zum Papst stellte der damalige Kardinal Jorge Mario Bergoglio in einem Gespräch mit dem Rabbiner Abraham Skorka fest, dass er den Zölibat für eine sehr sinnvolle Sache halte. Im Unterschied zu den katholischen Ostkirchen halte die lateinische Kirche »für den Augenblick« am Pflichtzölibat fest. Das sei auch seine Position. Er verwies auf die Erfahrung von rund 1000 Jahren. Die Tradition habe Gewicht.

Allerdings ließ Kardinal Bergoglio mehrfach erkennen, dass er sich auch eine Änderung der Position vorstellen kann. Interessanterweise dachte er dabei eher an regionale Lösungen innerhalb der westlichen Kirche. Denn wenn es Änderungen gebe, dann unter »kulturellen Gesichtspunkten« und auch nur als Freistellung vom Zölibat, nicht dessen komplette Abschaffung.

Im Gespräch mit den Journalisten Sergio Rubin und Francesca Ambrogetti 2010 verwies Bergoglio auf die Heiratsmöglichkeit ostkirchlicher Priester und betonte: »Wenn die Kirche eines Tages diese Norm revidieren sollte, dann würde sie es wegen eines kulturellen Problems an einem bestimmten Ort in Angriff nehmen, aber nicht für alle gültig und nicht als persönliche Option. Das ist meine Überzeugung.« Im Mai 2014 auf dem Rückweg von seiner Heilig-Land-Reise sagte Franziskus, dass der Zölibat kein Glaubensdogma sei, sondern eine Lebensregel, die er sehr schätze. »Da es kein Glaubensdogma ist, ist die Tür immer offen.«

Der aus Österreich stammende Bischof Erwin Kräutler, der seit vielen Jahren im Amazonasgebiet in Brasilien wirkt, berichtete nach seiner Audienz bei Papst Franziskus Anfang April 2014, der Priestermangel in weiten Teilen Lateinamerikas und der Zölibat seien Thema ihres Gesprächs gewesen. Dabei ging es offenbar auch um »Viri probati«, also die Priesterweihe für bewährte verheiratete Männer. Diese habe Papst Franziskus nicht ausgeschlossen, so Kräutler, sondern habe lediglich darauf hingewiesen, dass Lösungsvorschläge auf nationaler oder regionaler Ebene erarbeitet werden sollten. Die Bischöfe vor Ort wüssten viel besser über die Nöte und Möglichkeiten Bescheid und sollten daher ihre Vorstellungen in Rom einbringen.

Dieses Vorgehen erinnert daran, was Franziskus in *Evangelii Gaudium* geschrieben hat: »Es ist nicht angebracht, dass der Papst die örtlichen Bischöfe in der Bewertung aller Problemkreise ersetzt, die in ihren Gebieten auftauchen. In diesem Sinn spüre ich die Notwendigkeit, in einer heilsamen ›Dezentralisierung‹ voranzuschreiten.« (EG 16)

Angesichts der Diversität der Herausforderungen steht Papst Franziskus damit zugleich vor der großen Aufgabe, wie bei konkreten Einzelfragen die Einheit und das Proprium der katholischen Kirche bewahrt, zugleich aber dezentrale Lösungen gefunden werden können. Was wird passieren, wenn der Pflichtzölibat in bestimmten Regionen fällt, in anderen aber nicht? Gegenwärtig spricht nichts dafür, dass Papst Franziskus die Frage des Pflichtzölibats aus eigener Initiative angehen wird. Nach seinen bisherigen Aussagen würde er sich aber einem Diskussionswunsch von Bischöfen nicht verschließen. In keinem Fall wäre es eine Entscheidung von heute auf morgen.

Was seit Herbst 2013 in Sachen Ehe und Familie passiert, dürfte beispielhaft für eine vom Papst gewünschte partizipative Entscheidungsfindung sein. Daher ist es verständlich, dass die Diskussionen zum Teil mit großer Leidenschaft geführt werden. Unabhängig von den konkreten Fragen etwa zum Umgang mit wiederverheirateten Geschiedenen geht es um eine neue Form der Debatte und der Beratung. Aber nicht nur das, und dessen sind sich die konservativen Kräfte bewusst: Denn wenn an dieser Stelle, der Kommunion für wiederverheiratete Geschiedene, eine Weiterentwicklung der Lehre erfolgen sollte, könnte dies Auswirkungen auf viele andere Bereiche haben.

Daher steht in dem synodalen Prozess zu Ehe und Familie viel auf dem Spiel – für Papst Franziskus, die katholische Kirche als Ganze sowie die verschiedenen Strömungen in der Kirche. Es geht um die Art der Beratung und der Entscheidungsfindung, aber auch um Strukturen sowie um Inhalte und damit auch um die Lehre.

Bei der Außerordentlichen Synode über die »pastoralen Herausforderungen für die Familie im Kontext der Evangelisierung« waren die wiederverheirateten Geschiedenen das Problem, das am meisten von den Synodenvätern, Experten und Auditoren als Einzelthema in ihren Statements erwähnt wurde. Zwar umfasste die Themenpalette auch Machismo und Polygamie, die Auswirkungen von Hunger, Armut und Migration auf Familien oder die Folgen von Krieg, häuslicher Gewalt und einer vor allem in Afrika von internationalen Geldgebern aufgezwungenen Familienpolitik, aber die wiederverheirateten Geschiedenen kamen immerhin in einem Fünftel der über 250 Redebeiträge vor.

Besonders am Kommunionempfang für wiederverheiratete Geschiedene sowie an einer möglichen Anerkennung einer zweiten Beziehung entzündete sich eine heftige Debatte. Seit Jahrzehnten steht diese Frage auf der Agenda deutscher Bischöfe. 1993 hatten die Bischöfe der Oberrheinischen Kirchenprovinz, Oskar Saier, Karl Lehmann und Walter Kasper, einen Vorstoß gewagt, um in bestimmten begrenzten Fällen einen Kommunionempfang zu ermöglichen. Sie wurden vom damaligen Präfekten der Glaubenskongregation, Kardinal Joseph Ratzinger, scharf kritisiert. Er stellte klar, ein Kommunionempfang sei für die Betroffenen unter keinen Umständen möglich, es sei denn, sie lebten sexuell enthaltsam oder trennten sich von dem neuen Partner. Der Mainzer Kardinal Karl Lehmann berichtete Jahre später, dass er damals von vielen Bischöfen aus der ganzen Welt, vor allem auch aus Frankreich und den USA, Lob für den Vorstoß bekommen habe. Doch nach der harschen Absage aus Rom traute sich niemand mehr so richtig an dieses Thema heran.

In Deutschland war es aber trotzdem über die Jahrzehnte

immer präsent. In vielen Gemeinden wurde längst ein von Rom abweichender Weg praktiziert und den wiederverheirateten Geschiedenen die Kommunion gereicht.

Im Herbst 2012 setzte die Deutsche Bischofskonferenz zwei Kommissionen zu wiederverheirateten Geschiedenen ein. Einmal ging es um arbeitsrechtliche Fragen, zum anderen um die Pastoral. Seit Papst Franziskus im Amt ist, fühlen sich die deutschen Bischöfe in ihrem Anliegen bestärkt, die bisherige Praxis zu verändern und auf die Betroffenen zuzugehen. Mehrheitlich haben sie sich im Sommer 2014 hinter den Ansatz von Kardinal Walter Kasper gestellt. Franziskus hatte den deutschen Kurienkardinal gebeten, beim Konsistorium, dem Treffen aller Kardinäle, im Februar 2014 das Einführungsreferat zum Thema Ehe und Familie zu halten.

Bereits mit der Auswahl des Referenten setzte Franziskus ein Zeichen. Ihm war bewusst, welche Position der langjährige Bischof von Rottenburg-Stuttgart in Bezug auf die wiederverheirateten Geschiedenen vertritt; Kasper wies ihn zudem in einem Vorgespräch zum Konsistorium eigens darauf hin. Trotzdem – oder vielleicht gerade deshalb – wählte Franziskus ihn und nicht etwa den Chef der vatikanischen Glaubenskongregation, Kardinal Gerhard Ludwig Müller, der als »Cheftheologe« des Papstes der geborene Kandidat für die Aufgabe gewesen wäre. Müller hatte mehrfach klar erkennen lassen, dass er eine Veränderung der kirchlichen Position beim Kommunionempfang für wiederverheiratete Geschiedene für unvereinbar mit der katholischen Lehre hält.

Kardinal Kaspers Referat beim Konsistorium beschäftigte sich umfassend mit der Ehe aus schöpfungstheologischer und dogmatischer Sicht. In einem der fünf Kapitel kam er auch auf wiederverheiratete Geschiedene zu sprechen. Er stellte unter anderem die Frage, ob unter bestimmten Umständen und nach einem Weg der Buße in Anlehnung an die orthodoxe und frühkirchliche Praxis eine Zulassung zur Kommunion möglich sein könnte.

Die Reaktionen beim Konsistorium waren heftig. Es hagelte Kritik von konservativen Kardinälen. Am zweiten Tag der Kardinalsversammlung sah sich Papst Franziskus zu Beginn der Beratungen veranlasst, den Vortrag Kaspers zu loben. Er habe darin eine »profunde Theologie« und ein »klares Denken« gefunden. In dem Beitrag komme zum Ausdruck, was der heilige Ignatius von Loyola als Liebe zur Kirche, als »sensus ecclesiae« bezeichnet habe. Beobachter und selbst Kardinäle sahen darin eine klare Unterstützung des Papstes für Kasper.

Doch mit einer eigenen Positionierung hielt sich Franziskus zurück. Dies hätte auch seinem Anliegen widersprochen, einen synodalen Prozess zu führen. Wenn der Papst von Anfang an klar sagen würde, was er denkt und wünscht, wäre der Beratungsprozess überflüssig. Allerdings gibt es durchaus verschiedene Aussagen von Franziskus, die den Schluss nahelegen, dass er tatsächlich hinter der Position Kaspers steht oder zumindest eine Veränderung der aktuellen Praxis möchte. Allerdings geht es Papst Franziskus nicht spezifisch um wiederverheiratete Geschiedene, sondern um eine neue Haltung zur kirchlichen Morallehre. Für ihn kommt der einzelne Mensch mit seinem konkreten Schicksal vor kirchenrechtlichen Regelungen und Dogmen. Das bedeutet nicht, dass er die traditionelle Lehre über Bord wirft. Aber zum einen ändert sich die Perspektive, zum anderen schließt das eine Weiterentwicklung der Lehre nicht aus. Im Kontext des synodalen Prozesses wurde dies immer wieder von hochrangigen Kardinälen wie Walter Kasper, Reinhard Marx oder Christoph Schönborn betont. Sie verwiesen dabei etwa auf das II. Vatikanische Konzil und dessen positive Sicht der Religionsfreiheit sowie des

Dialogs mit den anderen Konfessionen und Religionen. Die Aussagen, die das Konzil dazu machte, waren nach den bis zu diesem Zeitpunkt getroffenen ablehnenden Aussagen des Lehramts nicht unbedingt zu erwarten gewesen.

Papst Franziskus betonte im Interview mit den Jesuitenzeitschriften: »Wer heute immer disziplinäre Lösungen sucht, wer in übertriebener Weise die ›Sicherheit‹ in der Lehre sucht, wer verbissen die verlorene Vergangenheit sucht, hat eine statische und rückwärtsgewandte Vision.« Er unterstrich: »Die Diener der Kirche müssen barmherzig sein, sich der Menschen annehmen, sie begleiten – wie der gute Samariter, der seinen Nächsten wäscht, reinigt, aufhebt.« Direkt angesprochen auf die wiederverheirateten Geschiedenen sowie homosexuelle Paare stellte er fest: »Wir müssen sie mit Barmherzigkeit begleiten.« Dabei wird Franziskus nicht müde zu betonen, dass Barmherzigkeit nicht Beliebigkeit bedeute. Es gehe darum, einen Mittelweg zwischen Rigorismus und Laxismus zu finden. »Der Rigorist wäscht sich die Hände, denn er beschränkt sich auf das Gebot. Der Laxe wäscht sich die Hände, indem er einfach sagt: ›Das ist keine Sünde‹ – oder so ähnlich.« Wiederholt warnt Franziskus vor einer »Kasuistik« im Umgang etwa mit gescheiterten Ehen, also dem Anspruch, für jeden denkbaren Fall eine eindeutige Verhaltensforderung aufstellen zu können.

Wie soll die Kirche mit Menschen umgehen, die nach katholischer Lehre in einer »irregulären« oder »ungeordneten« Situation leben? Die Antworten des Papstes darauf werden nicht einfach ausfallen. Angesichts seines starken Akzents auf das einzelne Schicksal ist es schwer vorstellbar, dass Franziskus zu generellen Lösungen kommen wird. Es ist auffallend, dass er immer wieder die Bedeutung des Beichtvaters hervorhebt. In einem Zeitungsinterview wurde Franziskus auf die 1968 veröffentlichte Enzyklika »Humanae Vitae« angesprochen. Darin verurteilte Paul VI. jegliche Form der künstlichen Empfängnisregelung. Franziskus bezeichnete das Schreiben als »prophetisch« und würdigte den Mut seines Vorgängers, auch gegen eine vorherrschende Kultur die moralische Disziplin zu verteidigen. Zugleich betonte Franziskus aber, Paul VI. empfehle in dem Schreiben dem Beichtvater »viel Barmherzigkeit mit Blick auf die konkrete Situation«. Die Frage ist allerdings, wie dabei einer Beliebigkeit vorgebeugt werden kann. Was, wenn jeder Seelsorger, jede Pfarrei andere Maßstäbe und Kriterien anlegen? Hier wird der Ruf unter Bischöfen und Kardinälen laut, dass es doch Orientierungspunkte geben müsse, damit die Gläubigen eine gewisse Verlässlichkeit erwarten können.

Nach der Außerordentlichen Bischofssynode im Oktober 2014 ist der Weg offen für entscheidende Änderungen in der katholischen Morallehre. Dabei wird die Diskussion bis zur Ordentlichen Bischofssynode im Oktober 2015 zeigen, wie radikal die Neuformulierung ausfällt. Hier sind die Theologen weltweit gefragt.

Selbst Bischöfe und Kardinäle sprechen von einem Epochenwechsel in der katholischen Kirche. Die Haltung wird verändert: Es wird zunächst nicht mehr das Negative im einzelnen Menschen und in einer Beziehung gesehen, sondern die positiven Elemente. Das schließt nicht aus, dass Seelsorger die Menschen zu einer besseren Befolgung der Morallehre animieren. Doch wo es ein Dilemma gibt, etwa bei wiederverheirateten Geschiedenen oder in gleichgeschlechtlichen Partnerschaften, kommt der Gedanke der Gradualität ins Spiel, den Papst Franziskus in seinem Apostolischen Schreiben *Evangelii Gaudium* anspricht. Dort schreibt er, dass es zwar das Ideal des Evangeliums gebe, dass man aber auch die »möglichen Wachstumsstufen der Menschen« sehen und diese mit »Barmherzigkeit und Geduld begleiten« müsse. Es gehe darum, »das mögliche Gute zu tun«. (EG 44 f) Kritiker halten dagegen, was schon Papst Johannes Paul II. zum Abschluss der Bischofssynode zum Thema Familie im Oktober 1980 erklärte: Das sogenannte »Gesetz der Gradualität« bedeute nicht im Umkehrschluss, dass es eine »Gradualität des Gesetzes« gebe.

In der Außerordentlichen Synode im Oktober 2014 haben einige Synodenväter einen Vergleich zum II. Vatikanischen Konzil gezogen. Dort wird in der Konstitution über die Kirche »*Lumen Gentium*« festgestellt, dass nach katholischem Verständnis die »eine, heilige, katholische und apostolische Kirche« in der katholischen Kirche »verwirklicht« (subsistit) sei. Zugleich heißt es dann aber: »Das schließt nicht aus, dass außerhalb ihres Gefüges vielfältige Elemente der Heiligung und der Wahrheit zu finden sind, die als der Kirche Christi eigene Gaben auf die katholische Einheit hindrängen.« (LG 8) Diese Feststellung öffnete den Weg für den Dialog mit den anderen christlichen Kirchen und Gemeinschaften. Die Synodenväter stellten die Frage: Wenn man nun davon ausgeht, dass die Familie schon von Beginn an als »Hauskirche« bezeichnet wurde, kann man dann diese Idee aus *Lumen gentium* nicht analog auch auf die Familie übertragen? Dann könnte es außerhalb der sakramentalen Ehe, die das Ideal ist und bleibt, »vielfältige Elemente der Heiligung und der Wahrheit« geben. Natürlich müssen diese Beziehungen weiterhin bestimmte Qualitäten besitzen: auf Dauer angelegt, treu, mit nur einem Partner etc. Dieses Denkmuster ließe sich aber auch etwa auf homosexuelle Partnerschaften anwenden. Darin läge eine radikale Wende in der Morallehre der katholischen Kirche. Bereits heute sehen konservative Kreise, die mit Berufung auf die kirchliche Tradition eine derartige Öffnung ablehnen, die Gefahr eines Schismas. Sollte Franziskus diesen Weg beschreiten, wäre das aus ihrer Sicht ein Fall von Häresie. Das ist ein schwerer Vorwurf, der aber zeigt, dass viel auf dem Spiel steht und der katholischen Kirche unruhige Zeiten bevorstehen. Die kontroversen Diskussionen im Vorfeld der Sondersynode im Oktober 2014 haben dies bereits gezeigt.

Dabei ist für Papst Franziskus klar: An der Unauflöslichkeit der Ehe wird nicht gerüttelt. Eine zweite kirchliche Trauung wird es auch mit ihm nicht geben. Das schließt nicht aus, dass es am Ende doch zu Regelungen kommen wird, in denen ein Kommunionempfang für wiederverheiratete Geschiedene möglich sein wird oder eventuell auch eine Segnungsfeier für das Paar. Was in vielen Gemeinden bereits seit langer Zeit mehr oder weniger geheim und von den Kirchenoberen geduldet praktiziert wird, würde dann auch ganz offiziell möglich werden. Die Erzdiözese Wien bietet auf ihrer Internetseite seit längerer Zeit einen Vorschlag für eine »Segensfeier für Geschiedene und Wiederverheiratete in der Kirche« an. Warum soll das nicht auch in anderen Bistümern möglich sein?

Ebenso klar wie das »Ja« zur Unauflöslichkeit der Ehe ist für Papst Franziskus das »Nein« zur Ehe für Homosexuelle. Zwar schlägt er gegenüber Schwulen und Lesben einen neuen Ton an, doch die Gleichstellung der gleichgeschlechtlichen Partnerschaft mit der Ehe von Mann und Frau lehnt er ab. An dieser Stelle vertritt er die traditionelle Lehre der katholischen Kirche, dass die Ehe aufgrund der biblischen Schöpfungsgeschichte Mann und Frau vorbehalten ist. Entsprechend setzte er sich in seiner Zeit als Erzbischof von Buenos Aires vehement gegen Regierungspläne ein, die Homo-Ehe einzuführen. Er sprach damals von einem Versuch, »Gottes Plan zu zerstören«. Das Gesetzesvorhaben sei ein »Schachzug des Vaters der Lügen, der die Kinder Gottes zu verwirren und zu täuschen versucht«. Zugleich beteuerte er im Gespräch mit dem Rabbiner Abraham Skorka, dass er zu keiner Zeit abwertend über Homosexuelle gesprochen habe, sondern es ihm lediglich um die rechtlichen Regelungen gegangen sei, also die Gleichstellung dieser Beziehungen mit der Ehe. »Die Religion hat kein Recht dazu, sich in irgendjemandes Privatleben einzumischen. Wenn Gott bei der Schöpfung das Risiko einging, uns die Freiheit zu schenken, wer bin ich, dass ich mich dagegen stellen könnte?«

Homosexualität habe es schon immer gegeben, sagte Bergoglio. Dagegen sei auch nichts einzuwenden. Doch noch nie habe die Menschheit daraus den Schluss gezogen, dass gleichgeschlechtliche Paare eine Ehe eingehen könnten wie Mann und Frau. »Ich sehe darin einen anthropologischen Rückschritt. Ich sage das, weil dieser Vorgang über die religiöse Frage hinausgeht.« Eine Diskussion ist darüber entbrannt, ob Bergoglio bei allem Widerstand gegen eine gleichgeschlechtliche Ehe seinerzeit eine zivilrechtliche Anerkennung von Lebenspartnerschaften gebilligt habe. Unter anderem der Theologe Marcelo Marquéz behauptete, Bergoglio habe im persönlichen Gespräch eine solche Möglichkeit als akzeptabel bezeichnet. Offizielle Stellungnahmen Bergoglios dazu gibt es nicht.

Nach seiner Wahl zum Papst sorgte Jorge Mario Bergoglio vor allem mit einer Bemerkung für Schlagzeilen: »Wenn einer homosexuell ist und den Herrn sucht und guten Willen hat – wer bin dann ich, ihn zu verurteilen?« Letztendlich hat Franziskus mit dieser Aussage nur das wiedergegeben, was auch der Katechismus der Katholischen Kirche feststellt, dass homosexuelle Menschen nicht diskriminiert werden dürfen. Doch eingebettet in die sonstige Verkündigung von Papst Franziskus, die durch die Worte Barmherzigkeit und den Aufruf, an der Seite derer zu stehen, die ausgegrenzt werden, waren diese Worte mehr als nur eine Variation der Ausführungen des Katechismus. Wenige Wochen später erzählte er im Interview mit den Jesuitenzeitschriften: »Einmal hat mich jemand provozierend gefragt, ob ich Homosexualität billige. Ich habe ihm mit einer anderen Frage geantwortet: ›Sag mir: Wenn Gott eine homosexuelle Person sieht, schaut er diese Existenz mit Liebe an oder verurteilt er sie und weist sie zurück?‹ Man muss immer die Person anschauen. Wir treten hier in das Geheimnis der Person ein. Gott begleitet die Menschen durch das Leben und wir müssen sie begleiten und ausgehen von ihrer Situation. Wir müssen sie mit Barmherzigkeit begleiten. Wenn das geschieht, gibt der Heilige Geist dem Priester ein, das Richtige zu sagen.« Dass bei der Außerordentlichen Bischofssynode im Oktober 2014 im Zwischenbericht eigens erwähnt wurde, dass Homosexuelle »Gaben und Qualitäten« in die christliche Gemeinschaft einzubringen hätten und dass sogar vorsichtige positive Wertungen gleichgeschlechtlicher Partnerschaften enthalten sind, ist auf das neue »franziskanische« Klima zurückzuführen. Die heftigen Reaktionen vor allem von Bischöfen aus Afrika und Osteuropa zeigten allerdings auch starken Gegenwind. Und so war im Abschlussdokument der Synode nur noch ein sehr allgemein gehaltener Passus über Homosexualität enthalten. Franziskus selbst hatte sich an den Diskussionen der Synode nicht beteiligt. Konservative forderten eine Klarstellung, dass einzelne Aussagen des Zwischenberichts von der katholischen Lehre abwichen; diese Distanzierung vollzog der Vatikan nicht. Antworten wird es frühestens nach der Ordentlichen Synode zu Ehe und Familie im Herbst 2015 geben. Franziskus ist sich bewusst, dass der Weg kein leichter ist. Daher hat er den synodalen Prozess gestartet. So hofft er, ein möglichst breites Spektrum an Katholiken gewinnen zu können. Für ihn gilt: Eine Erneuerung muss in der Debatte reifen und braucht Zeit.

Das ist bei einigen ethischen Fragen anders. Papst Franziskus lässt keinen Zweifel daran, dass es für ihn beim

Schutz des menschlichen Lebens am Anfang und am Ende keine Diskussion gibt. Abtreibung lehnt er genauso kategorisch ab wie Euthanasie – auch wenn gerade konservative Kreise zu Beginn des Pontifikats befürchteten, Franziskus werde an dieser Stelle zugunsten sozialethischer Schwerpunkte Abstriche machen. In einer Rede vor Gynäkologen stellte er fest: »Jedes ungeborene, aber ungerechterweise zur Abtreibung verurteilte Kind hat das Antlitz Jesu Christi, hat das Gesicht des Herrn.« Im Apostolischen Schreiben *Evangelii Gaudium* unterstreicht Franziskus, dass die Kirche ihr Abtreibungsverbot nicht aufgeben werde, auch wenn es Versuche gebe, die Kirche »leichthin ins Lächerliche zu ziehen«, indem »man ihre Position häufig als etwas Ideologisches, Rückschrittliches, Konservatives darstellt« (EG 213). Es sei nicht »fortschrittlich, sich einzubilden, die Probleme zu lösen, indem man ein menschliches Leben vernichtet«.

Franziskus benutzt auch im Zusammenhang mit dem Lebensschutz das Bild der »Wegwerfgesellschaft«, und zwar sowohl für den Beginn des Lebens als auch für das Ende, wenn er in der zitierten Rede betonte: »Jeder alte Mensch, auch wenn er krank oder dem Ende seiner Tage nahe ist, trägt in sich das Antlitz Christi. Man darf sie nicht ausgrenzen, wie es uns die ›Wegwerfkultur‹ vorschlägt! Man darf sie nicht aussondern!« Franziskus ging noch weiter und sprach von einer »verborgenen Euthanasie« der sozialen Abschiebung: »Es darf keine Einrichtungen geben, in denen die Alten in der Vergessenheit verschwinden, gleichsam versteckt, vernachlässigt.«

Der Pontifex wird nicht müde, die große Bedeutung der Jugend und der alten Menschen für eine Gesellschaft zu betonen. Die Jugend sei die Zukunft einer Gesellschaft und die Alten seien das Gedächtnis. Fehle eines von beiden Lebensaltern oder werde vernachlässigt, bedeute das eine Gefahr für die ganze Gesellschaft. Beim Lebensschutz steht Franziskus also ganz in der katholischen Tradition. Er fordert zugleich von seiner Kirche als Institution und den Gläubigen, dass sie an der Seite der Menschen stehen, die am Beginn oder Ende des Lebens in Schwierigkeiten sind und Hilfe benötigen – sei es im Rahmen einer Schwangerschaftskonfliktberatung oder bei der Pflege von alten Angehörigen.

Auch hier geht es Franziskus um eine barmherzige Haltung. Im Interview mit den Jesuitenzeitschriften brachte er ein Beispiel: »Ich denke auch an die Situation einer Frau, deren Ehe gescheitert ist, in der sie auch abgetrieben hat. Jetzt ist sie wieder verheiratet, ist zufrieden und hat fünf Kinder. Die Abtreibung belastet sie und sie bereut wirklich. Sie will als Christin weitergehen. Was macht der Beichtvater?« Der Papst gibt keine Antwort. Wie so oft, wenn es um moraltheologisch knifflige Fragen geht, reagiert er mit einer Gegenfrage, die allerdings meist nur eine Antwort zulässt: Der Beichtvater begleitet die Frau und erteilt ihr die Absolution. Entscheidend ist in der Schilderung das Wort »bereuen«.

Wenn Franziskus wiederholt betont, dass Gott nicht müde werde, den Menschen zu verzeihen, dann setzt dies immer voraus, dass der Einzelne umkehrt. Diese Umkehr schließt die Reue mit ein. Diese wiederum erfordert den festen Willen, künftig nicht mehr – theologisch gesprochen – in der begangenen Sünde zu leben, diese Tat nicht zu wiederholen. Bei der Abtreibung kann das funktionieren. Bei wiederverheirateten Geschiedenen hingegen argumentierte das kirchliche Lehramt bisher, die Betreffenden versündigten sich gegen die erste sakramentale Ehe, solange sie in einer zweiten eheähnlichen Beziehung lebten. Doch lädt die Frau im Beispiel nicht neue Schuld auf sich, wenn sie ihre neue Beziehung mit den fünf Kindern aufgibt? Franziskus sieht das Dilemma dieser Frau, die als Christin weiterleben wolle – die Antwort überlässt er dem Hörer.

Genauso klar wie beim Lebensschutz ist Papst Franziskus in der Aufarbeitung der Missbrauchsfälle. Er setzt die Linie seines Vorgängers Benedikt XVI. fort: null Toleranz gegenüber den Tätern, Hilfe für die Opfer und Ausbau der Präventionsmaßnahmen. Diese Forderung bekräftigte er zwei Wochen nach seiner Wahl bei der ersten Begegnung mit dem Chef der vatikanischen Glaubenskongregation, die im Vatikan für die Aufarbeitung der Missbrauchsfälle zuständig ist. Er geht auch gegen Bischöfe vor, wenn sie in Missbrauchsfälle verstrickt sind. So musste der aus Polen stammende Erzbischof Jozef Wesolowski von seinen Ämtern zurücktreten. Er wurde nach einem kirchlichen Strafprozess Ende Juni 2014 in den Laienstand zurückversetzt. Ende September kündigte der Vatikan an, dass sich der ehemalige Nuntius auch vor dem zivilen Gericht des Vatikans verantworten muss. Papst Franziskus habe angeordnet, dass der Fall genauestens untersucht und zügig behandelt werde. Die vatikanische Staatsanwaltschaft warf Wesolowski den sexuellen Missbrauch von Minderjährigen sowie den Besitz von Kinderpornografie vor. Zeitgleich wurde bekannt, dass im Vatikan 2013 insgesamt 600 Anzeigen wegen mutmaßlichen sexuellen Missbrauchs durch Priester eingegangen sind. In den Jahren 2011 und 2012 waren nach offiziellen Angaben insgesamt 384 katholische Priester wegen solcher Vergehen an Minderjährigen laisiert worden.

Lange Zeit gab es Kritik, Papst Franziskus nehme trotz seiner Anordnung an Glaubenspräfekt Kardinal Gerhard Ludwig Müller das Thema Missbrauch nicht ernst. Zwar hatte er Anfang Dezember 2013 nach einem Treffen der K9-Gruppe bekanntgeben lassen, dass eine eigene vatikanische Kinderschutz-Kommission eingesetzt werden soll. Doch dann passierte Monate lang nichts. Interne Widerstände im

Vatikan, die es bei der Aufarbeitung der Missbrauchsfälle noch immer gibt, sowie Unklarheiten über die Zuordnung der Kommission führten dazu, dass sich ihre Einrichtung in die Länge zog.

Schließlich ernannte Franziskus Ende März 2014 die ersten Mitglieder. Besonderes Aufsehen erregte, dass mit der Irin Marie Collins ein Missbrauchsopfer vertreten ist. Die Kommission hat dann sehr schnell ihre Arbeit aufgenommen unter Leitung des Bostoner Kardinals Sean Patrick O'Malley. Dieser ist auch Mitglied der Kardinalsgruppe K9 und hat damit einen kurzen Draht zum Papst. Franziskus selbst nutzte schließlich am 11. April 2014 ein Treffen mit Vertretern einer katholischen Kinderhilfsorganisation für eine Vergebungsbitte: Auch wenn sich im Vergleich der Gesamtheit aller Priester »nicht viele« verfehlt hätten, sei es doch »eine hinreichende Zahl«. Sie hätten den Missbrauch auch »als Männer der Kirche« begangen. Deshalb fühle er, Franziskus, sich aufgerufen, »all das Schlechte« auf sich zu nehmen und »um Vergebung zu bitten für den Schaden, den sie durch sexuellen Missbrauch von Kindern verursacht haben«. Er fuhr fort: »Wir werden keinen Schritt zurückweichen, was die Behandlung dieser Probleme und die Sanktionen betrifft, die verhängt werden müssen – im Gegenteil, ich glaube, dass wir sehr stark sein müssen: Mit dem Leben der Kinder spielt man nicht.«

Mit dem Verweis auf die »Männer der Kirche« ging Franziskus einen kleinen Schritt weiter als seine Vorgänger. Bislang legte die Kirchenleitung den Akzent auf die individuelle Täterschaft; Franziskus rückte die Institution in den Blick. Doch zeigte sich in den ersten eineinhalb Jahren des Pontifikats noch nicht, inwieweit Franziskus auch die strukturellen Hintergründe untersuchen will. Zwar kritisierte er schon in seiner Zeit als Erzbischof von Buenos Aires die Praxis des Versetzens von pädophilen Priestern, wie es in vielen Ländern, etwa den USA, lange Zeit üblich war, als »Dummheit«, doch lässt hier eine systematische Aufarbeitung noch auf sich warten.

Auch bei seinem Treffen mit sechs Missbrauchsopfern aus Deutschland, Irland und Großbritannien Anfang Juli 2014 sprach Franziskus über die Verantwortung der Institution: »Ebenso bitte ich Sie um Verzeihung für die Sünden der Unterlassung seitens Verantwortlicher in der Kirche, die nicht angemessen auf die Missbrauchsanzeigen reagiert haben, die von Familienangehörigen und von Missbrauchsopfern selbst vorgebracht wurden.« Die Opfer lasteten auf dem Gewissen der ganzen Kirche, so Franziskus. Die Taten der Kleriker verurteilte er als »Sakrileg«. Anders als sein Vorgänger Benedikt XVI., der in seiner Amtszeit mehrfach Opfer sexuellen Missbrauchs durch Kleriker getroffen hatte, fand die Begegnung nicht in einer Gruppe statt, sondern Franziskus sprach mit jedem Opfer einzeln etwa eine halbe Stunde lang.

Weniger konsequent verfolgt Papst Franziskus ein anderes Thema: die Rolle der Frau in der Kirche. Mehrfach betonte er: »Die Räume für eine wirkungsvollere weibliche Präsenz in der Kirche müssen weiter werden.« Dabei warnte der Pontifex vor einem »Machismo im Rock«, weil Frauen anders strukturiert seien als Männer. Stets hebt er zu einem großen Vergleich an: »Tatsächlich ist eine Frau, Maria, bedeutender als die Bischöfe.« (EG 104) Die Herausforderung heute sei: »reflektieren über den spezifischen Platz der Frau gerade auch dort, wo in den verschiedenen Bereichen der Kirche Autorität ausgeübt wird. [...] Der weibliche Genius ist nötig an den Stellen, wo wichtige Entscheidungen getroffen werden.« Wie das aussehen könne, dazu müsse eine theologische Klärung erfolgen, eine »gründliche Theologie der Frau« erarbeitet werden. Zugleich unterstreicht der Papst die Bedeutung der Frau bei der Weitergabe des Lebens und des Glaubens. Wie er sich konkret diese größere Rolle der Frau in der Kirche vorstellt, sagte Franziskus bisher nicht. Es ist ein weiteres Beispiel für sein Vorgehen – er spielt den Ball ins Feld und wartet, dass ihn jemand aufnimmt.

Indessen stößt die Aufforderung von Franziskus auf ein gemischtes Echo. Die US-amerikanische Theologin Helen Alvare sprach sich für eine »Theologie der Laien« aus, d. h. eine Theologie, die sowohl Frauen als auch Männer in ihren je eigenen Rollen und in ihrem Miteinander in den Blick nimmt. Sie äußerte sich Mitte Oktober 2013 am Rande einer Vatikantagung zum 25. Jahrestag des Apostolischen Schreibens »*Mulieris Dignitatem* – über die Würde und Berufung der Frau« von Papst Johannes Paul II. Aus Sicht Alvares ist es an der Zeit, das gegenseitige Misstrauen der Geschlechter abzulegen und vielmehr darüber nachzudenken, wie Männer und Frauen über die Familie hinaus zusammenarbeiten könnten. Ihre Kollegin Marti Jewell zeigte sich besorgt, dass die Rolle der Frau in der Kirche weiterhin allein auf den Bereich der Mutterschaft und Jungfräulichkeit beschränkt wird. Die in Dallas lehrende Theologin hofft, dass auch anerkannt wird, welche intellektuellen, spirituellen und pastoralen Gaben die Frauen in die Kirche einbringen können.

Das Priesteramt für Frauen schließt Franziskus wie schon seine Vorgänger aus. Bei seiner ersten Pressekonferenz auf dem Rückweg vom Weltjugendtag in Rio de Janeiro erklärte er, dass die Kirche klar gesprochen habe: »Nein – Johannes Paul II. hat das gesagt, doch in definitiver Form. Diese Tür ist zu.« Ein Aufschrei blieb aus. Selbst in den Medien war es kein Thema. Die griffen umso lebhafter die ebenfalls bei dieser Pressekonferenz gemachten Aussagen zur Homosexualität auf. Die Absage an eine der wichtigsten Forderungen von Reformkatholiken warf keinen Schatten auf die positive Wahrnehmung von Franziskus in der Öffentlichkeit.

Was den unbefangenen Umgang mit den Medien anbetrifft, überrascht Papst Franziskus. Vor seiner Wahl zum Papst war er sehr zurückhaltend mit den Medien. Zwar trat er regelmäßig in Sendungen des bistumseigenen TV-Senders in Buenos Aires auf, doch hielt er sich sonst mit Kontakten zu Medien zurück. Interviews aus seiner Zeit als Erzbischof gibt es nur wenige. Seit seiner Wahl scheint er diese Scheu abgelegt zu haben. Regelmäßig stellt er sich bei den zum Teil über eine Stunde dauernden Pressekonferenzen während seiner Reisen im Flugzeug Fragen der Journalisten – ohne Vorabsprachen und Tabus. Seit seiner Wahl hat er verschiedenen, meist italienischen Zeitungen Interviews gegeben. Er ist sich auch der Macht der Bilder bewusst. Als er beim Giro mit dem Papamobil auf dem Petersplatz in Rom einen Priester aus Argentinien in der Menge entdeckte, rief er ihn zu sich und ließ ihn im Wagen mitfahren. »Diese Bilder werden um die Welt gehen«, sagte er dem Priester. Allerdings, so Franziskus auf Nachfrage von Journalisten, plane er seine Gesten nicht. Sie kämen ihm spontan. Damit will er Vorwürfe entkräften, er mache »nur Show«. Als Star sieht er sich nicht. Als Anfang 2014 im Borgo Pio, dem Stadtviertel, das unmittelbar an den Vatikan grenzt, an einer Hauswand ein Graffito auftauchte, das Papst Franziskus in Superman-Pose darstellte, wurde es nach wenigen Stunden auf Betreiben des Vatikans entfernt. Der Pontifex missbilligte auch, dass kleine Papstfiguren von ihm verkauft werden. »Den Papst als eine Art Superman, einen Star, darzustellen, empfinde ich als beleidigend«, begründete Franziskus in einem Interview zum Jahrestag seiner Wahl seine Haltung. In jeder Idealisierung stecke auch eine Aggression, urteilte er unter Bezug auf Sigmund Freud. Sein Fazit: »Der Papst ist ein Mensch, der lacht, weint, ruhig schläft und Freunde hat, wie jeder andere auch, ein normaler Mensch.«

Die neue Offenheit von Franziskus gegenüber den Medien ist nicht ganz unproblematisch. Zum einen sind die Interviews oft nicht mit den zuständigen Stellen im Vatikan, dem Pressesprecher oder dem vatikanischen TV-Produktionszentrum, koordiniert, so dass die Auswahl der Medien bisweilen sehr zufällig ist. Mehrfach kam es vor, dass TV-Sender ihr Interview mit Franziskus für viel Geld vermarkten wollten, was es so bisher nicht gegeben hatte. Nach den Begegnungen von Franziskus mit dem italienischen Journalisten Eugenio Scalfari kam es wiederholt zu Irritationen. Scalfari, der bei seinen Interviews keine Aufzeichnungen macht, veröffentlichte jeweils aus dem Gedächtnis die Gespräche mit Franziskus in Interviewform mit wörtlichen Zitaten. Im Sommer 2014 sah sich der Vatikan gezwungen, angebliche Papstäußerungen zum Zölibat und zum Missbrauch in der katholischen Kirche zu dementieren. Obwohl es schon nach der ersten Begegnung mit Scalfari Irritationen gab, hat sich Papst Franziskus bereits mehrfach mit dem Journalisten getroffen. An seinem Verhalten gegenüber den Medien ändern diese »Ausrutscher« nichts. Zu einem »Papst zum Anfassen« gehört auch die Offenheit gegenüber den Medien.

Franziskus hat klare Vorstellungen, wie er das Papstamt leben möchte. Eine Entsakralisierung geht Hand in Hand mit einer stärkeren hierarchischen Zuspitzung innerhalb des Vatikans auf die Person des Papstes hin. Er sieht das Papstamt als Dienstamt, macht aber zugleich keine Abstriche bei der päpstlichen Autorität. Zum Abschluss der Bischofssynode im Oktober 2014 rief er in bis dahin in seinem Pontifikat nicht dagewesener Weise in Erinnerung, dass ihm die oberste Lehrautorität in der katholischen Kirche zukomme.

Dieser Kirche verordnet er einen radikalen Reformkurs, sowohl strukturell als auch inhaltlich. Dabei geht es ihm um eine radikale Rückbesinnung auf den »Gründer«: Jesus Christus. Sein Handeln und seine Worte macht er zum Maßstab für jegliche Aktion der Kirche. Das bedeutet in erster Linie nicht eine radikale Reform der Lehre, sondern eine radikale Änderung der Haltung: von einer verschlossenen, mit sich selbst beschäftigten Kirche zu einer Kirche, die aus sich herausgeht, um an der Seite der Menschen mit allen ihren Sorgen und Nöten, Freuden und Ängsten zu stehen. Franziskus konfrontiert seine Kirche mit der Realität. In diesem Sinne ist er ein Papst, der zutiefst vom II. Vatikanischen Konzil geprägt ist, das in seiner Konstitution über die »Kirche in der Welt von heute – *Gaudium et Spes*« schreibt: »Freude und Hoffnung, Trauer und Angst der Menschen von heute, besonders der Armen und Bedrängten aller Art, sind auch Freude und Hoffnung, Trauer und Angst der Jünger Christi.«

Diese Haltung entspricht auch dem heiligen Franz von Assisi. In diesem Sinne ist das »Projekt Franziskus« eine franziskanische Wende im doppelten Sinn: am Vorbild des heiligen Franz orientiert, der eine radikale Rückbesinnung auf das Evangelium wollte, und eine Wende im Stil des Papstes Franziskus, der ganz und gar von der Begegnung und dem Dialog geprägt ist. Zwei Gedanken aus der Enzyklika »*Ecclesiam suam*« von Papst Paul VI., den Franziskus – auch aus persönlicher Wertschätzung – zum Ende der Außerordentlichen Synode am 19. Oktober 2014 selig gesprochen hat, bringen das auf den Punkt und klingen wie eine Charakterisierung von Papst Franziskus: »Der Dialog ist nicht hochmütig, verletzend oder beleidigend. Seine Autorität wohnt ihm inne durch die Wahrheit, die er darlegt, durch die Liebe, die er ausstrahlt, durch das Beispiel, das er gibt. Er ist weder Befehl noch Nötigung. Er ist friedfertig und meidet die heftigen Ausdrücke; er ist geduldig und großmütig.« (81) »Im Dialog entdeckt man, wie verschieden die Wege sind, die zum Lichte des Glaubens führen, und wie es möglich ist, sie alle auf dasselbe Ziel hinzulenken. Auch wenn sie voneinander abweichen, können sie doch zur Ergänzung beitragen, weil sie unsere Überlegungen ... auf ungewohnte Bahnen lenken und uns zwingen, unsere Forschungen zu vertiefen und unsere Ausdrücke neu zu gestalten.« (83) Zu beurteilen, ob der erste Papst »vom anderen Ende der Welt« mit seiner »franziskanischen Wende«, die er der katholischen Kirche verordnet, bleibenden Erfolg haben wird, wird erst die Geschichte zeigen.

Anhang

Literaturhinweise

Zur weiterführenden Lektüre ist hier eine kleine Auswahl zentraler Bücher und Texte zusammengetragen, die auch mit als Grundlage für das vorliegende Buch gedient haben.

Bergoglio, Jorge / Skorka, Abraham: Über Himmel und Erde. Riemann-Verlag. München 2013

Deutsche Bischofskonferenz (Hg.): Aparecida 2007. Schlussdokument der V. Generalversammlung des Episkopats von Lateinamerika und der Karibik. (Stimmen der Weltkirche Nr. 41) Bonn 2007

Erbacher, Jürgen: Papst Franziskus. Aufbruch und Neuanfang. Pattloch Verlag. München 2013

Faber, Petrus: Memoriale. Das geistliche Tagebuch des ersten Jesuiten in Deutschland. Johannes Verlag. Einsiedeln 1989

Kasper, Walter: Das Evangelium von der Familie. Die Rede vor dem Konsistorium. Herder Verlag. Freiburg 2014

Papst Franziskus: Lumen Fidei. Enzyklika. Vatikan 2013

Papst Franziskus: Evangelii gaudium. Apostolisches Schreiben. Vatikan 2013

Piqué, Elisabetta: Francesco. Vita e rivoluzione. Verlag Lindau. Turin 2013

Rubin, Sergio / Ambrogetti, Francesca: Mein Leben, mein Weg. Herder Verlag. Freiburg 2013

Spadaro, Antonio: Das Interview mit Papst Franziskus. Herder Verlag. Freiburg 2013

Informationen im Internet

Informationen zum Thema gibt es auch über folgende Seiten im Internet:

www.blog.zdf.de/papstgefluester
Blog der ZDF-Redaktion Kirche und Leben

www.papst.zdf.de
ZDF-Seite zu Papst und Vatikan

www.vatican.va
Internetseite des Vatikans

www.radiovaticana.de
Radio Vatikan, deutschsprachiges Programm

www.news.va
Informationsportal des Vatikans

www.thetablet.co.uk
The Tablet (Großbritannien)

www.ncronline.org
National Catholic Reporter (USA)

www.la-croix.com
La Croix (Frankreich)

www.vaticaninsider.lastampa.it
Informationen verschiedener Vatikanexperten (Italien)

www.zenit.org
Kirchliche Nachrichten aus Rom

www.ucanews.com
Kirchliche Nachrichten aus Asien

ABKÜRZUNGSVERZEICHNIS

AIF Vatikanische Finanzaufsichtsbehörde
CV Enzyklika *Caritas in veritate*
EG Apostolisches Schreiben *Evangelii gaudium*
GS Konzilskonstitution *Gaudium et spes*
IOR Institut für die religiösen Werke – Vatikanbank
LG Konzilskonstitution *Lumen Gentium*
LF Enzyklika *Lumen Fidei*
SRS Enzyklika *Sollicitudo rei socialis*

BILDNACHWEIS

Seite 1   Picture Alliance (im Folgenden »pa«) / dpa
Seite 2   pa / abaca abaca
Seite 3   pa / AP Photo / Andrew Medichini, Pool
Seite 4   pa / ROPI dpa
Seite 5   pa / dpa
Seite 6   action press
Seite 7   pa / AP Photo
Seite 8   pa / ROPI (oben), pa / dpa (unten)
Seite 9   pa / ROPI
Seite 10   pa / ROPI (oben), pa / dpa (unten)
Seite 11   pa / ROPI (oben), pa / ROPI (unten)
Seite 12   pa / dpa
Seite 13   pa / Giuseppe Ciccia / Pacific Press
Seite 14   pa / AP Photo
Seite 15   pa / AP Photo
Seite 16   pa / AP Photo / L'Osservatore Romano, ho (oben),
           pa / dpa (unten)